复旦—哈佛当代人类学丛书

Cultural Intimacy

文化亲昵

〔美〕迈克尔·赫兹菲尔德 著 纳日碧力戈 等译

上海译文出版社

复旦—哈佛当代人类学丛书

Harvard-Fudan Contemporary Anthropology

主　编

张乐天　潘天舒　Arthur Kleinman（凯博文）

James Watson（华琛）

Rubie Watson（华如璧）Theodore Bestor（贝斯特）

目录

前言和致谢[①]

将大量廉价瓷盘遍地摔碎在酒醉的舞者脚下，是许多来到希腊的外国访客在大众电影的驱使下所欢心期待的表演。在军事独裁期间，这种表演被禁止，因为它在外国人眼中危险而有失身份；到处都张贴着印刷告示，说“禁止摔碎器皿”，这让不知情者感到难以言表的神秘。不过，事实证明，军头们并非一时心血来潮。在他们被推翻若干年后，这项禁令又恢复了。一位希腊朋友对我肯定地说：砸盘子绝对不是“希腊风俗”。

这类否认和禁止，表达了操控民族文化外部形象的愿望，我对此越来越着迷，于是就写了这本书。这种闪烁其词的行为，常常置所有证据于不顾，却得到一种坚信不疑的态度支撑，足以招致外人恼怒：如果我们告诉你不存在这些事情，那么，对你来说，它们就不存在。不过，让访客仍然感到好奇的是，为什么要如此激烈地否认耳闻目睹的所有这一切。

我在本书中探究这一防卫心理背后的缘由。我要考察访客在许多民族国家面临的反差：在民族主义话语中被人格化为“民族性格”的民族文化展现和在民族亲昵空间中个人的自我展现。砸盘子是个人操演，自

① 本书翻译工作由我和多位译者共同完成，全书由我本人校译，在此向余华博士、张晓佳博士、特日乐女士、周雷博士、卢芳芳博士等学友深表谢忱！也向认真帮助我校译的武宁博士致谢！——译者

由奔放，无拘无束。希腊人用这种个人主义和无视独断权威来形容他们的民族性格；不过，法律和文化体制都公开谴责砸盘子是向外部世界展现希腊人性格的说法。是什么样的政治势力造成了个人自我的创造性表演——即我在本书中称之为社会诗性（social poetics）——和国家自我或集体自我的正式形象之间的紧张关系？

对于人类学者和其他文化研究者来说，这个问题变得越来越重要。我们虽然还在对社会和文化做民族志研究，即在相当微观的层面上描述日常生活的细节，但我们的工作是在发展势头比过去大得多的脉络下进行的，我们在个中自觉不自觉地代表了强大的有时是令人憎恨的外部力量。我们也不能像前人有时会做的那样，如此轻而易举地忽视这些前因后果。对于世界上的许多人来说，我们是一种侵入的象似符，也是侵入的动因，不仅侵入私生活，也侵入民族国家的隐私——侵入我选择称之为文化亲昵的集体空间。

许多人不把我们的研究当回事，认为它无足轻重，逸闻趣事而已，与国家大事无关。但是，既然这些事情如此无足轻重，人们为什么还要如此费劲地说它们不重要？显然，这些反应表征了意义的政治性，它取决于什么被看作是重要的，什么被降格为不过如此的无所谓。人类学者经常面临这样的指责，他们怀着过分的好奇心关注不过如此的逸闻趣事，关注不过如此的传闻，关注不过如此的少数群体，关注不过如此的边缘人和怪异人。有关人类学学术研究正当性的辩论，显现出多数群体或精英势力反对侵犯文化亲昵的辩护性质。我在以下行文中推出文化亲昵的概念，作为一种手段，指明和理解文化敏感性的痛处，弄清楚官员们对于日常生活里持续存在的这种暗箱，为何经常摆出放任的态度。

不可避免，对于一些读者来说，这项探究与任何探索一样，有更加刺激这些痛处的危险。不过，学者们若是建设性地思考他们的责任在何种程度上会让自己避开某些话题，或者他们对于东道主社区和国家的责任会造成自己的何种政治考量，就会不得不提出某些属于此类的问题。田野经验告诉他们，看法一致属于罕见，即便倏忽一现，也难以用来可靠地预测未来事件。所以，我在下面长长的名单中先行表达的谢忱，必然是笼而统之的。首先要感谢那些几乎把我作为局内人而热情接纳的朋友，他们知道我随后的谈话范围不会限于默会的文化私交圈子，事情易于变得相当公开。自从我二十多年前开始突破官方允许的希腊民间传说田野研究的范围，对所有那些远不止三五个的朋友越来越心存感激，他们容忍甚至鼓励这种不断出现的违规行为。我只能以护卫文化亲昵之堡的常用语来让他们放心：这不是希腊特有的问题。事实上，本书不是有关希腊的专著。当然，由于显而易见的原因，它倚重我在那里田野工作的例子，但本人在呈现问题时，会不遗余力地让它们具有全球意蕴。此处我的焦点主要是比较和分析；在这个新版本中，我也引用了自己在意大利和泰国的田野经验。

这些年来，我越来越感激那些良师益友，是他们形塑了我最初对许多这类问题的研究方法。我依然珍视批评性的建议：一些同仁在其他地方读过本书部分章节以不同形式出现的较早版本，此刻它们又出现在相关章节的注释中。我要在这里特别感谢本书部分章节（尤其是第一章和第六章）的阅读者们，他们就这些章节是否切合总体观照发表评论：Marc Abélès，P. NikiforosDiamandouros，Jill Dubisch，Davydd Greenwood，Stephen Gudeman，Sally Falk Moore，Peter Pels 和 Rosalind Shaw。这些年来，以上仁者提出和风细雨的批评，他们谁都不应该为我本人对这些批评的独特处理负责。不过，毫无疑问，我还是对他们充满感激。

我深深感激 Luisa Passerini，1994 年 2 月她在欧洲大学院（the European University Institute）举办有关欧洲认同的研讨会，她邀我前去发表演讲，促成我在第六章摆出的观点。1991 年，Margaret Alexiou 热情邀我在哈佛大学的克里斯托弗讲座（Christopher Lecture）上发表演讲，对第五章和第六章也多有推动。最初让第九章成型的背景，是由欧洲研究理事会资助、Susan Carol 和 Marc Abélès 组织的工作坊。

本书部分章节以不同形式出现在其他地方。我感谢出版社允许我使用以下材料（现在已有大幅修改）：

"Of Definitions and Boundaries：the Status of Culture in the Culture of the State，" from Phyllis Pease Chock and June R. Wyman，eds.，*Discourse and the Social Life of Meaning*. 1986. Washington，D.C.：Smithsonian Institution Press，77 - 93；

"On Some Rhetorical Uses of Iconicity in Cultural Ideologies，" from Paul Bouissac，Michael Herzfeld，and Roland Posner，eds.，*Iconicity：Essays on the Nature of Culture*. 1986. Tübingen：Stauffenberg，401 - 419，现整合进入第四章；

"Les enjeux du sang：la production officielle des stéréotypesdans les Balkans. Le cas de la Grèce，" *Anthropologie et sociétés* 19（1995）：37 - 52，现整合进入第五章；

"Pride and Perjury：time and the Oath in the Mountain Villages of Crete，" *Man*（n. s.）25（1990），305 - 322（published by the Royal Anthropological Institute，London），现整合进入第七章；

"The Poeticity of the Commonplace，" from Michael Herzfeld and Lucio Melazzo，eds.，*Semiotic Theory and Practice*，vol. 1. Berlin：Mouton de Gruyter，383 - 391，现整合进入第八章；

"La pratique des stéréotypes，" *L'Homme* 121 (January-March 1992)：67 - 77（published by the École des Hautes Étudesen Sciences Sociales，Paris），现整合进入第九章。

还要感谢另外一些人。Alexandra Molnar 是一位机敏迅捷的研究助理，办事有效率，计算机熟练，善解人意，使本书最初看似七零八碎、互不相干的内容统合在一起，可行而且有趣。我在劳特利奇有幸与一系列杰出的编辑合作：Ronda Angel，William Germano，Marlie Wasserman和Eric Zinner；所有人在不同时间以不同方式，为把旧思想和杂乱弃物转化为新物，带来出乎预料的兴奋。我衷心感谢他们，感谢三位匿名审稿人，感谢他们就本书结构提出大量建议，也感谢一位有耐心的社内文本编辑，仔细而有效地解决技术问题，我在多年写作中留下且汇集与此的百变文体造成了这些技术问题。我感谢 Michael Bickerstaff，PritiGress，SalwaJabado，Ilene Kalish 和 Tao Woolfe；在哈佛我要尤其感谢Jenifer Paras，她在学期百忙中勇敢地加入，动手编撰重要的修改和增加的内容。

这个新版本适合献给新一代，特别献给我的三个外甥和外甥女：Iddo，Yoav 和 Daniel Ussishkin。

第一章　文化亲昵导引

（纳日碧力戈　译）

永久之暂时性

近些年来，人类学对国家和民族主义有了迟到的聚焦和浓厚的兴趣。[①] 迄今为止，人类学者大都把国家作为在本地社会生活中具有敌意和侵犯性的东西而加以回避，他们把民族主义看作是本学科令人难堪的嫡亲表兄妹，它极容易公开表达过度的本质主义和概念的物化倾向。现在他们终于开始做他们最胜任的事情，把兴趣转向国民和公职人员的经验而非正式机构的问题。即便如此，他们似乎常把官方意识形态，当作有关民族国家的真实而准确的表述。这很奇怪，因为以这种方式谈论“国家”，就如我本人肯定做过的那样，是在复制我们中的大多数人带着如此可预料的虔诚予以怒斥的本质主义。对于这种奇怪的自相矛盾，几乎无人可以完全幸免。

但实际上，多数人类学者最终发现，一些国民会比其他人更少愿意接受官方核准的文化和法律的规范。然而在危急时刻，公民当中最忠诚的往往是那些不守规矩者。即便在更加和平的时代，似乎国家通常会依

① 尤其参考 Handler（1985，1988）；Kapferer（1988）；Watson（1994）。

赖由共同对国家本身表达不敬与藐视而产生的团结感。所以，我在本书中明确指出，当下本学科所面临的挑战，是透过民族一致性的表面看问题，以便探讨创造性异议的诸多可能和限度。不要再把民族国家和本质主义全都看作日常经验中遥不可及的敌人，而是要看作社会生活不可分割的方面。

这是一个可怕的挑战。民族和谐展示着欺骗性的光滑表面；它不容易暴露潜在的裂痕。所以，简单点选择，是完全忽视这些裂痕。许多社会科学家对人类学者专注于地方层面的细节，常常表现出不耐烦。我们容易看出，对官方看法的这种学术顺从，是如何发展出来的。即便那些自称反对国家的国民也要乞灵于它——无非是以那种方式谈论“它”——用来解释他们的失败和不幸，或者谴责“它”出卖自称同时代表和保护的国家利益。然而，他们在这个过程中，全都通过这些微不足道的本质化活动，把它做成自己生活中的固定装置。似乎没有人能够把它完全抛开。也许，相当独特的动乱时代是个例外，恰恰是通过表达不满，多数国家的多数国民参与确认作为他们生活中核心法定权威机构的民族国家。

我在本书中努力深究个中事理。我要问，社会行动者在使用、重述和再造官方习惯用语，以达到常常是极不官方的个人目的时，会从中发现什么样的好处？这些行为——如此经常地直接和国家权威发生抵触——实际上构成了国家认同以及非常广泛的民族认同和其他认同。我尤其关注利用文化形式作掩护来实施社会行动。我由此试图证明，对于文化形式的控制使得对文化内容有意义的操弄成为可能。同时，我要论辩，在如何提出要求并由此达到何种目的上，国家意识形态和日常社会生活的说辞如出一辙，令人深思。

社会行动者利用“法”让自己的私利行动合法；同样，国家反其道而行之，借用亲人、家庭和身体的语言使自己的公告显得亲近。这样，革命被转化为遵从，族群清洗被表征为全民共识和文化同质，令人厌恶的恐怖推出被重塑为诱人的永恒。不过，由于这种流线型历史建立在社会亲近的习语之上，它不可能完全成功地阻止自相矛盾的余感。这样的余感可以为批判提供机会，永恒的真理可以出奇地短命。

可以说，这里所描述的立场要探讨底层观和顶层观之间的关系。不过，我宁愿把“顶层”和“底层”当作广泛共同参与的文化交结（*cultural engagement*）（比静态的文化更有过程感的术语）多种折射中的两种，仅此而已。简单化地谈论“精英”和“百姓”，会遮蔽这个共同基础（也会遮蔽这样一个事实：这些术语本身也常常是权力协商的工具），从而会阻碍分析。可比较的两极对立，诸如被殖民者和殖民者，也同样会遮蔽经济、政治、行政管理方面创造性合作的复杂过程——现在这个问题在非洲殖民政权和后殖民政权的兴衰中得到了充分说明（Mbembe 1991；Pels 1996）。

把明确不变的权力层级存在的可能最终消解掉的共同基础是什么？我想在这里为文化亲昵[①]的中心地位辩说——认识文化特性的这些方面：被认为是对外令人难堪的根源，但对内总归让人倍感共同团结，对于权力基础的亲昵，此时可以让那些被剥夺权力者相信他们可以表达某种有创意的不敬，彼时又强化了恐吓的效用。文化亲昵可以放射到公共生活当中去。它可以是大肆渲染展示的所谓民族特征——美国人素朴随意，英国人善于应对，希腊人经商狡诈、猎艳好色，或者以色列人说话不绕

① 我最先造了这个词（Herzfeld 1995）。我尤其要感谢理查德·法尔敦（Richard Fardon），他让我加入那本著作的项目，让我第一次有动机认真发展它，超越二义（disemia）的形式模型——集体自我知识和集体自我呈现之间被编码的紧张——我一直在它上面下功夫（尤其可参见 Herzfeld 1987a：95－122）。彼得·佩尔斯（Peter Pels）（个人通信，1995）建议，“民族亲昵”（national intimacy）可能是个更恰当的词。我虽然同意这样的用词可以提高概念的紧张度——一般不认为民族国家是个亲昵的东西——我还是急于避免和安德森（Anderson 1983）“想象的共同体”（参见下）有关的隐含：这些仅仅和民族国家层面的现象有关。

弯子，这里仅举几个例子——这些例子让公民在面对比较正规或官方的道德以及官方不认可的时候，产生不屑一顾的骄傲。这些是内部人以集体为代价而公开表达的自我成见。在少数族群中，其使用目的在于找到与全包社会（encompassing society）的共同点，例如在离散的犹太人群的自鄙幽默中，存在对本地懂得并且能回应的外来者，施加反讽的道德压力。我认为，对致力于民族主义（以及其他有关认同形成的行话）研究的人类学者来说，文化亲昵模型是一个尤其恰当的概念，因为它会在他们的长期田野工作（十足意义上的社会亲昵［*social intimacy*］之场）的过程中凸显出来。人类学者处于极其有利的地位，知晓人们常有的自识自叹的形式。

本书阐发的几个主题聚集于这样一个命题，即民族国家的正式运作取决于——通常是烦人的、总是不舒服的——它和文化亲昵的各种实现共存。在民族国家私密空间的亲昵中至少存在一些原初的官方实践模式。人们在日常熟悉的现象中，可以辨识出某些官场上最正式的做法，这使他们对于官方的说辞和动机不断产生怀疑。此外，多数公民会同意，这个国家的公职人员都是贪婪的官僚，因此过分顺从法律，就只能是愚蠢。很难说官方利用这个制造了民族团结的修辞，但它让我们熟悉可在国内各地公民——甚至国家公务员中发现的大家彼此知晓的东西。

政府方面会出于功利目的，努力借用这种亲昵语言，在看似最糟糕的状况中操控忠诚。确实，面对全球化过程，用保护家庭生活说事，可以让言辞有说服力。家庭生活是这种策略所采用的普遍形象。互联网的到来阻碍了对于信息的独裁控制，有鉴于此，越南政府以生动的措辞应对：“‘我们刚打开门就发现新鲜空气和灰尘都进来了’，越南当时正在建立互联网连接的国有数据通信公司总裁 Pham Dao 说，‘我们要保持新鲜空气，防止灰尘’”（Wilhelm 1996）。宁静老式的家庭生活景象，不仅遮掩了压制异见的真正意图，也试图让它在国内外都变得可以接受。作为一个更加不可思议的例子，马拉维前总统 Hastings Banda 说他自己“为母亲马拉维的美好事业无私奉献……企图以此减轻其任内侵犯人权的严重性”（*Boston Globe*，6 January 1996，7）。

我在早些时候出版的一部著作（Herzfeld 1992a）中提出这样一个论点：官僚们本人作为公民参与了一个象征宇宙，它为民主在一个不那么理想的世界中遭遇显而易见的失败，提供了便利的解释（一种自然神学）；我认为，这个宇宙及其合理的宇宙观，建基于社会生活中最亲昵的层面之上——因而会频频出现有关身体和家庭的隐喻，以及用来解释这个系统瑕疵的日常习语。我在此进一步考察官僚国家（official state）和它常常否认存在、时而带有扰乱性的流行习俗之间的直面交结；具有讽刺意味的是，这类流行习俗充满活力，恰恰是官僚国家本身得以延续的条件。

尤其是，学术著作和流行作品司空见惯地在概念上区分国家和人民，我把它看作是象征建构，本身值得研究。人们为什么要不断地物化（reify）国家？在这般乞灵活动的背后，无不暗含真人的愿望和设计。自相矛盾的是，就像他们要把失败归咎于某个活人，他们把失败归咎于这个虽然界定不清却属于他们生活中十分重要的存在，同时将其非人格的“物性”作为公正权威的最终保障。

相反，同样自相矛盾的是，有时令人窒息的国家正规意识形态，会在相当显而易见的一系列隐喻中诉诸亲昵和亲密：身体政治，“我们的姑娘小伙儿”，母国和祖国（*Vaterland*），战争时期的敌人就像（有时真就是）我们母亲和女儿的强暴者，观光客就像家客。此外，就像任何人一样，国家——其实就是一堆复杂多变的人和角色——用喊得漫天价响的“民族荣耀”修辞，遮掩自己难以严守崇高规则的无能。[①] 这项修辞可以

---

① 这项有用的系统表述出自布洛克（Blok 1981），可以不涉及他的中心论点而加以保留（参见 Herzfeld 1987a：11－12，95）。

再清楚不过地见证本书的大体宗旨：如同所有社会行动者的做法，民族国家声称拥有的基于普世真理的恒久身份标签，本身是根据历史时刻的要求而做出的策略性调整。

这种与熟人社群挥之不去的对应，是安德森（1983）作为民族主义目标的“想象共同体”形象的基础。不过，至少需要对这个理所当然加以赞美的表述做两点改进。首先，延伸转喻“我所知道的那些人”要包括进来的巨大人口，已经不限于民族国家；他们不是唯一的想象共同体。[①] 也许，各地的人们都会借用身体、家庭和亲属等熟悉的构件来理解较大实体。也许这对于费尔南德斯（Fernandez）有关隐喻的著名定义来说，确实是最纯粹的社会示范：“用一个指号（sign）来预测初识不熟的［人类］主体”。

对于安德森论题的第二个改进，涉及其自上而下的表述。《想象的共同体》之所以受到多数人类学者的热情欢迎，主要是因为它认识到，要理解民族主义的魅力，就需要我们问一句，公民个人如何响应之，为何响应之。人们为什么愿意为一个抽象形式去死？例如，有时候，作为应征士兵，甚或作为纳税人，他们可能感到他们没有真正的选择。不过，问题仍然存在：为什么会存在似乎常常由这种形式的自我牺牲激发的非强迫性热情？安德森向前推进了一大步，指出民族主义给公民提供了一种手段，把他们自己的死亡转化为共享的永生。但是，他没有告诉我们，它为什么如此频频奏效；他也没有告诉我们，这种被转化的行动是否对正在形成的民族国家的文化形式产生相应的影响。

这是人类学者关心的经典分野点，而安德森没有越过那道界线。他没有把叙述建立在日常生活细节的基础之上——象征主义，共餐习俗

① 确实，努尔社会被埃文斯-普里查德（Evans-Pritchard 1940）作为国家社会的十足反例，他知道得很清楚，父系亲属制是对于政治联盟的便利表达，而不是团结全体部落的真实原因。见下，第六章。

(commensality)，家庭，友谊——这样就会使每一具体个案有说服力，或者会要求人们认识到各个民族主义的文化特性。就像盖尔纳（Gellner 1983)，他在这个方面似乎认为，民族主义从根本上都溯源于共同（欧洲）起源，它们是精英视角强加于地方文化世界的象征；地方习语被反复使用，到了难以辨别的地步。这个立场的讽刺性在于，它恰恰复制了它希图质疑的那个意识形态。它实际上是在说，普通民众不能影响当地民族主义的形式：他们不过是跟随者。此外，它通常会忽视这样一个事实：同作为模型的个人自我身份和家庭成员身份一样，民族身份在包含所有理想美德的同时，也包含了大量尴尬。民族国家的所有自上而下的叙事，恰恰漏掉了这个令人懊丧的自我辨识，这个对于文化亲昵的内向承认。

社会性仿像

尴尬，懊丧的自我辨识：这些是关于文化亲昵本质的主要标记。它们不单是个人情感；它们也描述了对于亲昵的集体表象。我们所居住的社会越是不那么真正面对面，那些文化习语就越是明显地变成社会关系的仿像（simulacra)。如鲍德里亚（Baudrillard 1988：167）所论辩的那样①，将其描述为用空虚的指号代替真实，不是太有用；不如将其描述为一种尝试——把熟悉的社会经验投射到不熟悉而且经常有潜在危险的环境中去。曾作为人类学研究专有焦点的边缘社群，常常是民族性格模

① 鲍德里亚的评论涉及现代文化中更加普遍的“仿真”现象；但他指的是谁的“真实”？那些激情四射的民族主义者难道是受骗者吗？人们没有幽默感来辨认直接经验的隐喻如何被任意扭曲吗？那种经验真的是直接（即完全不借助指号）的吗？或者举另外一个例子，努尔人使用父系亲属制表达政治关系时，比现代国家的父权主义更真实吗？这样的表述把阶序的程度差别缩减为二元对立，由此提出一个关于本体论的关键问题：真实对隐喻。

型的来源，而正是在人类学凝视下颇感不安的那些民族主义者，却对此欢心相向——我下面将回到这一点（第六章有更加细致的讨论）。

这些边缘社群是面对面社会。对国际政治和经济的听众，民族领袖们把这些社群描绘成嵌入全球交流复杂联结中的新型现代实在的非典型存在。不过，对于经常是羞辱性自贬的旅游业，在都市精英的浪漫主义民间文学中，它们却体现了民族精华。这种分离造成长久的尴尬：如何将传统重塑为现代性，将反叛重塑为（民族）独立之爱？这是因为，国家在出于自身目的盗用有关道德、习惯和亲族团结的地方习语的同时，把地方表达本身分别作为保守残余、田园传统和家族主义而加以拒绝——它们都严重地阻碍了欧洲民族国家的现代性理性主义想象。

确实，跨国现代性把基于面对面关系之上的社会换喻拉伸到崩断点。在美国和其他地方，包装性的礼貌不再试图掩饰自己的虚套地位；相反，它加强了对它的意识，从而更加突出了建立其上的社会关系的模糊性。它就是那种可怕礼貌的来源——空姐或餐厅服务员呼吸急促地广播个体化的人名，看不出任何社会身份："喂，我的名字是莱斯利，我今晚为您服务。"当一些信以为真的文化新手同样回应时，可以想象到必然会出现的尴尬。诸如"全美航空从你开始"和"飞翔在联航友好的天空"之类的广告语，充满社交性的编造。就像国家意识形态，从日常官僚交道中提炼事实，这些模式化的社会关系，以虚假的标指（indexicals）形式，借助日常实践中的符号之林得到维持（"你今天好吗?""再见"）。这些标指明显虚假：它们表明这个社交性形象如何被夸张到极致，霍克希尔德（Hochschild 1983：11，19）恰如其分地称之为"情感功夫"（*emotional labor*），用于把私人感情"转变"为公共行为。

然而，他们不是简单的虚假；它们再现了对于"真实"社会关系的普遍怀旧。社会理论和流行话语中都普遍再现平和无争的过去：莫斯的尚未被金钱腐蚀的纯互惠时代景象，建立在关于"西方"也同样关于东方“他者”的老一套假设之上（Carrier 1995b），展现了对纯结构（pure structure）时代的同样渴望。但是，这里的社会理论看起来不过是一个事实上广泛流行观念的特例。所以，克里特岛的盗羊贼也同样哀叹把国家的法律程序带进来的必要，他们说，在过去，凭信誉说话就可以判定有罪还是无辜（第七章）。但恰恰也是这些哀叹旧制不再的人，从这个程序发现了采用新制的正当性：指控他人违反互惠伦理，开通了诸如诉诸法律的非互惠行动之路。在国家的论点——它必须介入以防止公民道德大崩溃和桀骜不驯的克里特岛盗羊贼的观点——他们的道德崩溃使国家介入成为必要之间，存在一种奇怪的共生关系。两者都投入有关纯洁的象征主义，而正是这个共同基础，把和平时代以奇技智巧拿国家开涮的公民变成战时的忠诚爱国者。

普遍存在的本质主义

因为盗羊贼在有关表征性的论点中体现了如此极端的立场，这个有限个案在我关于民族主义和文化亲昵交织一体互相依赖的论题中，尤其占据核心地位。民族志记载（例如 Gupta 1995）——正在运行的民族国家的亲昵观——表明，多数公民在和官员打交道时所持有的现实主义，远没有破坏国家事务的运行，反而让它变得可喻。不过，这样的洞见会牺牲某些民主和施政理想：公民（包括许多官僚）把规则似乎看作是主要为某种特别利益服务而存在。

我没有意图推出一个平衡模式的变体：说贪污受贿实际上有助于国家运行有时可能是真的，但只是在腐败官员已经确信此事将为真的意义上这样说。不过，也可以这样说，民族文化的道德性意识形态吸引民众，部分上是由于知情的宽慰通常会伴随它：即便（或尤其是）官员也并不总是一丝不苟地遵循其严格的原则，而是会完全像其他公民那样去利用这些原则：用作一己私利的策略。这不是一个决定论问题，而是一个社会生活实际限制的问题：文化亲昵首先是对可查社会瑕疵的熟知，这些社会瑕疵可以对显然背离公共利益的情况，从文化上提供令人信服的解释。这些瑕疵甚至可以用来解释守法者或者为加强法律制度而工作的那些人的行动。例如，在意大利的反腐大运动中，即便那些冒着生命危险来净化国家政治生活的人，也常常被怀疑从事某种极不正当形式的花招（furberia），即得到社会尊敬的地方性狡黠（参见 Bailey 1973：183－184；Schneider and Schneider 1994：253），对于前总理西尔维奥·贝卢斯科尼（Silvio Berlusconi，部分由于他做出的清廉政府的诺言而当选）的起诉，以及对于反黑手党运动成员所表达的深度怀疑，只能强化这样的矛盾心态。为公共利益服务，即便有最出于公心的愿望，也可以带来具体和无形的个人好处。多数国家拥有无数诚实甚至利他的公民。然而，官方道德主义明显过分的决定作用，实际上会为社会活动者个人提供极大范围的活动空间，不管他们的个人目的是什么。

因此，方法论个人主义（methodological individualism）——把民族看成公民个人意志的集合——就不是对这些过程的恰当描述。这在事实上是一种反向的本质主义，其政治表达可见于罗纳德·里根的唯意志论和玛格丽特·撒切尔所尝试的论点（“存在的只有个体”），把社会完全排除掉。确实，公民在不断塑造民族身份的意义，经常和官方意识形态相抵触：政治家、公务员、专业人士和知识分子也是“普通人”，人类学者越来越愿意把他们作为有民族志意义的研究对象。① 不过，他们和经典民族志对象没有什么不同，也受到他们自己帮助建立、不管如何转瞬即逝的集体认同感的约束。马克·阿贝莱斯（Marc Abélès 1989）把法国政

① 尤其各处参见：Abélès（1989）；Bellier（1993）；Faubion（1993）；Horn（1994）；Rabinow（1989）；Traweek（1988）；Verdery（1991）；Zabusky（1995）。

客看作是一个“部落”，并非仅仅是异想天开。

这里的政客部落是一个集体，由做不同事情的不同的人组成。同样，国家不是一个单一的自主能动者。我经常禁不住要那样去看它，追随那些恼怒的本地朋友，他们把自己的不幸都归咎于“它”。不过，我在田野工作中也开始对此有所知晓，就像许多官员（包括警官）、官僚、学术和艺术名人以及政客那样；我开始意识到，他们通常和其他公民一样，要应对同样的假设，受到同样的约束。这一点值得强调，因为一些读者错误地解释我坚持承认玩世不恭的文化力量，说这是对此类玩世不恭的全面肯定。① 不过，重要的是要认识到，指责这个制度的那些官僚，不管是出于逃避责任还是因为对自己无能为力真的感到沮丧，和他们满腹牢骚的服务对象一样，参与了对于国家的物化。官员们和这些公民一样，既帮助创造了标准的国家观，也经历了由这个不断物化的过程产生的行动限制。选择埋怨这个国家，这为它难以捉摸的力量赋予定义和权威。

研究民族主义和民族国家的人类学必须进入这个正在生产静态真理的过程内部。这样做意味着到全部人口的各个部分寻找它，因为大家都有份。所以，这个进路不是“自上而下”，也不是“自下而上”：除非在狭义的组织意义上，并不存在分离的“上”，也不存在分离的“下”。这

① 见 Beidelman（1995）。不过，我的立场实际上承认官僚们可能把自己的工作解释为公共义务，而不是个人的金矿，他们因此就要做伦理选择；他们是社会能动者。他们偏离主流公共道德的程度因文化和场景而异，但即便是最对社会尽责的官僚，也必须从事把被定义为外人的那些人排除在外的活动。当官僚和其他公民同意指责“这个制度”，他们共享自我豁免的俗语，用于日常真实问题和困境，体现官方伦理的失败和成功；许多官僚严格照章办事，这个事实并不能减少这样一种可能，即尤其是他们那些较失望的服务对象，会对这些行为寻求文化上的恰当解释。我以这样的辩说来拒绝把象征主义看作是政治现实的有趣但分散注意力的附带现象这一观点，我把它看作是社会交结的可塑材料。有关类似但更加有理有据的批评，见海曼（Heyman 1994）以及我的回应。

和多数民族主义理论权威的视角相差甚远。在人类学以外，只有霍布斯鲍姆（Hobsbawm）明确批评了自上而下的视角，在这一点上批驳盖尔纳（Hobsbawm 1990：10－11）。这似乎代表了与霍布斯鲍姆早期有关社会土匪之作（1959，1969）的重大差别，他在书中明确否定“原始反叛者”能够发展自己的意识形态的可能性；也与他所编研究文集《制造传统》（Hobsbawm 1983）的导论有重大差别。

对于盖尔纳（1983）来说，个殊民族主义领袖们的意识形态令人乏味地相同，从相同的欧洲之布裁剪而得，与希图团结在同一旗帜下的每个人民的思想和行动毫无关系。虽然就某些欧洲民族主义意识形态的最初表述来说，这个观点可能具有历史准确性，但它不能解释随后发生了什么：公共话语中民族主义的持续的吸引力（和不断的重新表述），以及据称被它召唤起价值观的真实人民对它的塑造。就像盖尔纳那样论辩，说大众教育制造了共同文化，不能解释让这种过程成为可能的禀性。

在这里，历史学家霍布斯鲍姆以他建构的“大众原初民族主义”（1990：46—79），更加接近人类学对于本土层面价值的强调。但是，他为建立范畴而选择模型范围的这种方式，如同我们或许应当从他早期著述预料的那样，限于可以从中察觉意识形态建构之自我意识形式的那些模型。这种对自觉知识活动的强调，最终导致一个绝望的结论：“我们对多数相对不善辞令的男男女女曾经在想什么知之甚少，或由于这个原因，对他们仍在想什么知之甚少，根本无法断言他们对于自己情感所系的民族和民族国家的想法和感觉”（Hobsbawm 1990：78，楷体字系我所加）。不过，尽管有关于人心向背的辞令，内心深处的思想是不可能捕捉到的。因此，本土价值观念在源于马克思主义的对意识形态自上而下的理解——在这个方面与反马克思主义的盖尔纳的理解差别不大——中又一次被省略。从实用角度出发，这是真的，霍布斯鲍姆是对的：文字记载很少有希望成为“较少被表达的”大众社会意识形态的来源。[①]

对于文化亲昵的聚焦旨在反对这种静止、精英和归并的解读。它的资料是民族志的，是经常被说成是奇闻轶事而立即否决的那种。但是，重要和不重要的界线是由谁划定的？可以怀疑，在拒绝认真考虑民族志细节和要求同质化的民族主义意识形态之间，存在密切的一致性。我在第六章比较详细地讨论为这些人类学批评赋予活力的政治逻辑，反过来，它通过断然坚持个殊的重要性，就能够记录现实中的社会活动者如何理解（有时重塑）民族主义。毫无疑问，如盖尔纳及其他人所说，许多民族主义意识形态外形一致，但没有理由忽视极具地方性的特点，在非常广大范围的文化和社会背景下，它们有时赋予民族主义与众不同的意义。

这些特点在民族志专家探讨的亲昵社会空间中显露出来。此处考虑语言学习，这对于人类学理解的作用，可能有所助益。尽管对于使用翻译曾经司空见惯，我们今天意识到并承认，真正投入田野的人类学者必须能够“内听”（listen in）外人难以参与的谈话。能够进入这些谈话，在伦理上令人担忧，我将在结尾回到与文化亲昵有关的伦理问题上来。尽管如此，可以放心地说，有充分的理由寻求这样的进入，例如因为我们意识到官方叙事把老百姓的观点和经验降到边缘。确实，我虽然通常会反对在田野中雇翻译，但他们有一个明显的作用：当官方指定他们的时候，精明的民族志专家可由他们不做翻译的那些部分了解许多信息。

本土活动者不一定总是同意官方对历史的表述，对此获得清楚的认识，花费了令人惊讶的长久时间。不过，埃德温·阿尔德纳（Edwin Ardener 1975）的“包入全球”（englobing）概念，确实表明了能够象征性地让国家权威服从于地方利害关系的阅读可能。对于考古遗址如以色

① 像希腊这样的国家，经济问题一直在相关社会历史中占主要地位，新近到来但充满活力的人类学的出现，为这个经济问题提供了更深刻更丰富的脉络，正如帕帕塔克西阿尔希斯（Papataxiarchis 1993：60）所评论的那样。

列的马萨达（Bruner and Gorfain 1984；另见 Handelman 1990）、美国殖民地时期的威廉斯堡（Gable，Handler，and Lawson 1992）和希腊的历史保护区（Herzfeld 1991a），都表明对于官方话语进行微妙重塑的可能性，我们可称之为传统的反制造，本土和少数人的群体由此提出一系列各种各样（经常是杂乱无章）的替代历史。西班牙法西斯企图通过大规模筑路计划的强迫劳动来并入加利西亚人口（Roseman 1996）的口头记忆，或者被希腊和西班牙内乱历史学家神话化的事件（Collard 1989；Hart 1996；Mintz 1982）的口头记忆，讲述了一组新故事。对于杂乱而多样历史的重新思考，经常发生在文化的亲昵空间中。

这样的过程经常使用身体和亲属的隐喻，它不是难以超越直接社会经验进行思考的某种文化无能的证明，而只是表明，本地社群同样用国家官员争取本地舆论支持时所用的范畴来认知国家。如果公共官员采用套近乎的言辞，操控忠诚或者争取选票——目前美国关于家庭价值观的争论提供了恰当而突出的个案——因为这套言辞确然起作用。但它也有代价：如同许多欧美政客发现的那样，他们开始要对此道德家庭领袖的仿像要求负责。

在其他情况下，家庭和谐的形象开始伴随兄弟争斗的逻辑——例如在黎巴嫩（尽管哈桑国王和“我的兄弟”拉宾说再见，但事实证明即便是隐喻性兄弟阋于墙的仇恨，也可以逆转过来）。确实，希腊农民用兄弟之争来解释国内和国际纷争，兄弟之间的挚爱极易变成划分父母遗产的激烈斗争；对于像土耳其①这样的民族国家与邻国之间的关系来说，那

① 在希腊和土耳其的争端中，希腊经常对美国的态度保持克制，此事涉及美国的忘恩负义及其对土耳其的偏袒。我有理由论辩，这些指控有充分的事实根据。然而，由于美国的偏袒被表征为一个不称职家长的立场，尤其是财产分配不公的立场，那些指控者必须为美国在该地区地缘政治中的家长作风（命名恰如其分）的挥之不去，担负某种程度的责任。确实，这看上去是个典型例子：抵抗话语何以可能在事实上为巩固和延续它所反对的霸权服务——这个论点的提出，涉及我本人（转下页）

份遗产相当于领土。戴维·萨顿（David Sutton 1997）论辩说，只有从情感、土地和人格在传名习惯中相互紧密关联出发，马其顿之名的斗争在希腊唤起的激情才变得可以理解。[①] 希腊政客理所当然地利用了由此产生的大众情感浪潮，并且卷入其中。

从概念上说，这些家庭隐喻表明民族国家是基于亲昵的建构，其地缘政治要求也可以得到重构。表面上相差甚远的三件个案说明了这个原则。第一，对于委内瑞拉亚马孙州的瓦魁奈人（Wakuénai）来说，民族国家的边境线横穿他们自己的领土边地；民族国家概念本身是违反道义的，也是危险的。瓦魁奈人从逻辑上和道义上，把巴西、哥伦比亚和委内瑞拉仅视为三位附加的命名群体，不如瓦魁奈人自己的兄弟们那么重要，甚至不如相邻部落的兄弟们（Hill 1990：127，1993：37－38），他们由此把三个民族国家纳入他们自己的亲属制样式，认为他们无非是一个本地实体的一些分支，这样就把他们自己和历史上基于欧洲统治和欧洲民族国家模型的入侵式民族国家实体之间的关系，象征性地颠倒过来。在我的第二个来自新西兰的例子中，一些毛利人将自己的族源追溯到由埃及出逃的犹太人那里；它不仅提供了一个摆脱征服的寓言，也通过将类比变换为族谱，把基督教传教殖民者降格为“小弟弟”（Schwimmer 1990：29－31）。尽管这种颠倒本身不能提供有效的抵抗手段，它也许是朝那个方向迈出的必要的第一步。在毛利人的个案中，他们似乎就是这

（接上页）（Herzfeld 1991b）概述“妇女诗性”（例如参见 Loizos and Papataxiarchis 1991b：13）的尝试。关于国际关系中自我免责的辞令，参见 Herzfeld（1992a）；关于“抵抗”概念的局限和可能性，参见 Comaroff and Comaroff（1989），Gutmann（1993），Mbembe（1991，1992），Reed-Danahay（1993）。Diamandouros（1994）有趣地比较了希腊政治文化中的“失败者”立场和“改革者”立场，其中后者恰恰代表了这样一种愿望：把希腊政治行动的责任重置于希腊社会本身，而非依靠国际事务中恒久失败者的地位。

① 尤其参见 Herzfeld（1982b）；Kenna（1976）；Vernier（1991）。Herzfeld（1991a：133，136）也从趣闻轶事的角度，简要探讨了命名与财产之间的关系。

样做的。

转向我的第三个例证，这种重新表述有时可以出现在欧洲核心区，其支配性政治习语的更为直白的表达，使之具有真正潜力，有效地进行自决斗争。此处，制图学是一个有力武器，将语言和宗教的群体变成新的民族实体——一种公认有效的视觉修辞。所以，南北巴斯克地区的巴斯克制图学，“对 16 世纪以来将巴斯克地区分割归入不同国家、分属不同司法行政实体和不同历史的西班牙-法兰西边境形成符号挑战”（Urla 1993：825）。这些策略否定了支配性国家权力的合法性。当然，它们的实际效果可能受限于人口、经济和制度的局限性，但它们确实在认真保护的文化亲昵空间中，为正在出现的族群团结提供了表达力和方向；随后，这些策略可以由此文化亲昵空间，以令人瞩目的激进和公开的形式出现。①

二义和亲昵的编码

我提供文化亲昵的概念，用来矫正文化民族主义的形式主义。它在政治上更为直接地表达了我早些时候力图借助较为形式化的二义（disemia）观念予以澄清的动力，这种二义是官方自我呈现和集体私下真实内省之间的形式上或者编码上的紧张。官方角度虽然是民族志分析的合理（也确实是必要的）对象，但它所遮蔽的私昵，是文化和政治脆弱性的具有深层意味的主题。

社会语言学家早已熟知被称为“双言”（diglossia）的官方的和土俗的文化形式之间存在的紧张，在这个情形下，一个国族语言分裂成两个“语域”（registers）或者社会方言：正式和经常是刻意的古典习语，大多

① 关于巴尔干地区地图政治学的早期精彩记述，见 Wilkinson（1951）。

用于官方目的；日常生活的普通言语（Ferguson 1959）。在双言倾向下，所谓的“高”语域常常要求有掌握稀有教育资源的条件。它变成社会、政治和经济的排他手段；在希腊，作为常被引证的说法，法庭上农民有时需要翻译。不过，时间不长，这些晦涩语言越来越和土俗形式融合，正式的古典词语有可能真的变成针对权贵的流行讽语的源泉——这个反转现象生动地说明了我的中心主题。

然而，这个二义概念扩展了双言的狭义语言学框架。它没有忽视语言，但将它语境化，将其作为语义连续体的一部分，包括沉默、手势、音乐、建造的环境、经济的、公民的和社会的价值。建筑足可加以最明显的表达：风格化的拉毛粉饰的爱奥尼亚柱，可以遮掩土耳其式家庭空间的简朴亲昵或女子内衣店较为肉体化性别化的亲昵。这个模型虽然表面上仍可能支持精英和黎民的二元分裂，但这种区隔是编码本身的一部分，不属于使用它的那个社会世界；任何人都可以声称拥有精英或卑微的地位，但是在社会互动的操演中这些属性总是存在争议。这个二分法属于编码本身；它不描述异质和变换的社会世界，而人们却在这个社会世界中用它来确立他们自己声称拥有的权力和等级。① 尤其是，其正规形式恰恰使它能够传达最精巧的讽刺；字面解读常常因掉入自设陷阱而加重这一讽刺。

中国史学者费侠莉（Charlotte Furth）证明了这样一个论点：不是所有的二分法都出自帝国主义东方学计划，但实践证明，这个二分法对于描述该计划带来的后果是有用的：“二分法应区别活动之需而出现，叙述

① 对于这个讨论，巴赫金（1981）、罗特曼和 Uspenskii（1985）已有部分预示，不过这些理论家没有令人满意地探讨主体在选择使用官方编码和颠覆性编码时的作用，他们有将官方和非官方的差别加以物化的倾向（另见 Mbembe 1992：4）。关于音乐二义，见 Dorn（1991），Turino（1993）；关于经济意识形态冲突中的二义（正规市场对讨价还价以及其他嵌入社会的地方特色），见赫兹菲尔德（1991a：160—63）。对二义较为广泛全面的讨论，见赫兹菲尔德（1987a：95—122）。

策略为语言区别（linguistic distinctions）赋予实体性（entitivity）”（Furth 1995：998）——这一论点证明了象征的物质意义。在一个确定文化特性形貌的政治结构中，人们常常不可避免地卷入二分选择。民族国家意识形态倾向于把世界划分为摩尼教式的二元对立，强迫或者引诱它们的公民采用同样的说辞，从道德上组织他们自己的日常社会关系。但是，在人们对这个辞令的实际使用中，却可能故意不搭界，甚或有颠覆性。

事实上，二分法经常是政治不平等的关键性组织原则。[①] 盖利斯（Gelles 1995）令人信服地证明，长期被结构主义者与仪式和婚姻规则相联系的安第斯山地社会的二分制度，实际上源自关于政治分层（甚至有可能在殖民时代被西班牙社会意识形态的相似特征所强化）的土著观念。实际上根据定义，包括民族主义在内的诸多政治关系是彼此对照的；如斯派塞（Spicer 1992）以及其他学者所表明的那样，这是族群起源的基础。与之相应，这种认同在自我宣传的刻板模式和内省的刻板模式之间的紧张关系中也形成对照。这些刻板模式的内容是不稳定的。这是因为，它们意义的并非来自它们的实际形式（被盖尔纳错误地认作民族主义意识形态的同质内容），而是来自它们在社会中的使用。刻板模式的交汇，它们在社会互动中的使用，以及它们必然要变化多端地乞灵于彼此竞争的历史，是社会诗性（尤其是与民族国家背景下的生活有关的社会诗性）的关键对象。

也许二义概念最适用于和强势文化的理想图像有模棱两可关系的国

① 李·德鲁蒙德（Lee Drummond，个人通信）提到此处这个颇有见地的双关语“dyssemia”（双-义）。不过，这个双关语含有某种贬义（“dys”源于希腊语词根 dus，不好地）；而最初的这个表述并没有想要表达负面寓意（希腊语 di-，加倍，两次，显然是价值中立的）。弗格森（Ferguson，1959）最初将双言（diglossia）表述为“高”（H，high）和“低”（L，low）的语域（register），也遭遇同样的困难。

家；该强势文化中的形式主义和讽刺为政治谈判提供了重要资源。外来影响占优势的希腊国家采用了 Hellenes 这个光荣的名字，比起较为私昵和几乎无人知晓的罗米（Romii）[①]，它可以更有力地召唤强国利益。国家的形成常常导致这种对双重身份的两可使用，使面向外国人的展示与有时可怜的自我内省之间保持平衡。斯派塞（Spicer 1992：32）注意到美洲本土族群的例子，他们对无所不包的国家结构的傲慢审视隐瞒自称（族称），就像罗米身份面对“热爱希腊文明”的西欧强国会被遮蔽起来；这些自我族称恰恰唤起了这种亲昵的自知感。这种类别式藏匿嘲笑着掌权者不能触及被主宰者内心深处的失败。

这些对外和对内的二分族称，标志了征服以及其他支配形式的一个重要后果。说得简单一些，官方对于被征服者文化的贬低，会促发隐秘的自豪。这可以导致集体在重组时期，采用曾经的贬义群称，类似于非裔美国人（尤其是黑人）的几个称呼，以及作为奥斯曼统治者被推翻后产生的结果——土耳其——的统治者的既定政策：采用蔑称 Türk。[②]

地方要求更多自治的努力，可以导致其他相关的二义表达。布列塔尼人（Bretons）既拒绝法兰西国家对他们的人身控制，也反对官方医疗机构的权威，为了医治多种疾病，求助于神秘地方知识与光-波科学辞令相结合的新世纪药方（Badone 1991）。这些做法将内部知识变成了私昵和安全的标志。如简·施耐德和彼得·施耐德（Jane Schneider and Peter Schneider 1994）表明，在西西里普遍认可的西西里式（*sicilianismo*）文

---

① 今天的希腊人通常自称 Ellines，Hellenes。直到独立前不久，多数民众有很长时间并不熟悉这个称呼，尽管如此，希腊国家从一开始就采用了这个官方名称；较常用的名称是暗涉拜占庭（即东罗马）遗绪及其奥斯曼继承者的 Romii。希腊人要强调他们对正规文化及其价值不敬的时候，经常自称 Romii；这个名称也有左翼的内涵（参见 Herzfeld 1982a：141）。那些抱怨这个二元对立忽略了希腊人有时使用的其他自称的人，没有抓住问题的实质：Elline-Romii 的区分提供了一个基本的二义模型，它可以在社会和语言的实践中变化无穷。

② 关于土耳其自称，见 Delaney（1995）。

化信条，拒绝国家（意大利）把黑手党谴责为西西里特色和邪恶十足，它试图把这些重新定义为地方道义对于明显腐败的意大利国家统治的犀利回应。这是针对中央权威机构的抵御姿态，但与“内部族称”非常相似，它积极主动地促进地方文化-道德的自治之感和尊严之感。

这些手法侵扰了外部施加的文化优越模式；而且它们也会比当初将这些模式推向支配地位的武力或财力维持得更为长久。总体在巴尔干和南欧（参见 Maddox 1993：14），在加勒比海，部分在拉美和中东（参见 Orlove and Bauer 1996）——在那些曾经是唯我独大的西北欧丧失许多实际权威的地方——文化层级标准仍然是普遍存在的总体化欧洲观念。在希腊、罗马尼亚和西班牙，有关这些国家恳求要获得完整欧洲身份的想法，天然地表达了受地方权势精英支持的国际文化政治。

即便在前美国殖民地，进口“欧洲风格”（包括巴黎知识分子时尚）的诱惑力也遵循同样的逻辑，表明阶层时尚何等顽固，可以在军事和经济力量的阶序垮掉或者颠倒之后，仍然得以维持。弗里德勒（Friedl）描述为“滞后效仿”（她的意思是农民模仿城市时尚）的驱动力在全球范围内得到再生产，所以，二义现象正在变化的全球意义可能会在时间上表现得非常滞缓。在英国，失败的盎格鲁-撒克逊把他们的名字赋予直白常识和四字词汇的文化意识形态，与前代拉丁帝王及即将成为贵族的法兰西征服者的优雅和正式形成对照：就像希腊人操弄 Hellenic 和 Romeic，那些放牛（Kuh-）放猪（Schwein-）的撒克逊人确保向他们的诺曼主子提供充足的牛肉（bœuf）和猪肉（porc），隐喻了文化身份在意识形态上的对照，两者都被所有的社会行动者内化和有选择地利用。

同样，在美国的例子中，这种二义现象的两极表现为：一方面对欧洲旧制近乎阿谀奉承，另一方面对所谓欧式古板及其严格的等级感予以蔑视。这个模棱两可令人不爽，要由具体环境决定哪一方面占上风。任何太过急于或照字面意思从美国朋友接受文化敬重的欧洲人，很快就学会应有的慎重。虽然美国人对于“欧洲”的感佩经常隐含在对于精巧文化时代的怀旧之上——旧/新大陆的对子很好地表达了历史时间向文化空间的转换①——相应地，它也对于以诺曼·洛克威尔（Norman Rockwell）的油画和震颤派之类濒亡群体的手工艺品为象征的社区淳朴民风，有同样强烈的怀旧感。②

在既属于晚近的殖民强国又属于民族国家全球共同体的穷国（类似于葡萄牙和俄罗斯）中，也存在这样的模棱两可。俄罗斯人对于他们身份中的欧洲特征，常常持有模棱两可的态度，而他们在芬兰的邻居对于他们自称拥有的文明本身提出挑战（参见 Wilson 1976：132）。同样在西班牙，与“非洲”的邻近和当地的阶级意识形态——且不提长期的殖民历史——并不和谐，在关于斗牛和其他象征性民族习俗的文化尊重辩论中，仍然是一个没有解决的问题（Douglass 1995）；旅游和地方狭隘性也可以导致对更为地方化的身份作阴郁的反思（参见 Fernandez 1988；Greenwood 1977）。这些例子使另外一个二元对立，即殖民者和被殖民者的二元对立，以两种方式复杂化：让我们意识到，一个欧洲殖民强国在欧洲内部也可以是边缘化的；就像苏格兰（Nadel-Klein 1991）的例子，通过彰显内部地区间的不平等，把它做成可以推广到全球的试验场。不过，出于明显的历史原因，“欧洲”还是提供了最丰富最急需的文化强势模型。

身兼欧盟的精神领袖和加入后早年的政治贱民，也许希腊的两难境遇是基于“欧洲”两可性的最显著的二义个案。不过，也存在同一广泛历史动力的其他产物。作为来自爱琴海对岸的一个镜像，Dorn 从民族音乐学角度探讨在伊斯坦布尔“土耳其”和“法兰克”风格之间的互动对

① 参见 Fabian（1983），论猎奇性“否认同时代”（denials of coevalness）与霸权之间的关系。

② 关于怀旧与内在性或私昵之间的关系，见 S. Stewart（1984）。

转，它指向深埋于伊斯兰和基马尔主义有关土耳其未来的视野紧张中的持久模棱两可（Dorn 1991）。在自称为斯拉夫海洋中的罗马认同之岛的罗马尼亚，欧洲身份是一把双刃剑，在涉及民族政体未来走向的竞争中双方都在挥舞它（参见 Verdery 1996：104 - 129）。如 Kligman（1989：326 - 327，n.4）指出的那样，东正教东方和天主教西方之间作为奇特反向"宗教二义"（reversed "religious disemia"）的紧张也在这里浮现，与天主教有关的旧俗，尽管表面上遵从正规的东正教，也渗透了日常生活中的大多数私昵空间。

Kligman 的例子实际上表明了二义两级的不稳定性和可协商性。在希腊，从建国初期早先抨击所察觉的异教复兴威胁，到当今反西方和主要是左翼的"新东正教"运动，东正教和欧洲的新古典主义眼界存在明显不协调的关系。比较而言，在罗马尼亚，即便在官方不信教的齐奥塞斯库政权之下，东正教信仰似乎也代表了文化正统；政府对于东正教教会可以察觉的偏爱，导致前天主教社区的公民作为自我呈现，声称认同东正教。结果强化了以宗教态度和仪式习俗的鲜明对照为特征的公共-私下二分现象——即 Kligman 的"宗教二义"。

此处需要重点指出，虽然二义可作为符码配对看待，但具有社会重要性的是如何实际运用这些符码；这种运用常常受到历史过程的影响，而行动者对此可能只有部分意识。齐奥塞斯库政权偏爱东正教的立场决定了宗教二义的公共面孔，但如何使用和选择这些已经"过度编码"的符号（参见 Eco 1976：133），将取决于具体的行动者，而且有可能影响未来事件。几乎同样地，原初的希腊民族主义二元观——作为欧洲本源的古典希腊和现代民族国家的官方面孔——在 1920—1922 年对土耳其的灾难性战争之后，随着大量难民从小亚细亚涌入（接近现有人口的四分之一），发生了某种对立。

尽管难民们也和西方保持密切联系，但他们立即否认本土希腊人和西方有联系是因为相对于西方强国的卑下和从属。此外，移民们失望地注意到希腊社会内部他们所认为的文化严重失序。本土希腊人在追随西方现代化模式的时候，忽视了他们更为晚近的拜占庭遗产，试图恢复久远的前基督教古典历史的世俗理想。此外，本土希腊人呈现的……是一个非常不受欢迎的形象，他们心胸狭窄，目光短浅，头脑简单（Giannuli 1995：277；另见 Hirschon 1989：22－35）。

正如 Bakalaki（1994：76－77，97－102，及其他各处）对我早先的论点做令人信服的修改时表明的那样，在许多非精英希腊人中存在强烈追求现代性西化的因素，这让希腊身份的西-东静态叙说程式变得更加复杂。Balalaki 指出，既然希腊人总是能够把欧洲形象内化为自我，例如我们可以发现让妇女专心致志于手工艺品的地方习惯，实际上遮蔽了她们对于西欧时尚的吸收，而非正式的衣着——易于解读为家内倾向的标记——实际上（甚或同时）标志了对于欧式安逸及无所不在的文化和政治上占强势的自我模型的渴望。

这些二元对立的位置转移并不总是容易辨认。因为它们诉诸永恒真实性的观念，其使用策略深藏不露：这就是让符码的二元对立具有虚假社会现实感的根源所在。物质上的恒久性容易遮掩多种使用方式的意义，建筑布局和道德习语一样，都有关于不变性的语义幻觉：恒定的能指（signifiers）遮蔽了变换的所指（signifieds）。指号形式越固定，两可的操作性就越大，符码本身被扰乱的可能性就越令人惊讶。熟练的行动者利用刻板的表象得其所欲（Herzfeld 1983b）。不熟练（或根本就是不成功）的行动者责难这个制度；他们也正是用这样的世界观责难国家，也同样确认它的权力。①

---

① 另参见（Herzfeld 1992a：5－10，1996），我把这个宇宙观称为“世俗神正论”（theodicy）。

外观最恒久的设计也许具有最真切的物质性。在许多社会，把私昵和公共分开的建筑隔板具有社会性别的属性，就像在多数伊斯兰世界，这些道德义务作为对照性民族身份意识形态的社会性别和身体的隐喻，可以再现于地方风俗中。不过，即便这种区隔不那么明显的社会，也首先要求妇女要自知，男人要自显。在日常行为中，这些象征角色可以发生策略性的逆转，并且构成文化亲昵的另一个维度：除非在很正式或仪式化的场合，男人可能不情愿向陌生人暴露其实际角色的某些方面(Almeida 1995：229)。

不过，官方对于刻板化社会性别的使用，仍然具有相当可观的定力。在美国，在公共场所对社会性别歧视的敏感，至少在形式上得到良好表达，但全国范围的行为方式却展现了一种挥之不去的保守主义。在机组人员（我早些时候讨论过他们的习惯做法）中，不断用本名介绍乘务员(通常女性占绝大多数)、用职衔和姓氏介绍机长（通常是男性）的做法，是一套额外的把戏，用作客舱里套近乎的商业伪装。此处官方组织利用二义的私昵方面来达到公共目的。

在天平的另一端，人类躯体可以最大限度地容忍二义的张力。在这里，尤其是在那些国家侵入几乎所有私人空间的地方，它有时表现为尴尬变成躯体疼痛症状，以至于自我（self）成为可以保留些许私昵感的唯一可用的避难所（Kleinman 1995：106－107）。身体如此极端地暴露，这是因为它是隐私和展现的主要场地。有时也能用具身化两可（the ambiguities of embodiment）来克制羞愧。因此，例如被殖民的民众可以诉诸手语，对于那些把听说作为最高而且常常也是唯一交流方式的人来说，手语的外部形式始终令人绝望地无法辨读（Chock 1987；Herzfeld 1991b；Norman 1994)。这种微妙的操演是否真的改变了什么——例如，社会性别之间或者阶级之间的权力平衡是否发生了转移，这是一个经验问题，涉及我下面要讨论的社会诗性。

社会诗性（social poetics）

民族国家在意识形态上执着于本体论意义的自我万古长青。它虽然会追求技术变革甚至社会变革（“追求现代化的国家”），但永远保持文化恒定不变的指号错觉，也可能试图把静态的道德观强加给他人（“追求道德化的国家”［Moore 1993：4］）。这个千秋万代工程实用的工艺，把纯正起源的神话观念和完美的社会和文化的形式实用地连接起来；革新被当作永恒本质的实现并因此“征募入伙”。但在实际上，它们常常受到争议：例如，美国人的保健“权利”被用来和他们所谓的自力更生禀性对立。另一方面，对这些争论所依据的本质主义的攻击，却不那么易于容忍：这些攻击破坏了道德的纯洁性、时间的完美连续性和文化的同质性。这个民族必须永远在一起，不可分离。就像列维-斯特劳斯的神话，民族历史以（普遍）时间的名义，回溯性地忽略（经验）时间。

这种对静态文化的遵从，有一个令人惊讶和可能是未意图的后果：它不仅支撑某些可允许的辩论形式，也允许甚或鼓励在日常生活中颠覆规则。之所以出现这个情况，是因为非常僵硬的外部形式为某些行动者提供了一个面具，用来遮掩各种讯息，就像通过操控符码，严格的道德规范有时会让个人行动非常自由。这就是为什么官方意识形态总是拒绝承担语义责任（semantic liability）：承认为此负责，会让人意识到官方意义本身是不确定的。也许结构性怀旧（structural nostalgia）可以说明国家自身困境所带来的最有戏剧性的自相矛盾——渴望一个前国家时代，渴望被国家不断祈唤的原生和自我调节的天然权利——就像所有其他同样脆弱的官方固定符号一样，公民可以用它来反对国家权威本身（参见第七章）。例如在美国，所谓民兵诉诸边地正义和自力更生的原生性观念，已经让美国联邦政府感到极为尴尬。当希腊政府想在海外展现克里特古代文物的时候，民粹主义者挪用有关古代辉煌的民族主义辞令，也同样给它带来尴尬（Hamilakis and Yalouri 1995：126）。

对国家意识形态的批判应当揭示这种时代戏法。形式的固定不一定相应产生意义和意图的固定；夸张、戏谑和其他丑化行为，既让文化形式的恒久感延续下去，也导致重大变革。在语言中的类似情况是诗意措辞，如雅各布森（Jakobson，1960）所见，它遍布日常和“专门”的使用当中：语言使用中有时令人窘困的意义含混和精彩隐喻给人带来的震撼，都可以动摇文化中的语义幻觉和号称永不改变的道德领域。

至关重要的是，不要把转向研究意义的模棱两可，误当作在社会生活中看到诗意的浪漫神秘主义（参见第八章）。这不是关于诗（poetry，除非作为特殊案例），而是关于诗性（poetics）——不是一种体裁被神秘赋予的指号活动，而是对出现在包括闲谈在内的所有各类象征表达中的属性所进行的技术分析。

不过，社会诗性极容易混同于社会关系的美学化（Gilsenan 1986；Vidal 1988）。我在《人之诗性》（*The Poetics of Manhood*）（Herzfeld 1985a）中，在虚张声势的男子气诗性和定居守法现代性“较缺乏诗意的眼界”之间进行比较时（272），显然滑入美学化的用语习惯——这个说法和与我过去对此研究方法的主张互相冲突，我现在宁可放弃它。但它不是主要论点的核心；相反，它误用了该论点。

几位批评家（如 Damer 1986）提出，诗性的研究方法似乎只为政治上的成功者叫好；例如在高地克里特男子气的脉络下，我几乎没有提到妇女或者政治弱者的处境。我做出部分努力（尤其 Herzfeld 1991b）来纠正这个失衡。然而，适当去浪漫化的美学观念，就像诗性的那样，不会自动掩饰不快、暴力或因压迫产生的大小痛苦。如果我要对忽视有关不平等的一些非常物质性的方面负责，那么，这可能是由于我起初对于这个研究方法的太过狭窄的运用，而不是由于这个研究方法本身。此外，作为传统替代方法的象征主义批判和经济简约主义，至少也同样违背了人们的生活经验。

说象征活动与物质分析不相关，这个看法是极有害的。这种笛卡儿式劳动分工从根本上造成早期民族志的严重分歧：缺乏口述、手势（参见 Farnell 1994a，1994b）、音乐（Feld 1982）以及其他许多被认为是社会生活的非物质方面，这表明民族志研究的全观理想始终是何等伪善和荒谬。它本身是将作为“道德”的人类学和作为“科学”的人类学对立起来的充满意识形态的二元对立产物（D'Andrade 1995）。关于无偏见和综合描述的实证主义幻觉，当然要忽视作为其基础的极具立场性的二元对立。那些（经常）蔑视社会生活广泛不确定性的人，经常宣称他们的民族志是全面的，他们最不喜欢把长篇叙事、调查合作人的注解以及被他们作为民族志叙述中的民间传说而予以拒绝的东西包括进来。当人们预先确定了“整体”的参数之后，就容易做到全观。

正因为如此，民族志本身的写作同时属于社会活动和诗性活动。Kenna（1992）正确地指出，我的克里特高地民族志是一种操演（performance），但我们还要问一句，是否存在任何不属于操演的民族志，就如我在早些时候的回应中指出的那样（Herzfeld 1992b）。说书写的文本比口头言语存在更持久与此无关；就像作为社会手势（social gesture），建筑在外观上比眨眼或点头更少短暂性。如同我正在研究的牧羊人，我让社会和文化的传统变形：这曾经是我自己的知识血统即我老师（他实际上型变了为重现一个非洲社会而设计并把它用于一个欧洲模型的埃文斯-普里查德［1940］模型的民族志风格（Campbell 1964）。操演总是嵌入“真实”时间：任何操演都有其先绪。维克多·特纳在他的“社会戏剧”概念中，表明了当下社会生活在过去经验中的嵌入（Turner 1974）。它在此时可以做大剧院：就像公众人物的行动要从光荣的过去或核心宗教神话获得精神食粮。当然，它对于分析较不起眼的时刻——民族志学者讲述的故事之类（无非揭示了驱动人们行动的那类“趣闻轶事”）——也不乏启示。社会诗性认识到，人们为了当下的各种目的而摆布过去的残留。就如同墨西哥的革命 Hidalgo 或中世纪的牧师 Thomas à Becket，根据特纳（1974：60—155）的说法，其各自的生涯乞灵于阿兹特克神灵崇拜和耶稣受难戏剧，悲伤的希腊母亲通过认同有丧亲之痛的圣母马利亚来寻求安慰，正重演一场普世化戏剧（其社会舞台也许小些），以便从自己当下的悲哀中解脱出来（见 Alexiou 1974：77）。

此外，普通民众在蓬勃发展的民族主义历史编纂学中找到材料，用来建构可能具有无限范围的个人和集体的过去，其中一些或许有悖于其民族主义样板的宗旨。历史悠久的城镇一再采用石工建筑技术，例如当异教寺庙遗迹出现在最重要的希腊基督教的国家朝圣地的时候[①]——这是体现这种指号拼合物中的一个生动隐喻——在国家和城市的文物保护当局如此经常地积极禁止这种复旧利用的时候，这个隐喻尤其生动。对于当局来说，操弄这种对立于文本修辞的活历史，威胁到他们最珍惜而且最具体的本质主义。[②]

国家因自己的对象化（reification）而作茧自缚。为了至少取得稳定的幻觉，政府必须指挥调动普通民众积极参与；普通民众到处不断地投入对象化（reify）活动。他们也求助固化的历史，在官方神话中重新发现有利于自己事业的某些方面。如姆本贝（Mbembe 1992：25）所评论的那样，后殖民主体“通过与国家权力试图施加于日常生活方方面面的腐败控制妥协……不仅仅再次肯定它不可抗争——恰恰是为了操弄它并尽

① 有关赴圣母马利亚神龛朝圣（蒂诺斯 Tinos）的带有强烈的民族主义暗示。Jill Dubisch 为我提供了这个例子（个人通信，1995），参阅她有关 Tinos 朝圣的著作《身在异地》（*In a Different Place*，Dubisch 1995）。

② 关于在冲突历史的建构中叙事与建筑之间的复杂关系，参见 Gable，Handler，and Lawson（1992）；Herzfeld（1991a）。

可能加以修改”。亦如他所评论的那样，淫秽和怪异也不仅仅是颠覆性的“弱者武器”（斯科特［1985］的著名词语）；虽然权力的施用常常是对立性的，但是它要利用根据行动者的利益、资源和欲求而予以不同运用和解释的共享符号（shared symbols）。就像后殖民暴君的威严而古怪的机构——姆本贝的模型是西非国家喀麦隆，不过他坚称他所描写的东西绝不是非洲独有——它是权力的象征，“有力量，被解释和再解释，将进一步延展的意义反馈到制度中来”（Mbembe 1992：8）。实际上没有政权能够避免某种程度的滥用权力，有鉴于此，我要补充，在较卑微的政治生活角落中，也大量存在这类模棱两可。在那里，被夸张的肉体力量展示，可由于熟昵相知的嘲弄而更具竞争性。所以，格莱迪奥特（Glendiot）牧羊人把庇护他们的官僚政客轻蔑地描写成“吃货”（eating），这是一个关于贪婪和偷窃的常用隐喻；但所有这些瘦削而坚韧的人，都希望自己的儿子长出并展示便便大腹，它象征有机会获得令人嫉妒的同一资源可供滥用。构成文化亲昵的权力成分声名狼藉，它们来自日常生活；而且如在姆本贝（Mbembe 1992：25－29）描述的独裁政体中，国家如此充分地采用这种亲昵的文化标记，以便渗透到被压迫公民的每一个情绪瞬间中去，以至于同样这些公民更加容易对它本身进行日常操纵，他们熟知这些标记拥有颠覆性解释的能力。

在广泛的社会意义上，社会诗性讨论人们借助于操演将短暂的优势转化为持久的状态。它将日常互动的小小诗性与官方的宏伟戏剧和历史编撰的浩大工程联系起来，打破对于规模的错觉。我不想声称这个视角完全取代了其他方法。毋宁说，它占据了一个激进的中间立场，位于对社会经验（极端实证主义）的否定和对解构主义的否定之间，不允许任何一方愚蠢而自娱自乐地借抽象之名忽略普通民众私下关心的事情。

此处的立场依然忠实于维柯的诗性观照。他谴责对于直接观察的拒绝，也谴责有关纯粹本义或者恒久意义的观点。维柯同样指出了双重愚蠢：暴君们忘记其权力的民众基础是脆弱的；学者们忘记他们的所有深奥知识，均源自由身体知识生长出来并借助农民的通俗语言传送的意象。① 以此强有力的反化约主义为先导，社会诗学的专项任务就是为亲身体验的历史注入新的分析，从而恢复关注即便是最正规的权力和最抽象的知识的社会、文化和政治的根基所在——文化亲昵。

实用的本质主义：产生相似性

社会诗学最常关注的问题之一，是社会互动中对于刻板成见的利用。人类学对于刻板成见的讨论，大多从群体边界和相互敌视入手。但这些立场容易陷入静态二元对立论而受到指责，除非将它们作为社会行动而加以情境化。谁在使用刻板成见？在何种情况下使用？刻板成见的形式和人们赋予它们的意义的稳定性如何？种族成见尤其较好地说明了使用（use）何以似乎能够将暂时的感知转变为自明之理。

这些问题突出了本书的一个要点：社会生活由物象化（reification）和本质化的过程以及对这些过程的挑战构成。承认本质主义的策略特点，就必然得出这样的推断。社会理论对于本质主义的不信任，不应该模糊我们对它在社会生活中同样普遍存在的关注。将本质主义本质化是没有意义的。在这一点上，社会科学也被置于它们自己的显微镜下加以比较。如理查德·汉德勒（Richard Handler）和我都主张的那样，认清民族主义和人类学共有的本质主义，既为我们提供了历史洞见，也让我们保持批判性距离。②

我刚才对本质主义的评论，也更可以用来针对二元对立论。社会诗

---

① 参见 Herzfeld（1987a：189—91）的讨论以及各处。

② 参见 Handler（1985，1988）。关于种族刻板成见，参见 Wade（1995）；Wallman（1978）；以及 Bond and Gilliam（1994）中的几篇论文。

性不会拟测人类认识的结构，但要追问他们从哪里找到实际运用的二元对立，追问他们在权力协商中如何运用这类二元对立。让我们回忆弗思的评论——如果超越语言学领域，它实际上定义了我所意味的社会诗性："叙事策略为语言学的区别性特征赋予实体性"（Furth 1995：998）。

所有的社会操演都将人们文化编码的角色或者身份物象化。它解释了为什么取得国民国家地位，就成为本质主义策略也许是最有戏剧性的例子。尽管某些宣布四海之内皆兄弟和拥抱普世真理的宗教，理所当然地仅在规模上就取得了更大成功。最近关于批判媒体回应的研究表明，这样的垄断现在可能被超越了。例如，乌尔拉（Urla 1995）关于巴斯克青年文化的文章表明，另类媒体，即便是在他们自己策划的反国民国家体制运动（正因为如此，最初常常奉行单一文化逻辑）内部，也可能对单一真理的持续性生产形成挑战。

派系可由此情境产生，就如范·梅吉尔（van Meijl 2000：91，103）对新西兰毛利人的窘境所做的说明，其表现是企图操控对于文化身份——毋宁说是物象化——的管理，它远比压迫者-被压迫者之简单二元对立模型所暗示的情况复杂。当内部批评者可以有机会进入一直不能获准的自我表达模式时，他们也令急于避免与有权势者站在一起并使其决定身份的垄断权合法化的人类学者的伦理困境复杂化（尤其参见 Jackson 1995）。本书初版引发了合理的担忧：对于象征主义和表征性的压倒性关注，会阻隔有关人们生活中国家在场的同样具有物性的其他维度（Smith 1999：197，227）。不过，我仍然确信，这些方面不比经济、军事或者政治等方面缺少物性。这些表征实践的平淡无奇化，本身构成了足够的警示：国家权力广泛利用象征符号，同时不让那些国家权力的批评者使用它。所以，否认象征符号的物性，意味着屈服于或默认全球性的权力失衡。本书的一个核心任务不是别的，就是观察表征如何实际运作。

本质主义的策略完全取决于产生专业上称为象似性（iconicity）——

基于相似性的意指原则——的指号效果（参见第四章）。严格说来，象似符（icon）不仅仅是作为文化典型的通俗形象（例如“美国偶像”这个词语）；确实，对这个词的通常误用表明，许多有关国族认同产生的公共说辞，依然如此地混乱不堪。[①] 象似符依据知觉的相似性而意指某物：照片是被拍照者的象似符，维瓦尔第[②]的一段笛子演奏曲是鸟鸣的象似符。象似性感觉自然，因而是自我证明的有效手段。不过，它在事实上属于文化建构，这是因为辨别相似性的能力在很大程度上取决于在先的美学标准和情境政治（politics of the situation）：人们经常愤怒地从根本上否认自己的肖像像自己，否认与自己的父母相像，甚或与某些政治家相像。也许这是因为视觉图像有说服力，因其可复制性而拥有“救赎的力量”（Freedberg 1989：440），它们直接服务于民族主义的双重要务：人的无限繁衍和集体永生。视觉和音乐的象似符对集聚全民一直极为有效——其他方面的象似性，如在民族美食中加以调配的味觉和嗅觉（Appadurai 1988），可能会在更大程度上达到显而易见的默认效果，而这是自然化过程所需要的。即便在那些象似性明显而突出的方面，如宗教（和政治）对视觉图像的利用，其直接性“使这些图像的基本原理显著地大众化”（Freedberg 1989：401）。[③]

① 这里有几分讽刺意味：查尔斯·桑德斯·皮尔士（Charles Sanders Peirce）将指号三分为象似（icons）、标指（indexes）和象征（symbols），给这个讨论带来活力，他一直是某些美国学术民族主义的焦点。对于皮尔士图式做最有用的讨论者之一是迪利（Deely 1990），而专门应用于人类学的则是帕尔芒捷（Parmentier 1994）。

② 意大利巴洛克风格的作曲家和小提琴手（1675—1741）。——译者

③ 弗里德伯格（Freedberg）在讨论拜占庭基督教中反圣像崇拜运动的具体背景下作此评论，不过其中的逻辑也符合民族主义对民众的吸引。反圣像崇拜运动者惧怕的恰恰是这个图像的力量，它可以遮蔽他们的神圣所指（另参见 Baudrillard 1988：169）。但是，对于民族主义来说，这样的遮蔽可能是可欲的，因为它可以遮蔽支撑文化一体允诺的社会异质性；社会和谐的象征——在关于“无阶级社会”和“我们的兄弟姐妹”的陈词滥调中（以及提到过的航班客服敬语中）——遮掩社会的异化：为了应对这样的异化，人们就建造我所称的“结构性怀旧”（structural nostalgia），以为排遣。

不管从生物遗传或是从文化，民族主义直接用相似性来做预测。所有国民都一样，这是它某种无可争辩的中枢观念；本尼迪克特·安德森《想象的共同体》（1983）就有这样的寓意。多数民族主义者害怕不同的文化解读——少数民族自决、青少年的另类主义、文化异见——这有可能损害他们的普世主张。事实上，不仅另类解读与支配阐释共存，而且没有这样的扰乱式亲昵，大多数民族主义难以得到民众的长期支持。民族窘遇可以在民族文化私人空间内部，成为亲昵和情感的象似（iconic）基础，变为非完人之间的友谊。

这解释了我为什么希望把有关刻板成见的讨论转向实践领域，让它和民族国家意识形态的无例外象似性（totalizing iconicity）——具有匀质性民族性格的国民勾连起来。它和盖尔纳（1983：37）的洞见紧密相关：文化从“社会制度的装饰、确认与合法化”摇身变成“一个必要的共享媒介”。我在其他地方力图说明，这个意识形态的转变——与盖尔纳不同，我认为这个变化属于程度而非种类的不同——涉及把一组互有关联（或者标指）的指号（signs），即可辨识的社会生活流的碎片，约化成为静止的从而是永恒的民族文化象似性（Herzfeld 1992a）。亲昵之转喻延伸，与其说如盖尔纳所认为的那样发生转型，不如说它被抻拉，超越了任何较真原本意义的可能性。我在前面简短讨论的航班客套，以其周到的琐屑入微，同样成为这个过程的典型；而 Andrew Strathern（1996）注意到在巴布亚新几内亚它对于理解地方交换物（猪、贝壳）转变成为国家货币的重要性——这个国家的民族主义必须不断寻求克服种类超多而且争相渗透该民族主义的地方文化习俗之间长期存在的紧张关系（另见 Gewertz and Errington 1995）。在新西兰，基于对现在据称为共同祖先的召唤，某些艺术形式成为表达正在形成的毛利民族身份的手段。结果，新西兰政府也征用单一的象征形式来“表达欢愉而欣慰的讯息——它（该讯息）到底是什么并不十分清楚：普遍意义上的生活”（Schwimmer

1992：70－71）。这样的合并与上述派别分立的过程相反，但它分享同样的基本原则：集体文化在所有层面上的具体化为社会整合服务。

现实的社会关系瓦解了这些关于民族文化的永恒虚构或不朽意象。玛格丽特·撒切尔意识到这一点，她企图根本否认社会性的存在，坚称存在的"只有个人"，他们共享一个她提议用来实现一体化奇迹的文化。难以找到一个更好的例子来说明民族主义如何从强调标指（indexicality）到强调象似（iconicity）——从强调折射文化差异的社会关系到强调社会原子化的文化同质性。

具有挑战性的分析，是将过程反转过来，观察何种标指性社会策略（indexical social ploys）隐藏在看似波澜不惊的统一官方文化的象似性之中。我尤其希望采用有助益的"东方学"概念（Said 1978），超越其迄今为止过狭义的文本含义，就像 Carrier（1992）类推造出"西方学"（occidentalism）有效做到的那样。那么，让我们总体谈谈实用东方学、实用西方学和实用本质主义。①

把人当作固定范畴的代表而加以实用具体化，部分上属于阿尔都塞（Althusser 1971：162）所称的"质询"（interpellation），警察的支配行为是常常引用的示例，他专横地拦住行人："喂，你！"根据阿尔都塞的说法，警察扮演了意识形态的代理，此时此刻将行人建构成为"对象"。尽管这样的表述业已涉及国家权力的行使，但它依旧是自上而下的；它也明显地缺乏时间性，行人实际上"总是已经"成为意识形态的对象，阿尔都塞将其体现于历史之外（Althusser 1971：150，164）。就这样，阿尔都塞复制并强化了这些制度的力量——对他来说，强权制度所赋予的唯一自由，就是接受其绝对控制。他不认为这样的社会互动时刻有可能

① 我又在容纳自己已经有所运用的术语和概念；参见 Herzfeld（1991a：16，1995：128）。

对国家意识形态及其相应文化产生明显的施为性影响。

也许它对特定时刻的经验做了准确描述，但太多陷入决定论。它在这方面因袭了长久的人类学传统，社会活动者似乎被锁定在观念的天数当中，几乎完全排除了独立能动的可能性（另见 Fardon 1985：6）。民族志证据不支持这种广泛的决定论。例如，斯蒂芬（Stephen 1985：812）最近对萨尔瓦多政治和社会性别的研究表明，国家如何为一个 16 岁的制服男赋权，“质询”——她本人没有用这个词——一位老妇，把她当作危险分子；如果他在自己的街区见过这位老妇或者脱去制服，他会礼貌待她。由于对男子汉气质的军事化培养，意味着建立在贞女和妓女的“传统”范畴之上的妇女社会身份，斯蒂芬的例子表明，国家权力通过自己的代理行使这种控制，取决于有选择地操纵已经在民众中流行的刻板成见。但是，对于双方来说，这个熟知的模型不过是“想当然”。妇女在某些拉美革命中的突出角色，使她们能够在普遍接受的一整套性别成见中抓住其他选择，反转长期存在的集体虐待模式，带来社会和文化的实质性变化。

斯蒂芬对妇女如何被纳入一个范畴的描述，符合我在其他地方提供的官僚对归类加以利用的描述（Herzfeld 1992a）。此外，她用实例说明，弱者可以反击，重塑将她们打入边缘的原有归类。这样，她们就挑战了对关键范畴的流行解释和普遍使用。于是乎，她们的小小抵抗活动就有可能至少逐渐地导致较大权力格局的某种变化。因为这是实践导向和施为（performative）的，斯蒂芬的论证与富于表现力并且当下时髦的文本主义“抵抗”叙事形成对照，值得鼓励。起初遭到男人努力反对的妇女参政，先是导致社会性别角色的革命，然后它让男人和女人对暴力和权力有新的理解，由此产生的意识进而可能影响国家行不义而免受追责的能力。这就是所有恒久官方形式内在的暂时性：因为国家意识形态建立在亲昵形象的基础之上，在日常生活亲昵领域中发生的变化——可能根本不会以外部文化形式表现的意义转变，可以微妙而根本地重组这些意识形态。

这种被本地人偷梁换柱的效果有时很搞笑。克里特盗羊贼刻意效仿独立战争中革命游击队那种明目张胆的无法无天（kleftes，直意为窃贼），把希腊当局虚拟为土耳其人，不予理会；他们仪式化地款待前来调查的警察，然后告诉他们证据被吃掉了（Herzfeld 1985a：220－222）。这些盗羊贼与国史的滑稽关系，可能不会像国家主义意识形态让我们认为的那样非同寻常：许多“解放者”起家时都打着“土匪”或“恐怖分子”的旗号，最终要面对真正掌权并且需要对从前的战友加以限制的尴尬。这让人马上想到亚瑟·阿拉法特。

这种法律地位的倒转，对于国家规定并入条件的能力，常常有更为明显的寓意，例如瓦魁奈人用亲属制单位的亲昵性，简化那些其边界任意侵犯瓦魁奈人自认完整领土的民族国家实体。我们也不能忘记那些喧哗闹腾的克里特窃羊贼的活动，也会产生直接的政治后果，他们提醒那些倒霉的地方当局，这些牧羊人的选票让他们获得议会庇护者的保护，这些庇护者不仅制定相关的法律并且实施，也真有可能升任高官——部分上由于他们拥有受到来自较大氏族的投保盗羊贼们控制的选区选票。①

实际上，这样的手段戳穿了官方权力及其自我本质化策略的虚张声势。这些手段迫使人们承认，本质主义总是它矢口否认的那个东西：这是一个策略，与那些破坏性的手段一样，都是为了满足社会和历史的一时之需。强大国家实体的代理和最卑微的地方社会活动者，虽然不总是具有同样的可见性或者影响，都在同等程度上诉诸本质主义策略。可以

---

① 随着 1967—1974 年军事独裁前后积极参政的那一代人的退出，情况开始发生变化。并不完全清楚牧羊人与政治家的关系在何种程度上真正影响了国家政治的走向，但至少可以肯定，在令人惊讶的程度上牧场之尾摇动了议会之狗。

把社会诗性恰好定义为对日常生活中本质主义的分析。

国家立法者和普通国民的本质主义策略，都取决于指号幻觉（semiotic illusion）：确保所有外显的认同征象（outward signs of identity）都尽可能始终如一，它们实际上产生或构成[①]同质性。它们同时生产国家文化和国家法律的象似性，而国家法律是那种基要主义伦理的典型，在美国称为严格宪政主义，它以某种“真理”为依据；这些“真理”如此“自明”，以至于超越了语义或政治的分析——一句话，神圣不可侵犯。

所以，本质化不是国家行为所独有的。确实，“策略本质主义”恰恰通过女性主义的纲领性话语进入我们的语汇（Spivak 1989）。不过，国家官员确实拥有极其丰富的手段来实现本质化：法律、审查制度、官僚移民机构，等等。象似性是这种努力的核心，因为它自己为自己的作用提供背景支持。这使它成为施为性无为（performative nonperformance）——此处是支撑各种所谓常识的地方普世化的隐性历史过程——的最佳工具。对于那些赞成刻板成见的人来说，这些成见显得正确，因为它们把一个人群的所有成员都化约为可操控的象似性，而那些把刻板成见用于自身的人，如 Chock（1987）表明，确具有讽刺意味地嘲弄多数人欢愉地声称自己优于那些不过是与自己有差异因而按照刻板成见均属于一类人——这是典型的欧洲中心观。[②]

本书的结构

本书各章并不都直接出自社会诗性概念。有时我更愿意把研究焦点

① 关于社会的构成，尤其参见 Giddens（1984）；Lincoln（1989）。

② 参见 Herzfeld（1987a：77n78）。Norman（1994）论辩说，瑞典工人阶级妇女具有讽刺意味地会用关于自己身体的黄段子挑战她们自己的从属地位。

较少放在日常生活中地位和身份的协商之上，而较多放在如此多的民族主义意识形态关于恒久性的非凡宣称之上。不过，这些研究兴趣很快就交汇起来。希腊是一个理想的促成因素：在这个声称既是欧洲的祖先，又被广泛看作是本大陆最新、最少欧洲性的国家之一的国度，这种有关恒久性的自相矛盾容易成为批评的聚焦。

所以，尽管这里呈现的许多个案材料来自我在希腊的田野工作和其他研究，但由此得出的模型，包括文化亲昵在内，在更为普遍和比较的意义上应当看作是启发性的。它们与其他个案的相关性也许相当不均衡。许多民族主义者会争辩说，这些模型与他们各自的国家包括希腊毫无关系。不过，仅这一点就构成了不轻易放弃它们的充足理由。

除了这个导论章、第二章和后记，书中其余文章都不是原计划包括进来的，大多以其他形式另外发表过。不过，我把这些论文集中起来，用意绝不仅限于一部回顾性文集。所以，我认真对待修改工作。现在排布在这些导论段落中的，是我找到的较早发表有时语焉不详的思想回声，我对这些回声重加工，使之成为全书更有说服力、更清晰、内部更自洽的一套论点，而不是简单提供过渡段，把单立章节大致联结起来，使之成为自传视野而非概念景观的体系——这是一种自我沉溺，而随着这个写作计划成型，它变得越来越令人反感。就像在磁铁的作用下排列成行的铁屑，我希望原来表述中的分专题会支持我对人类学任务的核心理解：从曾经确定无疑的地方聚焦转移，采取也可以令人信服地包容民族国家民族志的视角。

在专门为此新版写作的第二章，我试图应答自本书初次面世以来，文化亲昵概念所经历的一些推敲和改动。我原本想重写一章新导论，但除了末尾增加了一个过渡段和少量有潜在用处的小调整，我决定原封不动地保留最初宣布的理论要点，而代之以另辟章节，奉上我的反思和反应。作为由这项决定产生的一个结果，我希望人们会对此有所欣赏：一种更有历史感的立场如何能让我们扩展文化亲昵概念，使之成为相当有效的解释手段，用来定位来自文化窘困与内聚的特殊动力。显然，过分聚焦民族国家会带来没有必要的限制，但也可以通过分析许多其他制度框架间隙内的集体或个人的自我观的操演，就文化亲昵概念大做文章。

尽管如此，民族国家仍然扮演核心角色；这个机构有非凡的持久性，尤其考虑到此前有如此多的预言，说它马上要解体，我们显然需要对其魅力和耐久性的基础作重新评估。尤其是，民族国家与家庭隐喻紧密交织在一起，这对日常社会经验以及对其支配的理解方式，都会产生影响。在国界上自我呈现的规范和对于社会紧张的日常体验互有冲突：在家庭内是如此，在复杂民族国家的局部也是如此。就此紧张性来说，国家权力的辞令对于运用它的那些人来说，既是工具，也是负累，因为老练的骗子在挪用它之后，总会造成内部亲昵曝光的危险。

我在第三章（“定义和边界”）和第四章（“有说服力的相似性”）对国家民族主义空间和表征的辞令作批判性评价，以此开始讨论在各种非正式社会生活中正式话语的使用。这些章节虽然部分上基于希腊民族志，这一特殊性对“隐喻的危险：从波涛汹涌到热血沸腾”更加至关重要。此处从巴尔干现行冲突的相关性出发，探讨民族主义辞令对地方上社会团结惯用语的依赖，进而提出较大事件从极亲昵的地方化价值汲取营养的主要观点。我认为这是人类学对理解较大图景的显著贡献。出于这个原因，我在第六章（“文化亲昵与欧洲的意义”）对一些非人类学家视人类学洞见为无关末节而加以拒斥作回应，指出这些对本学科的攻击本身直接说明了关键问题：外交话语倚重刻板成见的象征主义，它令人尴尬地属于文化亲昵领域，超出象征主义运用者能勉强承认的范围。对于人类学关注所谓边缘人群的民族主义愤恨，迫使我们做出有趣而重要的伦理选择。民族主义拒斥基于这样一种观点：这样的群体人数不多，因而不典型。这个观点虽然没有回应例如对人权的关注，人类学者必须意识到，民族主义者可以指向强国对少数民族的兴趣——国际霸凌的又一例证，与此相关，人类学者会发现自己被视为强权代理。[①] 不过，提出这些论点的人自己常常是保守派精英，其关于国族同质性的现代性论点，复制了地方层面上相同的霸权。因此，在压制民族国家内部少数民族自决要求的同时，意识到国族对文化边缘化和政治边缘化的怨屈(grievances)，这显得理由古怪而不能自洽。

下面的例子涉及一个重要国际争端。这是有暗示性的（也许并不令人惊讶）：那些最深恨任何外部对希腊北部马其顿或土耳其少数民族承认的人，最容易在日常交谈中证明，那个地区的人口包含“不纯的”希腊人——因为在文化亲昵空间内——如果不是外交和学术的公共场所——这样的国族纯洁性排序是可以接受的（这些闲谈的重要性可以被令人信服地小觑为“八卦而已”，照旧不予理会）。这明显类似于在人类学内部，实证主义者启灵于整体观（holism），排斥所谓的非科学材料（无非八卦而已）：有关纯洁的象征主义对两者都起作用。我已经指出基于纯洁的结构性怀旧逻辑中，那些公开反对国家有必要干涉的人最可能依赖国家干

① 如参见 1993 年在用单光纸印刷的希腊双周刊 *IkonomikosTakhidhromos* 的页码之间，恰好就此话题进行的激烈讨论。我在这场辩论中既是目标，也是撰稿人。我为一个同事探究希腊马其顿地区斯拉夫语少数民族身份认同的权利辩护，为此被诽谤为建立一个以专门否定希腊古代传统为宗旨的思想派别，同时掩盖为此目的服务的政治寓意。关于讨论的主要部分，参见 Herzfeld（1993）及 Kargakos（1993）；关于详细揭露用来支持民族主义立场的方法论手段，尤其参见 Karakasidou（1994b）。关于对国家利益的真情辩护，部分在我称之为文化亲昵的方面，参见 Georgakas（1996）。在本书初版即将印行之际，对耶奥加卡斯（Georgakas）文章的回应刊载于《奥德赛》（*Odyssey*）1996 年 5/6 月号（7—9 页）；另见 Gudeman and Herzfld（1996）。对所谓传统方法的实证主义辩护，为所知族群民族主义利益的民族主义辩护添加了一层科学光泽。这些辞令精妙地说明了罗伊德（Lloyd 1990）的观点：字面-隐喻和理性-非理性两极对立的社会嵌入特质。我随后会在本书中予以讨论。

涉。我们在所有三个例子中看到一种策略转向：为了可能的实用主义目的，将不可能的实用主义理想本质化。这是对社会诗性活用的绝佳写照。

下一章“结构性怀旧：克里特山村中的时间与誓言”增加了新结语，以更全面地反映结构性怀旧和文化亲昵语用学之间的关系；人类学及其多个对象之间的这种相似关系，恰恰是本章的出发点。它研究这样一种人群：他们在我自己和其他人类学家的著述中地位突出，让民族主义者和其他批评者感到非常恼怒。我在本章探讨克里特村民认为教堂和国家卑鄙而且侵扰生活的看法。我由此证明，官方历史和现代性社会理论的象征主义和他们自己对官方意识形态的逆反一样，都有同样的来源。因此，我以本章对文化亲昵做双重探索：既探讨边缘人群令人尴尬的习惯做法，也探究借以构成此尴尬和边缘性的精英价值。

村民对国家的看法确实相当令人尴尬，因为在他们看来，国家与信任格格不入，其权威是外来异己的。国家法律机构在他们生活中的突兀，是社会和谐遭到破坏的标志；国家本身是各种犯罪的对象——逃税、行贿、伪证——村民们把这些犯罪看成是对于国家贪婪侵扰的合理报复。不过，从村民们的立场出发，这些劣迹是让国家本身更具人性、更值得保卫的重要缘由。它的正式面孔不过是防范姿态，并非实际上得到保护的东西。人们不为抽象的完美而战，而是为隐藏其后的亲昵而战；这些不守法的牧羊人认识到寻求其选票的政治家们、期待着受贿赂的官员们、厚着脸皮略作殷勤款待状即可受骗上当的可爱而通融的警察们的人性一面。这种有创意的恶作剧既颠覆也维持了国家权威。

这种自相矛盾的二重性和在社会实践中起决定作用的二义模糊性，也是社会诗性的核心命题：规范一方面永远存在，另一方面也在日常交往中通过社会习俗的形变而得到重构。我在本书此处阐述了社会诗性的学理特征，而且为了充分说明其实践寓意，通过对希腊和美国在性别方面显示出来的刻板成见的个案比较（“理论与实践中的社会诗性：常规男

[regular guys] 和非常规举止”），揭示其多种可能性。虽然本章不直接涉及国民国家本身，它会有助于更准确地描述社会诗性，尤其更仔细地观察规范形式和颠覆形式如何在日常生活中融入全套社会技艺当中。它也探讨和解释文化形式和社会形变之间的关系——如我所说，社会形变为官方话语渗透日常生活中的亲昵性提供了实用手段。这种活力成为更大范围亲昵性的模型，用来应对国家的批评者和敌人的捕风捉影的敌意。

“刻板化运作”一章的主题，是日常生活中的形象操弄。核心问题是冲突性自我归属的二义混乱。我们属于“欧洲”或是“第三世界”？我们何时使用何种身份？在何种脉络下这些差别是重要的？它们指向何种更大的地缘政治现实？虽然，这些问题对于希腊人——他们的文化困境构成我所要揭示之内容的主要部分——来说，也许超乎寻常地尖锐，它们也指向涉及国际政治和日常社会生活之间关系的更为普遍的问题。正是这种不同层面身份的相互再生产，使这个社会诗性模型可用于区别性分析。我在这一章尤其要讨论全球化给地方带来的后果——补充和反转了前面关于地方价值如何影响全球事件的讨论。

我在最后一章“后记：面向激进中间立场？”简短而实用地回到文化亲昵及其违反的问题。人类学报道的伦理是什么？既然人类学长期关注街谈巷议，我们干脆就接受学术小报的角色吗？我不认为这样。不过，此时此刻提到这一点就足够了：可以说民族主义者对人类学的恼怒表明了一种伦理困境，比起是否对民族志描述的轰动效应方面加以压制以符合低调的要求来，这种伦理困境更加严重。佯装人类学可以逃避道德律令，如某些取“科学”立场的鼓吹者所希望的那样，这是对本学科投身于社会经验现实的拒绝。但佯装本学科可以提供解脱这类困境的明确答案，这同样不能代替我们为各自的立场担责，也不能代替我们为基于这些立场的包括写作在内的行动担责。

通过两个版本将本书的想法加以条理化的某种尝试，使某种重新评估和大幅度系统化成为可能。但它终归是一种操演，它也可能比几篇短文合成的文集更多些自觉性。这会使它平添几分疑虑吗？或者它有意成为它所表征的一部分：社会生活实践？

至少这是我希望实现的。对于我来说，写作的愉悦自始至终保持了一种吸引人的紧张：它处于为观念和印象塑形并由此产生的本质主义和由无限怀疑产生的令人畏缩的晕眩之间。这就是“激进的中间立场”，我为此向自己专业的常规和假设挑战。如果我看上去要把所有一切，包括本专业，变成人类学问题，我只能回答，对我来说，没有社会生活就没有人类学。我也不能想象有任何方面的社会生活不涉及我努力使之成为人类学中心课题的社会诗性。即便退避无声也属于操演：它有观众，观众会做评判。意释罗马诗人特伦斯（Terence）的作品，我们就会说，人类对此视角毫不陌生。或者反过来意释塞缪尔·约翰逊（Samuel Johnson）的作品，我们会说，当人类厌倦为人类学带来活力的那些兴趣点时，他们也就厌倦了生活。

第二章　文化亲昵的地缘政治新反思①

（纳日碧力戈，余华　译）

修正主义反思

当第一版《文化亲昵》问世的时候，回顾过往，我对这本书抱有一个适中而且似乎还说得过去的雄心：我希望这将有助于系统说明我在研究欧洲人类学时遇到的一些问题。20 世纪 90 年代后期是人类学的重要时期。这一时期既有自我反思的需要，也有对民族志尤其是西方社会的民族志（欧洲与北美）批评的强烈兴趣。自我放纵、沉溺于懊悔的危险让出了空间，让我们比较冷静地反思欧洲和北美的民族志对于发展人类学理论的相关性。在很大程度上讲，新的区域关注尚未遭遇后殖民理论。如果这两个研究领域都是为了克服只有在发达地区和宏大话题中才有可能存在的地方狭隘性，那么，迈出这一步是有必要的；一旦我们"从楼梯下面"——是征服者的但不是地位明显低下者的楼梯——往上看，对

---

① 我要特别感谢亚历山大·基奥塞夫（Alexander Kiossev），斯米塔·拉西里（Smita Lahiri），安德鲁·施赖奥克（Andrew Shryock）和斯坦利·J. 坦拜亚（Stanley J. Tambiah）。他们在本章被纳入本书的最后阶段，对其内容作了部分或全部阅读。全章是本书的新增部分，意在概括和澄清自 1997 年第一版推出以来文化亲昵概念的发展。

于这个过程有进一步了解时，就可以设想实质性地反思殖民主义。然而，有欧洲人类学出现这个事实，通过把反思变成更具实践性和实证性的任务，推动两者的协同进入轨道。在这个过程中，它也削弱了后现代主义和实证主义、文本和社会、象征性和物质性甚至简简单单的“他们”和“我们”之间那些极度愚蠢的对立——出于学术政治的需要这些对立持续了太长时间。我对秉持一种激进中间立场的呼吁，也因此变得令人满意地冗余。

同时，很多作者都在使用“文化亲昵”这个概念。一些人批判地使用它，其他一些作者使用一些相关思想概念，如结构性怀旧和社会诗学。在某些情况下，这些间接引用是为了适应具体的民族志个案分析；在其他情况下，其更具批判性的参与有助于发展这一框架。在这个当口，《文化亲昵》第一版出版七年后，重新整理我的论点，回应这些有益的补充，这样的冲动显得难以抗拒。

本章作为一种“调停”，法国读者和意大利读者要更为熟悉。不仅在我可能帮助发起的辩论中，而且在这本书中，我愿意称之为“调停”。这就是为什么本章出现在原版第一章之后的原因。与其说我对那个开篇的猛烈抨击感到满意，不如说继续保持讨论的氛围重要。如果说我最初想在第一章排布基本概念，那么我现在也明显地——这些年过后更加明显——揭露了这些概念的缺陷和不严谨。对于那些没有阅读最初版本的读者，第一章节仍将起到原有的导论作用；对于其他读者，它会更多提醒人们注意那些尚未解决的问题。但是，在本章，我并不准备一了百了地彻底解决这些缺憾——这肯定是徒劳的。毋宁说，它会有助于把论点放到历史脉络中。建设性地听取他人的建议（以及偶尔的误解），阐明论点，使之更加灵活；并使那些可能对我的原创思考所依据的民族志案例没有直接兴趣的人，也会更加容易读懂全书。如果这类读者在此过程中开始欣赏这些案例对人类学的整体意义——特别是欧洲民族志重新定位后殖民主义立场的特殊位置——我应该非常满意。

为了进一步提高可读性，我也加长了最后一章，对本章末尾的结构性怀旧也做了一些重要改动，以便提醒读者关注挥之不去的进化论思想，似乎每一代人类学者都会重复它，尽管他们尽最大努力摆脱它——它本身就是一种结构性怀旧形式，而这种渗透我们自己思维的这种进化论思想，可能有助于解释我们为什么感觉在本领域很难发现这个现象。我希望全书行文将更加流畅，与最近的国民国家民族志的新近发展（如James C. Scott［1998］最近的作品）更合拍，并且反映我自己扩展的民族志兴趣，以及文化亲昵概念所激发出的已经可以观察到的效应。

我们学会认识"审计文化"（audit culture）时代，也是一个扩大讨论民族志伦理的机会，在书的最后我还会提及它。① 如果民族志需要探索别人社会生活中的内心秘密，我们不应感到惊讶。尤其是在这个盛行反思的时代，其他人想要审视我们自己伦理和习惯的内部世界。同时，反映在伦理委员会负责发放的常规化调查问卷中的某些关注，并不适合人类学工作；例如，大多数调查合作人会对这种想法感到愤怒——在研究结束后要销毁我们的材料——这是他们送给我们的礼物。因此，我们彻底想清楚自己的道德承诺是重要的。我们中的许多人为了明确回答这类问题而参与了各种形式的社区行动主义（community activism）。不过，在涉及道德问题时，人类学内部肯定有某些不愿示人的家丑。全面反思伦理问题需要问我们自己是否在捍卫道德立场，还是在辩解，换句话说，我们正在参与一个建设性的公共辩论，在一个多元文化时代扩大对道德的理解，或者按照我们自己的标准（如我坚信）是不可接受的

① 我在此尤其暗指肖尔和赖特（Shore and Wright 2000）的著作，在更广泛的意义上暗指斯特拉森的著作（Sthrathern 2000）。涉及文化亲昵和这些学者恰如其分提出的"审计文化"——把社会生活和伦理简约为简单化的经济审计模型——之间的关系，这个问题在Shryock（2004）书中的不同地方或隐约或明确地被提出来。

那样，面对并无恶意的同事合理的好奇心，为我们自己的“专业亲昵”辩解。

转 变 方 向

第一版出现以来，另外两个很具体的语境发生了变化。第一，经过多年的希腊研究，我决定扩大我的田野研究，首先去意大利，后来也去泰国。造成这些转移的一些原因在本章会交代清楚。现在只要注意到这一点就足够：尽管《文化亲昵》第一个外国版本出现在意大利，但是在泰国工作的同事，也属于用本书表达的想法来进行教学和研究的实验第一批人。[①] 这让人想到，最初基于欧洲的模型在其他地方也有某种相关性，尽管历史证据越来越明确，这些模型产生于欧洲作为文化典范的强势，其坚不可摧令人惊讶。特别思考一下由希腊发展出的模式与这两个国家为何会尤其般配？这是有帮助的。

反思我们自己学科的实践与历史的文化语境，答案开始浮现。同事对我转移到意大利研究认为比较自然，对我去泰国研究却觉得很奇怪，这一点恰好凸显了我们的局限：与其说我们局限于有关文化区的假设，不如说我们受制于自己积极从事工作的寿命和似乎难以摆脱的西方与非西方二分世界的观念。这两类因素作为无控形式，完全就是我所意谓的文化亲昵的一部分。希腊、意大利和泰国各自与被我们想象为“西方”的那个实体之间的古怪关系，尤其是考虑到民族志根植于社会的性质，都为我们提供了较为传统的欧洲研究领域所不能提供的视角。这些关系

---

① 例如威斯康星大学的 Katherine Bowie 在关于国家的教学中使用了本书，罗莎琳德·莫里斯（Rosalind Morris 2004）部分根据文化亲昵概念撰写了重要的研究成果。玛丽亚·米尼库奇（Maria Minicuci，罗马第一大学）尤其积极地推动出版本书的意大利文版（Herzfeld 2003a），我对此以及和她进行的许多相关讨论深表谢忱。

迫使我们意识到，理解西方观念不能脱离在争夺文化和政治主导地位的全球斗争中其内部和外部的衍生影响，或者脱离这样一种历史编纂学——它不仅认识到殖民主义马前卒的易变性与必死性，而且认识到他们被征募来施加给世界的宏大思想和文化价值的易变性与必死性。作为明显的“东方”之土亦即曾经的“西方诞生地”，位于地理和政治边缘的希腊开始走出殖民主义的阴影。稳坐欧洲大陆西部位置的意大利，与同样说不清楚的“非洲”关系复杂，为之困扰不堪；与此同时，区域文化和方言为一方，民族文化的乌托邦愿景为另一方，双方关系充满紧张。至于泰国，它在地理意义上毫无疑问的是一个亚洲国家，与西方列强之间的历史纠结在很多方面和希腊相似——反映在一长串的文化妥协和适应上，持续至今。这些地区都认识到自己对西方理念的不同折射，各自以特有的复杂方式挑战西方恒久的飞扬跋扈。

这些都暗示了集体必死性，本尼迪克特·安德森（Benedict Anderson 1983：18）指出民族主义的主要目标就是克服这种死亡恐惧。必死性同样挑战了实现绝对理性的梦想。无论作为学术（Tambiah 1990）或是管理实践（Herzfeld 1992a; Rabinow 1989），一个恒久有效的理性是一个梦想，在实践经验的坩埚里蒸发，不断提醒人们注意必死性，也提醒他们注意这种必死性的不可预测——我们可以称之为认识论亲昵的内部面相。外在的公众面相恰恰是巨大权力的领域，在那里政府和科学在合力否认西方支配与偶然性有关，声称拥有永恒的伦理，永恒的美学，最终拥有对世界的永恒统治。18世纪的哲学家维柯（Giambattista Vico）认识到纯粹抽象理念是由绝对权力理念产生的幻觉，他恰恰是基于这个认识来抗议这种普遍主义傲慢；他的作品很少有人去阅读，这再清楚不过地指向他勇于发表这类颠覆性观点予以批判的强大力量。维柯的视角含蓄地承认了我所说的文化亲昵；这是对共享宿命的深刻感知，需要加以珍惜，这恰恰是因为它既无常也私密，实际上所有的亲昵似乎都不例外。

关于对其他国家应该隐藏什么的假设源自先前关于文化价值的假设——什么是正确的、合适的和优雅的。即使是在美国，对“欧洲”风格的痴迷暴露了一种下层人的提防心态，而这个国家已经成为人类历史上最强大的殖民帝国。有一种不安的感觉，“普通人”不应该在轻蔑的欧洲人如格哈德·施罗德（Gerhard Schroeder）或者雅克·希拉克（Jacques Chirac）的嘲笑目光中自娱自乐。但是，在文化亲昵中获取一些安慰的方法是抵制法国葡萄酒并庆祝“自由薯条”——这种抵制行为的作用，可能只是确认了本该予以抗争的文化秩序。引申开来，而且更具说服力，较弱的国家长期奋斗，努力争取“欧洲”地位——罗马尼亚、土耳其、俄罗斯——或模仿其自封的“高文化”装潢——这里想到了日本和泰国——根据“欧洲”来定义它们的先进文化。虽然一些国家，比如新加坡，可能选择强调“亚洲价值观”，再明显不过这是防御策略，也有点像澳大利亚人所说的“文化退缩”（cultural cringe）。因此，我决定到意大利工作（一个明显的“欧洲”的国家，但它的首都在内部被其他地区所厌恶）和泰国（显然的亚洲国家，与西方长期接触，时而蒙羞，但这并没有阻止它创造拥有成功企业和呈现自我优雅的备受推崇的业绩），这使我越来越多地意识到这些更广大的延展意义，而我在希腊进行的有关希腊手工艺“传统”管理的研究已经引发了这种意识。

在我书写的语境中还有另一个值得注意的变化，那就是对文化亲昵概念本身的特殊关注。安德鲁·施赖奥克（2004）主编的关于文化亲昵和群众调解的书稍稍先于本版《文化亲昵》出版。虽然我只能在这里简单而间接地介绍本书体现的高质量研究（我在这本书中有详细回应），这种协同努力的出现，通过增加地域范围和扩大群众调解舞台从而扩展视野，给这个话题增加了巨大活力。文化亲昵的想法源于我的早期有些令人不安的意识：好的民族志学者在田野里——有时是在极小范围的接触中——获得的文化亲昵，会触动整个国家（现在我还要加上所有其他封疆划界的实体）的政治敏感性，触痛脆弱的文化神经。施赖奥克的作品顺应急需，扩展了这个要点：通过展示亲昵性如何渗入公共领域——这些公共领域本身也被群众调解技术放大，他这部文集的作者们提供了一个特定的、物质的和绝对关键的解释：归属意识形态（ideologies of belonging）及其（似乎是这样）必然引发的不满，是如何扩散、弥漫在日常生活的细节中，让人无比纠结地陷入人们把握自己和他人之间区隔感的多层面紧张关系中。

复杂概念

本章的主要目的是利用一些关于文化亲昵的新研究。我希望根据这项研究表明，自己一些不成熟的论点，不论我认为自己的意图是否得到了正确的解释，可以被有成效地运用，强化原模型，使之更有助益。这些扩展有三种主要形式：历史的（原模型过于静态）；机构性的（原模型过于关注国家，就文化亲昵来说是一个很好的例子，但绝不是唯一相关的），和地理的（不仅仅是适用于欧洲外围国家）。这里有一个诱惑，就是增加我们认识到的亲昵“类型”的数量。在怀旧研究方面，类似于这个情况就已经发生了：仅举一些显著有关的例子，我们有“帝国主义怀旧”（Rosaldo 1989：68－87），“实用性怀旧”（Battaglia 1995），我自己提出的结构性怀旧，以及常见的“民俗怀旧”。显然我们能对文化亲昵做同样的划分。例如，Richard Maddox（2004）列出了几个模式（怀疑型的、地方自治型的和排他型的）。但这些都属于文化亲昵的不同方面，被当下的政治动荡凸显出来：例如，热情好客和对外保密并不互相排斥，两者都兼容对群体制度可行性所持的怀疑态度。所以，马多克斯

（Maddox）的分类不属于埃德蒙·利奇（Edmund Leach 1962）著名的“蝴蝶标本收集”（为了分类而分类）之列。但是，它容易被这样解读，那样就会破坏它的启发性和灵活性。相反，他的研究应该引发一些提问，在什么样的条件下文化亲昵会强调这些突出点之一——因为它们不是互相排斥的类型，这是本质所在。但总存在巨大诱惑，要让文化亲昵的分类扩散到失控的地步。至少从历史的角度来看，其原因也许在于人类学家和他们的批评者，都越来越反感作为结构主义思想全盛时期特征的那种简单化的二元对立。事实上，我自己从二义性转到文化亲昵的动机，如我所述，是渴望抵制这种简化论——避免增扩二元对立的折射，挑战其魅力，提出令人尴尬的问题，质疑其可能带来的政治和历史的后果。显然，这个努力并非完全成功。一些读者要么斥责我，说没有必要运用二分法，要么自己走上了那条道路。

虽然我也加入对思想和文化结构主义二分组合的普遍怀疑，但是我们不能忽视这样一个事实，在西方——现在世界的主导文化，无论我们如何选择去描绘它——概念化的人类社会往往是明确二分的。例如，即使在今天，发展中国家和发达国家之间赤裸裸过分简单化的对立，把先进和落后的进化论歧视体现到政策和实践中。因为伪装成历史的进化论仅提供了一个斜坡，坡顶坐着那些据说“总是已经”到达的人。假设我像 Johannes Fabian 在《时间与他者》（1983）中所做的那样，全面探讨人类学思想中挥之不去的进化论观点，那么我也能够更迅速地在世界范围内日常话语中发现其非凡的顽固性，进而发现我最近开始称之为“全球价值阶序的东西——有关于此，我在下面会有更多的话要说。实际上，可供参考的想法：希腊是一个在很大程度上显著内化了西方二分世界观的国家，它也很明显地（如我经常评论的那样）是一个对自己的身份表现出双重认同感的国家，他们采用不同的历史名称来指称自己的民族，分别用于内部交谈和国际舞台上的应邀文化展示。[1]

我在前面章节已经讨论过这个问题，此处再次提出，是为了强调有少量二元对立的遗留可能不可避免：无论我们如何成功地摆脱了殖民主义思维方式的束缚，他们依旧是重要的历史存在，从而对今日地缘政治格局产生影响。因此，文化亲昵总是附和这剩余的二元对立；实际上，避开权势者批判眼光的私人文化空间这个想法本身，就具有内在的二分性，显然表达了对等级制度的憎恨和事实上的承认。

自相矛盾的是，似乎对一些人来说，更多从历史来欣赏这个模型，使人们有可能避免把历史背景婴儿和绝对二元对立洗澡水一起倒掉：我们可以看到，二元对立实际上如何以及从哪里钻入我们的集体话语。能够使这个概念得以调整的两个各自独立的因素是时间和主体性。此外，转换原则是社会诗学的转换原则。此外，转换原则也是社会诗学的。此处社会诗学可以让我们分析对于理想型的战略或策略——刻板印象、法律和规章、文化表征、怀旧民俗、类似于言语和穿着的阶级标记——的运用，这样我们就可以把文化亲昵理解为一个复杂的过程，而不是以一个制度框架（特别是国家）、一种惯用象征（这样的表达中，当它的内容被披露时，唯有以尴尬作回应）、一个朝向（特别是朝向“西方”）为特征的局内人静态类型。我们从时间和实践上对此自命的永恒予以改变，这样便可以问为什么民族国家似乎就是最明显的文化亲昵运作场地，为什么在特定的历史时刻某些特性被认为是尴尬的，为什么“西方”——即便不是唯一的外部所指——依然暂居主导地位。

提请注意自本书第一版出版之前我自己环境和兴趣的改变，不是企图为了声称拥有某种知识专利，而是为此历史化过程做贡献。只要不是

---

① 这是第一章里讨论过的 Romii 和 Hellenes 之间的分歧。在今天，Romii 一词多被看做是自负的书面语，除了几条谚语，很少在日常言语中占显著地位。它的隐退可能象征了希腊在欧盟中扮演的更加自信的集体角色。

以单数第一人称书写的历史——许多历史学家憎恶单数第一人称的语体，认为它不学术——其自相矛盾恰恰在于奇怪地否定毕竟基于个人观察和经验的主体性与责任性。我猜想，大多数历史学家在阅读我刚写的内容之后，会否认自己试图避免尴尬，相反会声称他们的学科有平稳不惊的文风。然而，人类学对文化亲昵关系的分析是来源于（事实上必须如此）田野调查中密切的民族志接触，从逻辑上说，这种分析不允许我们用同样的语体来遮羞。正如我在书的后面会说到，我们写的某些东西会带来重大后果，我们必须做好准备为这些负责。这样做就需要认识到我们的个人主体性在历时过程中的潜在作用，按照我们书写的方式指出这一点似乎是明智的。

然而，亲昵假设也不应该成为更高圣爱的自满理由。基恩（Keane 2003：238－241）提出了一个论点，让人想起我自己呼唤的"激进的中间立场"，他同样把物象化看作是社会生活的一个方面，警告说，"我们"不构成定义清晰的范畴，不应该寻找借口，把主体性过分简约化到"常识"层面，这种常识和更倾向于实证主义的社会科学家们的常识一样，都具有文化特殊性或历史偶然性。

这似乎支持了一种语法风格，它维持了被基恩称为民族志接触中亲昵与疏离共存的紧张关系。既然如此，我们有足够的理由继续维持由破除学术上的自命不凡造成的尴尬——这种自命不凡是利用单数第一人称句法特性做给学科外读者看的。

这是我所说的"能产性不适"（Herzfeld 1992：16）的一个实例。田野调查的实践一直向人类学家的自满提出挑战，但是，有时似乎也让他们产生自满。例如，"英雄人类学家"的讽刺形象（Sontag 1970）常常在庆祝民族志的痛苦、尴尬、甚至愚蠢中得到复制，把号称化陌生为亲昵的副作用转换成本专业的面具人格。这是我在这本书的后面作为刻板印象的操演而加以描述的一个实例；我确实还坚持认为，撰写我们的民族志这个行为本身同样是操演（Herzfeld 1992b）。由此看来，我们生产方式在田野工作和在我们更大的专业领域产生的效果，不论是否属于意图所在，必须受到审视。

这些考虑都离不开道德问题。施赖奥克主编的文集中有几篇聚焦担当性政治的论文直接研究了这个问题，不过我想我们也可以朝着更加专业的方向继续研究这个问题。我和基恩一样看到了人类学者的自我物化——基恩在仔细分析印度尼西亚仪式实践时，探索了从中衍生的语言物质性（Keane 1997：9－14），他有所裨益地称之为"对象化"——作为当下流行的主张反思姿态的一个基本上未加考量的方面。[①] 把这些想法说成是流行的，本身就是有问题的（或许可以说是刻板印象化行为，从而也是对象化行为）。虽然许多人会认为这是肯定一种贬义的批评，我只是想请大家注意这种自我刻板印象化行为的嵌入性，它嵌入人类学者自己的文化和历史时刻的特性之中，作为一种手段，让我们的尴尬更有能产性。

我在希腊的工作让我在早期阶段意识到，批评者们针对民族主义者的辞令提出的所谓民族文化亲昵形象本身同样是基恩所说的物化、刻板印象化和对象化。文学学者已经开始做出类似的评论，并将这些本质主义放回到他们的历史背景中（Tziovas 1986）。不被诱惑，这是特别重要的——由各种专业原因造成的诱惑力相当强——不要把这种对峙中出现的亲昵形象看作是可以等同于自由选择和个人主义之类同样模糊不清、充满意识形态的某类能动性的领域。个人主义本身是非常特殊的历史发展产物，它建立在财产所有权上，因此对于正在出现的有关民族国家、遗产和传统的理念至关重要（参见 Askew 1996；Handler 1985）。主体性

① 我提到他在 Anakalang 研究中以大致相同的框架提出的相似观点，以便强调我们都有义务自我检查——我们以同样的方式把理想化的自我投射出去；我们同样意识到对象化构成了社会互动，虽然不可避免，却需要不断加以剖析。

也同样有问题；主体性的概念很容易陷入自由选择、个人主义、神化亲昵的浪漫化概念，从而无可奈何地重复挥之不去的进化论，把我们和实证主义及殖民主义的知识史联系起来，而当今的人类学者大多许多宁愿把它忘掉。就像社会行动者把希腊的“亲昵”形象描绘成对于正式责任和社会规则的佐巴[①]式放弃，在这个过程中它经常被缩小到完全可预测的自发性，所以，更概括地说，我们必须谨防两个谬误。第一个是把现代亲昵的公共表述看作是对意识形态枷锁的新放松；相反，根据基恩的说法，它们代表了顺应现代主义条件的权宜社会关系的对象化。也许只有通过讽喻，个人才可以这样从无处不在的权力限制中把自己解脱出来，但是，当他们这样做的时候，他们也冒着确认刻板印象本身——首先是老一套笨拙的传统主义——的风险，这些刻板印象把他们锁定在底层地位之上。第二个谬误在于把国族如家（the nation as a family）的公共表述本身误读为“文化亲昵”的表达。相反，它与文化亲昵相对立：企图控制国内关系，以服务于公共表述的目的。它由此遮蔽了肮脏的秘密，例如，一些女性和男性在家中互相保持疏远甚至敌对，坚守国家宣称已经废除的传统父权主义；或者，有些家长仍然试图教他们的孩子死记硬背大量事实，即便他们的学校坚持这对他们不好也无所谓。[②] 它也总结了更令人尴尬的事实：并不是所有的家庭都幸福和谐。

亲昵的荫影

文化亲昵的一个关键特性是，它的内容必然是多变的。它代表了不

---

① 小说人物。1946 年克里特作家尼克斯·卡赞察季斯（Nikos Kazantsakis）写成小说《佐巴》（*Zorba*），描写一位希腊青年知识分子在佐巴的帮助下逃避书斋生活的故事。该小说于 1964 年被改编成影片，大获成功。——译者

② 我在下面以及施赖奥克（2004）中更加深入地讨论了这个问题。

同于当下官方观点的另类表达，而官方观点尽管号称拥有永恒真理，本身明显地会出现漏洞。作为应对国家物化形式或其他官方物化形式的文化亲昵，同样也是一个物化空间。因为它也是让人们感觉免受官方干扰的安全空间，人们从中感到安全，不受官方的打扰影响——它对官方规范的断然拒绝提供了内部安全感——它也有动员人们支持政府的官方迫切要求或者至少削弱对其抵制的自相矛盾效用。像希腊或美国这样的民族国家，形成于集体自我界定的解放过程，如果没有这些亲昵区提供未予承认的庇护所，就不能巩固对那些时而表现出不情愿的人口进行治理的权力。这不意味着这种国民身份的建构者有意追求这样的效果；但他们中的许多人会意识到这种可能性，也许是因为这个原因，他们努力不去直面原本可能是难以忍受的叛逆态度。①

我正是以此为观照，来回应迄今为止对我最初模型的批判性回应中最有趣的一个。在亚历山大·基奥塞夫（Alexander Kiossev 2002）对“黑暗亲昵”的讨论中，保加利亚的学者提出在巴尔干半岛的后社会主义国家有许多集体亲昵种类，而他这种讨论就如同马多克斯的分析，很容易被误解为是一个收集蝴蝶标本的活动。他描述了“一种愿意回归到一个伟大又可耻的巴尔干的街区，远离欧洲和恼人的官方故土的想法”（Kiossev 2002：185），这想法看起来明显像希腊类型。然而，他在一个扩展的尾注里认为文化亲昵不仅是对国家存在作出反应的结果，还扩散形成了对于权力的许多类似回应：“前现代遗绪仍然质疑着国族‘高’文化的权力，而国族高文化强烈拒绝明显的巴尔干相似性（同时培养和发展巴尔干学）。这些各有所图的高文化仍然徒劳地反抗西方巴尔干学的傲

① 这是一个无情的目的论问题。我提出，如果偏执的国家主义者或多或少站在涂尔干的社会中心主义立场，那么我们就可以在他们的行为中找到目的论（Herzfeld 1992a；另参见 Malarney 1996）。但是我们当然不能把它作为一个普遍原则，说文化亲昵的“功能”就是为政治凝聚提供“黏合剂”。

慢。反过来，巴尔干学作为殖民话语的一个变种，不得不应对新的权力话语：文化全球化，后殖民主义，多元文化主义”（Kiossev 2002：190，n. 45）。

基奥塞夫无疑是正确的，他认识到比我原来对民族国家深度聚焦所隐含的更为宽广的比较范围。所有制度结构都能够产生它们自己独特的亲昵；所有涵盖性文化实体（如流寓群体，其中一些以“防御性”强而臭名昭著）有时表现出相同的特征，不愿意接受爱打听的局外人。学术界也不例外；例如，陈奕麟（Allen Chun 2000：590）写到台湾学术机构中社会科学的惯常做法，记录了一系列当地的做法——包括紧急需要“一个小的产业……贫困而沮丧的学者从有同情心的供应商那里购买收据……用来以各种用品的名义购买未经批准的电脑之类的商品”。当地同意此类做法的审计文化支持者们当然否认他们是在此图谋中起到核心作用，就像学者本人一样：但事实依旧是，想做任何研究这种共谋都是必要的——这个体系大致从外表采用了源自西方的问责模型，但同时又牢固地建立在本地社会惯性之上，具有讽刺意味的是，这种惯性远比它允许学者建立的知识谱系更加古老。

巴尔干半岛作为一个与欧洲地缘内部的他者地区，提供一个完全类似的景象。无论是民族国家还是基奥塞夫提到的其他机构的话语，都同样是大致以西方为主导的全球等级结构的产品。在这种背景下，希腊的案例提供了富有启发性的对照——其角色特殊：它作为神圣的欧洲原型现在处境艰难，但它不应该作为一个判断其他国家或地区拥有“多少”文化亲昵的试金石。希腊和其他所有巴尔干国家一样，在地缘上继承了奥斯曼帝国，但是却有迥异的政治、文化和语言的轨迹，因此，它所维护的内部空间也同样极不同于保加利亚或阿尔巴尼亚。模型的意义不是消除分歧，而是恰恰相反，它要作为启发式工具，识别差异，表明它们如何影响文化亲昵的谈判和内容。在这个意义上，基奥塞夫担心亲昵似乎听起来太绵软，没有考虑到违法行为有时可能会充满敌意，这是很有道理的，但我更愿意保持这个词本身所含有的违犯含义。我希望以这种方式来引发不适，足够有效地推动进一步探讨官方自我表征的背后发生了什么。我会补充说，亲昵关系并不总是平静或惬意！

同样出于这个原因，比较希腊和意大利，这个模型可以用来消除这些方面的差异：强烈的国族自我认同动力与人们相关的地方和区域认同的形势构成对照。（也许我们可以推测，这还涉及雅典人倾向于通过还击和挑战模式建立社会关系和罗马人愿意“得过且过”［lassá stá］的差别。在希腊，碎片化是社会的而不是文化的；在意大利有一种强烈的相反倾向——虽然远非绝对。）① 在希腊，国家在官方场合否认它过去与奥斯曼帝国有瓜葛，但在内部加以承认；与此同时，首都雅典无疑是文化和政治权力的中心。在意大利，根据北方人的说法，“非洲始于罗马”；罗马人既声称“非洲始于”南方腹地，同时也强调自己本土文化的南方特征，有独特的方言和传统——这个判断得到其他意大利人——大多以轻蔑的态度——的欢心认同。西班牙是具有另一种政治架构的政体，安达卢西亚——文化和语言上比多数北部工业化地区更接近马德里精英卡斯蒂利亚风范（Castilianism）——代表了内部的“非洲”。在三个案例中，人们所表达的悲哀和尴尬突出了主干政体中非欧洲他者内容，其分布因历史条件造成的政治组织和政治动力的差异而各有不同。希腊北部的巴尔干半岛各国也不例外。墨索里尼寄希望于罗马尼亚人的古罗马精神

① 我强调引用标准意大利语（*lasciar perdere*，或更准确些说，*lasciare stare*）的罗马方言形式，也许在某些圈子中被认为它本身就是越轨行为；也许在描述首都文化时，或在研究被意大利以外的人视为主要文化中心的学术专著中，这似乎不合时宜。但人类学者没有理由不把重要欧洲城市的市民与（例如）克里特岛高地居民或非洲部落民同等看待；在意大利，自相矛盾的是，恰恰是首都本身在民族文化热望的较大架构中处于边缘地位——虽然这还不算定论。所以我使用被外人鄙视的方言形式，目的在于证明在罗马工人阶级文化的地位和克里特岛村民的价值体系之间在他们各自的国族背景下存在直接的可比性，这是本分析的核心所在。

(romanità) 受累于这个名誉扫地的政权；但是罗马尼亚人，尤其鉴于他们身处斯拉夫人和其他所谓“欧化不足”之民——他们由于在过去的20世纪受俄罗斯控制而进一步和西方疏远——的海洋之中，从他们与那个古代帝国共享的名字中找到了一些极不相同的寓意。①

因此，我们不需要增加文化亲昵的范畴来领会它，正如基奥塞夫表明，这是一个西方模式主导的产物，也是用来应对西方模式的产物。我们应该简单明了地保持亲昵文化区的基本想法，它的产生是为了应对被理想化的西方强大形象（或可以想象其他一些政治维度），为逃避这类高高在上的正规模式提供庇护所。基奥塞夫的批评最有效地表明，我们绝不需要鼓励任何术语传播，需要的是强调该模型的开放性，事实上，民族国家在这个模型中固然重要，但绝不是公共和亲昵的身份相面协商解决彼此区分问题的唯一层面。它如果有什么作用的话，那就是让人更加感到文化权威和权力的全球性结构压倒性的主导地位。此外，进一步的民族志调查可以很好地揭示，具体的文化亲昵模型如何为它在新的环境中自我再生产，提供创作素材。巴尔干地区的复杂性和地缘政治地图的迅速变化，为我们提供了一个记录这类过程的独特机会，表明官方话语和文化亲昵在现实中是何等不稳定。

基奥塞夫提出，在巴尔干地区的“黑暗亲昵”中，与其说人们挪用官方话语为自己的目的服务，不如说他们通过粗鲁地拒绝任何种类的秩序，反对一切官方话语。我认为，希腊的情况和他所讨论的那些国家的情况完全相同；这是意味深长的：他遵循政治惯例，强调自己对保加利亚人亲昵的个人了解，不把希腊作为一个巴尔干国家。（在他的表述中有暗含一个对照：以他认为我所理解的文化亲昵为特点的希腊和“巴尔干半岛各国”之间的对照。）另一方面，如果我们遵循我刚提出的文化亲昵

① 尤其参见 Bot (2003)；Herzfeld (2003b)。

至简（minimalist）定义，处理国家话语的一个策略是否就是挪用它，这毫不重要；不敬和颠覆当然可以关涉模仿和讽刺，但他们也可以用直接的方式予以排斥和嘲笑。在希腊，这是真的，有时当地演员为了自己的目的挪用官场话语；但基奥塞夫没有说在保加利亚和塞尔维亚人们不这样做。当克里特岛的盗羊贼声称继承了民族独立战争革命游击队的衣钵时，他们当然是在挑战官方历史文献。但在任何情况下这种对官方话语的挪用不应该成为文化亲昵的决定性特点。相反，文化亲昵涉及替代性话语——无论在语义的层面（如挪用）或是公开表达的层面（如反对的言辞）都是如此。在这个方面，希腊和保加利亚，且不提巴尔干半岛的其他国家，似乎可以提供极其充分的证据。（我们这里可能还记得地理位置遥远的例子，即前一章提到的瓦魁奈的个案：把三个国家融入到当地亲属制体系中，这是我在欧洲闻所未闻的）。在亲昵空间，官员们在与打法律擦边球且同样不屑于官场那一套的人交往时，本身就在任性和勾结之间摇摆（e. g. , Konstantinov 1996）。

基奥塞夫更具体地评论到，“权力能动性”增多，超越了国家和公民之间的简单对立，因为他所讨论的亲昵“让官方辞令污名化……而不是加以利用和挪用”（2002：190. n. 45）。他建议（在上述引文中）这种活动“只是一种无政府主义的抗议形式，它反对任何类型的认同和任何形式的象征秩序”。实际上，我会比基奥塞夫进一步，我认为对官方话语的挪用只是他所描述的“丑闻”之一种；这是一个语义游戏形式，有讽刺效果，有时也有讽刺意图，侵蚀着官僚们照本宣科思维的权威。值得注意的是，例如克里特岛的盗羊贼先坚请当地警察吃饕餮宴，然后告知他们，他们刚才把证据一起吃掉了（Herzfeld 1985a：220－222）；或者他们在雅典的知识分子同胞被当时的军事独裁者告知，书籍有准确的描述性书名才可以出版，他们就以《十八文》为名，出版了一个尖刻讽刺系列（Van Dyck 1997：19）。Scott（1998：256，310—311）淋漓尽致地加以呈现的循规蹈矩——描述工人们如何在有时令人窒息的规定约束下维护尊严——可能是一个更为常规性的颠覆活动，国家对此更难控制，因为它把一个遵纪守法的讽刺性姿态公开转换成真正的恶作剧。

政府官员可能自己就以极相似的方式颠覆官方秩序；公务员照章办事，可以非常迅速地让全体国民屈服。对他们来说，这样的行动代表了如何发挥能动作用的其中一个选择；或许更熟悉的案例是，个别官员以牺牲一些倒霉的公民而非整个国家为代价，为一己私利来阐释法律。然而，深谙此道的官员可以左右逢源。例如，当官僚们在地方上竞相解释法律语言或历史的时候，经常声称自己被“诽谤”，但他们同样经常参与这些颠覆性的阅读——有时采用导致自己被贴上“腐败”标记的方式。（陈所描述那些不顾一切地投入共谋的台湾学者所重复的那个情景，可能以不同形式会经常出现在世界各地。）官员自己同样经常地参与一些他们永远不会公开承认的活动。克里特盗羊贼坚持并举例说，恰恰是那些声称自己绝不会接受一个小偷的投票并在国家议会上积极推动反偷盗牲畜立法的政客，实际上在所有政客中最彻底地卷入庇护网络中，这个网络的唯一基础就是盗羊，因为这让他们有机会干预法律程序，换取选票。如果要在这里举什么例子的话，那就是有关丑闻如何实际上可以让民众团结在他们的领导人周围，大家都不问究竟地参加至少会被那些领导人谴责为“非欧洲范儿的”活动。[①] 我不确定这种亲昵对于参与者有多么邪恶；似乎他们经常觉得这超级搞笑。但它肯定是亲昵。

国家本身可能在更大权力框架内实践某种形式的文化亲昵。与其说

---

① 如我们将会在后面一个章节中看到的那样，这个具体的争论也扩散到学术话语中。也许值得注意，有几个地方政客爬上高位，间接而又明显地借助非法活动——其方式方法显然没有被针对希腊选举历史的所有政治科学分析所提及。学者可能也难脱干系，帮着遮掩亲昵空间，而我们作为观察者也同样卷入这些过程——语法人称和人类学者自我对象化问题的关键方面。

是对官方话语的使用——布迪厄（1977：40）称之为“官方化策略”——不如说是故意拒绝外部派生的秩序套路，它伴随诸如殖民霸权的国际统治，为亲昵关系赋予重要的国族角色。正如Robert J. Foster在书写巴布亚新几内亚时评论说，“相对于白人经常从事的，边缘化的职业事实上更多是道德而不是智力……‘文化亲昵’；他们掩盖的不仅是主体性，还有乐观，甚至某种道德自信”（Foster 2002：132－133）。或者，如宫崎弘和（Hirokazu Miyazaki 2000：42－43）引用相同的一系列看法指出的那样，在某些脉络下，对于主体的否定本身仍然是一种操演的非操演性（performative nonperformativity）（关于更多的新案例，参见Askew 2002：5；Malaby 2003：21）。因此，基奥塞夫快乐的无政府状态就开始看似在寻找一种替代的身份，而不是拒绝身份本身。确实，国家也许有能力容忍这种表面上的异议，将它视为“典型的巴尔干式”（或美拉尼西亚式，或希腊式，巴布亚式或者泰国式），既证明了自己更多压制性时刻的合法性，但也允许它为了自己的生存，依赖恰恰由于不遵循官方指令并且至少在表面上令人感到慰藉的可以忍受的失序状况。

伴随秩序共现的西方形象也把传统颠倒过来。因为巴尔干国家广泛利用民间传说来构建民族认同感，它们总是与传统主义有高度联系；从现代国家建构工程的角度出发，传统可以成为秩序的对立面。它“风景如画”的展演，可能使其显得像在勇敢地拒绝现代性的入侵；在冷酷的现实里，它可以同样频繁地为限制地方或个人发挥主体性服务。因此，传统主义可以同时按照两种方式起作用：它似乎将其秉持者提升进入光荣角色；然而，正如我们将要看到的，它也可以是造成他们边缘化的原因。所以，它的反讽性就为文化亲昵在民族文化背后发生作用提供了沃土。

这可能并不总是很明显——只要官方意识形态努力把它作为政治现实的一个方面而努力加以遮蔽。虽然苏珊·里德（Susan Reed）在讨论斯里兰卡舞者的时候，慷慨地承认我最初的表述框架中（2002：253）文化亲昵的这个维度，但基奥塞夫的评论表明，它确实需要更清楚地阐明，以免我们认为在后殖民和隐秘殖民的情形下能动形式的激增，意味着为社会弱者的有效赋权。它可以产生恰恰相反的效果。事实上，这是一个经典问题，也困扰关于“抵抗”的讨论，是造成传统主义悖论的根本原因，而这个悖论源于全球价值阶序的持续存在。①

基奥塞夫的讨论也表明，真正发生变化的不是局内人和局外人的基本二分或前者的秘密不透漏给后者的想法。相反，变化的是具体内容——即很久以前弗雷德里克·巴特（Fredrik Barth 1969）在另一个相关的讨论中敏锐地称为“文化质料”（cultural stuff），此处指亲昵区的文化质料。② 昨天的尴尬是今天的骄傲——这是为什么大范围不被待见的族称，从“黑人”到“土耳其人”，变成了荣誉的标签。冷战分裂继承了早期文化霸权东西对峙的地缘象征，它实际上就这样轻松地与之共存到20世纪末；“南斯拉夫情结”（Yugo-nostalgia）（Halpern and Kideckel 2000：18）和“东德情结”（Ostalgie）（Berdahl 1999：176）的甚嚣尘上表明，在社会主义国家对个人财富的渴望曾经代表了文化怀旧区，但如今对于国家牢牢掌握控制权的追求，可能已经做好了取代它的准备。因此文化亲昵为解释政治变革提供了一线希望。显然不会轻易改变的是结构性怀旧，这是每个时代都具有的信仰：往事如烟。

---

① 关于对赋予底层活动者以抵抗特性的过度浪漫主义的犀利批评，尤其参见 Abu-Lughod（1990）；Reed-Danahay（1993）。

② 此处的重要差别是，在巴特的表述中，“文化质料”服务于区分居于边界两端相对峙空间的人群，不管这个边界如何不稳定，如何充满空隙；而对于文化亲昵来说，我们说的是在多数情况下，单独一个群体面对感知边界的不同侧面，有选择地使用文化特征。这并非像表面看上去那般明显。我首次描述和区分作为 Hellenes 的希腊人和作为 Romi 的希腊人（强调其后古典时代文化的形象）的初步尝试，导致一些读者认为这些形象属于希腊社会的独特部分，而实际上它们是摆出来的自我刻板形象，主要用来分别满足外地观众和本地观众的消费需要。

德国拥有双重历史，是格外有启发性的例子。[①] 希腊的结构性自相矛盾——结合了东方和西方的刻板印象特征，或基奥塞夫所述在巴尔干半岛自认无政府主义身份的刻板印象特征，在两个德国的例子中以结构化的政治二元形式得到表现。如多米尼克·波耶尔（Dominic Boyer 2000：479）表明，这些互相敌对、但文化上分不开的国家互相攻击，各自从关于德国人的总体负面印象库中提取符合意识形态的骂料。语境是至关重要的，自我贬低成为攻击至少在文化上存在默认亲缘关系的他者意识形态的武器。这不是安东·布洛克（Anton Blok）在拥有相似文化的族群之间看到的“有关小差异的自恋”（2001：115—35），当然这个现象具有相关性。这是一个酸溜溜的“内部笑话”，它允许打着相当于“我们从自己亲身经验知道他们是什么东西”的招牌，鄙视地承认彼此具有共同基础，这在享有共同边界的民族群体之间很经典，但这里添加了一个小招数：不能直接把它说成是种族主义。[②]

文化亲昵的历史化

所以，文化亲昵的内容是多变的。它跟随意识形态的历史风向发生改变，有时完全不可预测。这些变化戳穿了所谓社会价值观念不朽的说

---

① 博尔内曼（Borneman 1992）把两个德国作为半偶族（moiety）体系进行的广泛深入的探索，比较适合我把裙带关系作为政治乱伦的研究；此处害怕的是杂交而非乱伦，因为双方都害怕由对方的所谓意识形态颠覆造成的“污染”。另参见格莱泽（Glaeser 2004）关于由此以及因其参与镇压内部文化亲昵另类造成的国家偏执狂的记述。

② 我说“直接”是有充分根据的。西德经常倾向于把感知到的现已成为他们同胞的东部地区人的懒惰和低效，归咎于他们的“斯拉夫”血统——这种说辞令人不安地复制了自我净化的纳粹论调。那种认为马克思主义是“斯拉夫教条”的观念，在希腊也有根深蒂固的长久历史——这个国家不同于多数东方集团国家，它拥有非斯拉夫的多数人口，是冷战期间以及之后唯一留在“西方”这边的巴尔干民族国家。

法。因此，比如说，构成数国——西班牙，葡萄牙，土耳其以及一些中东国家——想象核心认同的古老父权模式，现在成为造成尴尬的根源。与此形成对照，曾经被认为是可耻的那些东西，尤其是这些社会中女性成员更为开放的角色，如今已经成为文化解放成功的标志；需要隐藏起来的是这些长期存在的父权制残余，但是它至少为这些国家人口中的男性部分提供了持久的社会认同感。

因此，在施赖奥克的那本书中，埃斯拉·厄兹于雷克（Esra Özyürek 2004：105－108）谙练地追溯了土耳其父权制命运的逆转，展示了之前作为个人和社会道德的主导形式，现在却如何令人尴尬地退避三舍。官方想要捍卫文化亲昵空间的事实并没有改变，改变的是那种社会亲昵——它现在作为理想国内空间的一个可以接受的隐喻，它不再是父权等级制度的场域，而是一种开放和崇尚平等的坚定现代主义的“欧洲”空间。

两种模式都不曾在其流行之日完美精确地呈现同时代的社会经验；情感性家庭关系持续进攻和瓦解专横父权制的经验，以同样方式瓦解由当今土耳其国家民族主义理论家们规划的同样作为理想型的现代性。总有什么东西要护着，这种情形持续存在：一种偷乐的空间，它公然挑战对国家作乌托邦式的不当概括。

被吉登斯（1992）作为现代性标志的亲昵性是理论家们效仿的理想型；吉登斯和莫斯同样是不再时髦的进化论的继承者，两人都提供了在西方知识分子及其效仿者中风靡的思维模式的生动民族志范例。土耳其理论家们所求助的，正是这种个性化和个人主义的亲昵性；在土耳其精英自觉欧洲化的今天，我们恰恰应该从对于令人尴尬却属于地方常态的社会亲昵的拒斥中，寻找文化亲昵的特点。①

① 我在施赖奥克主编的文集中，对这一点深入展开论述。尽管我与厄兹于雷克处理这些材料的方法不同，要感谢她记录了一个重要的历史变迁——我最初的文化亲昵表述也许因太过单一而难以驾驭这类问题。

此处未加阐明的关键词是“落后”；进化论的确是这些模型的基础。举一个有关中国西南苗族的戏剧性例子，具有特点的是，这个群体与占多数的汉族形成“内部殖民关系”（施恩 1999：364）。似乎该少数民族的女性越是试图通过自己的表演同时声称拥有国家鼓励的现代性，就越显得她们符合压倒性多数民族的假设，即苗族传统具有女性根基。（Schein 1999：385－386）。所以，这是我为希腊找到的来自欧洲以外有关霸权陷阱的例子，当然有人想知道现代化的主导模式在何种程度上能够努力克服类似的与“西方”不平等的关系。尽管如此，这个论点在结构上仍然是成立的；即使是极度自我赞美的传统认同，也只能在有限的范围内能够让国家或地区亲昵空间的能动性可以真正超越落后或其他一些顽固缺陷的印象。

这可以帮助我们细化能动性和效力之间的棘手关系。为了了解能动性的实际效果，我们必须在更大的舞台上解释他们的传统民俗——无论是狂乱无序或是优雅民风——的寓意。为了实现超越，社会行动者必须是现代性的（modernist），而非现代的（modern）。他们必须让自己的角色脱离总体说来属于民俗的集体传统；后者成为他们的文化占有物——其集体相似性的标记，或者是我所说的“象似性”——而不是当前社会关系的社会现实。这是有关族群起源的本质主义策略，其本身往往就是对镇压和国家暴力的回应（参见 Jackson 1995）。如同安德鲁·奥尔塔（Andrew Orta）（2002）针对出现的艾马拉（Aymara）族群凝聚，部分上根据我对象似性的讨论表明，这种还原策略是对于引发有效的政治行动具有重要的工具作用。光靠怀旧是不够的；为了能够在现代世界获得一席之地，人们必须要控制它，同时在时间上也要远离它，带有传统主义基础现代性的微妙讽刺感。怀旧不仅必须建构；它必须被认为需要建构。要求拥有能动性，这本身是现代性工程的一个关键部分，而悲剧总是发生在没有意识到该重要原则的人身上。

因此，作为对这个观点的重要论证，简·科利尔（Jane Collier 1997）已经清楚地表明，安达卢西亚传统的商品化如何导致致力于现代化的精英断然拒绝古旧服饰和习俗，他们急于在西班牙新自由主义阳光照耀下获得一席之地。这些安达卢西亚现代主义者毫不犹豫地将民俗作为其历史的一部分；但是它若作为现在的一部分，就要被自觉地加以框定。

如费边（Fabian 1983）如此到位地加以证明的，说某物属于过去就是将它归入较低类别。——明确表达了文化和政治的等级。例如，根据简·施耐德和彼得·施耐德对西西里个案的讨论，意大利官方话语把黑手党价值观说成是历史倒退；西西里复兴主义代表试图反转这个等级的努力，很像许多土耳其伊斯兰主义者想把父权价值观恢复为官方的而非令人尴尬的伦理。落后也与传统相关。举例来说，在我所研究的克里特工匠中，“未雕原钻”性格的培养——引用乔恩·米切尔（Jon Mitchell，2002：140）对这个方面重新给予的恰当措辞——被用来赞美他们为国家和地方传统做出的贡献，同时也谴责他们不懂礼貌（Herzfeld 2004a）。

霸权的逻辑是这样的：拥抱传统主义让现代主义对手在多数时候里占上风。例如，米切尔研究中的马耳他调查合作人赞美了一个曾经是臭名昭著、后来被拆除的地区中的社群团结，它建立在家庭和互助的价值观之上；但他们也回忆起它的暴力、粗暴无礼的行径（Mitchell 2002：138－41）。他们还强调了社区至少在观念上形成了“一家人”。然而，恰恰这些特征导致现代主义者继续推进该地区的拆除。国家对保持家户层面和国家层面之间的家族实体并不是很感兴趣，因为这些实体给国家合法性带来了挑战。这些马耳他工人阶级未能抑制在他们中间持续存在的那种关系的标指性（indexical nature），而这让他们——就像在政治上被边缘化的社区中经常发生的那样——强烈感受到是什么把他们和精英们分隔开来。他们不适合资产阶级马耳他国家象似性自我生产，而以社会颠覆行动——具有讽刺意味的是象似行动——威胁了它的和谐。他们也在实际上真正破坏了国族和谐的形象。他们在拆迁之后被充满情感地铭记在心，这表明他们代表的价值仍然是与国族认同相关的集体情感的一个重要组成部分。这样的价值观仍然在马耳他国家文化亲昵中占有核心地位。不过，文化亲昵的本质在于它构成了一个谨慎保持的秘密，而不是公然制造公共混乱的侵犯性根源。

行事缜密确实是问题的实质：谁能够与当地的朋友处理好文化亲昵的负面，同时能够对外人表现出集体和睦团结的样子，谁就是最能干的公民，他们能够同样轻松地处理好日常社会关系，轻车熟路地与官僚体制打交道。不管官员和立法者们是否承认，他们在谴责其形式的时候，也要依赖这种亲昵社交的持续存在。国家目的论的背后还隐藏着另外一种目的论，这是一种感觉：不体面的社会亲昵有它的用处；根据波耶尔（Boyer）的论点，东德政权垮台，部分上是由于官员们过于教条主义，拒绝容忍社会主义牌匾上的任何瑕疵。不过，即便在国家拒绝任何妥协的情况下，许多社会能够设法挨过由国家造成的灾难，这恰恰是因为这些社会的成员能够依靠被国家本身谴责为落后、不当或不道德的内部知识。这一点是斯科特（Scott）在《国家视角》（*Seeing Like a State*，1998：352，331）中所提出论点的一个重要方面，它不仅解释了为什么大多数情况下国家企图彻底清除社群感的最糟糕干预终归失败，也有助于我们弄明白他没有在该书中直接涉及一个问题：为何有如此众多的自称仇恨国家的人，号称深爱祖国——并非总是像在美国人初次组成民兵时表现出的那般亲善，但有时这种漫不经心的虚张声势，甚至引起他们所嘲弄的官僚们的赞赏。

当地社区的消逝并不是意味着它所代表的价值已经消失，他们现在形成了一个较大实体的自我承认中被遮蔽的一部分。他们面对错误的受众，太容易成为有关权威丧失的戏剧性实作（dramatic enactment）。事实上，一些社会很显然通过对集体秘密的灵巧掌控，似乎以分立实体的面目出现（例如，Rohatynskyj 1997）。

在欧洲，据说为1821年希腊革命打下基础的类似于意大利复兴时期烧炭党和“秘密学校”之类的团体，在他们各自的演变过程中，一开始就学会区分官员和民众。革命团体通常用发毒誓来确保其成员的忠诚，“哥儿们”之间的纽带本身必须充满神秘性；共济会是利用这个手段的另一个例子。甚至就欧洲联盟中看似平淡的权力来说，英国官员无法适应同事们的人格主义（personalism），这不被看作是坚持原则从而值得推崇，而是被看作是不能参与政治操作的社会现实（Shore 2000：82）。从国家官僚运作转移到泛欧洲官僚运作，并没有淡化官方宣称与实际操作之间形成的鲜明对照。但保持平衡的关键依旧是缜密行事；显然，精明的人类学家可以通过采访欧盟官员获得有关信息，其令人惊讶的程度不亚于往日可以听到的在同样私密的环境下当地政客与其客户之间的谈话（Shore 2000：119）。

事情因此变得明晰起来：如果集体身份通过彼此象似来表达，那么，它的亲昵秘密就属于关系——有关社群身份的关系，它也常常从内部破坏其表面的和谐。当这些关系方面变得太明显的时候，尤其是在当地的实体用他们自己的一套对抗官方家族主义的时候，这种紧张关系可能变得不可忍受。本地家族主义阻碍了现代性的进化主义工程，诺贝特·埃利亚斯称赞它是礼貌规范的缘起（1978），以确立国家（尤其是在道德仲裁和社会互动）层面上的最终权威。因此，家族扩展进入庇护网络，构成“腐败”和“裙带关系”的形式——主要与制度有关的实体的充满象征意义的词汇；我们在阅读斯科特有关现代性痴迷于极其清晰可辨的国家秩序的论述时，可以把它理解为有关洁净与污染的富有其启发性的象征主义版本。黑手党教父们象征着国家的失败；裙带关系相当于政治乱伦。[1]

[1] 另参见我在Herzfeld（1992a：12）中在许多地方对这类事物更为详细的讨论。这里引用的纯洁与污染的模型来自道格拉斯（Douglas 1966）。

我们不应该感到惊讶的是，它和对于暴力、犯罪和粗莽行为的官方想象有关。这种印象不容易改变。事实上，它也可能是在实用层面上多方面共谋中的一个，它使国家能够对民众实行更大的控制——塔尼娅·李（Tanya Li 1999：295）在她有关印尼移民安置方案的分析中明确支出，这种共谋基础是以互相熟知为前提的妥协带来的实际好处。

文化对社会

然而，从机构框架本身之外看出这种共谋是不可以的。再者，这事要考虑周全。例如，李研究的印尼国家很难承认在多大程度上“蒙混过关”——这让国家和公民宣告某些重新安置方案的成功。从更加普遍的意义出发，任何国家都难以承认家庭网络继续提供日常整合的实用方法。在我曾工作过的克里特岛的高地社区，许多村民坚称正是那些宣称自己坚决反对接受盗羊贼投票的政客们，与这些歹徒们建立起基于血缘关系的最有效的主顾关系。问题是，家族亲昵也是国家自身宣称的和谐社会空间的理想化形象。家族主义可能继续构成了政客与当地人共同保守的肮脏秘密，但坚持亲族关系内部凝聚力的社群，给负责管理它们的国家乃至市政当局，造成深切担忧。

我在泰国实地考察后写下这些话，在那里我花了很多时间待在曼谷一个叫波姆曼哈坎（Pom Mahakan）的社区，不幸的是，市政当局盯上了那里的一个地块，欲将其改造为公园，是将城市老区改造成东方巴黎的计划部分。这里的居民都为亲如一家感到骄傲，从而反驳了他们根本就不是一个社区的政府说法（其非常不靠谱的借口是他们来自许多不同的地方）。他们想让当局相信他们以自己的方式实现了现代化，同时也保留了许多与民族文化相关的传统。他们的家族主义说辞和抵抗博物馆化的决心挑战了官方权力的根基。

国家的进化论辞令极其诱人。波姆曼哈坎的居民在驻留家园的同时，自己也使用kaanpathanaa之类有关他们试图保持发展的词汇。双方都想鱼和熊掌兼得：既想控制“传统”，也同样坚持宣称“现代性”。在这个意义上，传统本身是一个奇特的现代理念。然而，当我们看到它如此易于和粗俗形象联系在一起，其政治寓意变得清晰起来，与文化亲昵的联系也就显而易见了。

比起被我们认为是公民共同文化基础的拟定本质相似性来，家庭成员之间的社会关系显然更容易受到岁月的侵蚀；当整个国家被设想成单一庞大的家庭时，嵌入社会历时经验中的高度复杂关系，要让位于有关永恒均质的平淡假设。真实的亲属关系是不方便的，国家官员试图通过强调相似性，而非亲族关系，来取代它；这类过程与集体力量的培育同步，有时会在社区层面上被模仿（奥尔塔2002）。谱系作为事实本身，不仅预设了承认同族者的融合——国家对此倍感兴趣，一定要包括进来，而且预设了拒绝被纳入谱系者的分离。从家谱和社会关系到假想团结和永恒真理的路径，是一道自我闭塞的轨迹。因此，在城市、地区或国家的项目工程包围中存留下来的家族实体，令人不爽地想起是什么被遮蔽掉了，显而易见地表明文化亲昵区内有什么。

那十年的尴尬也有可能变成这十年的骄傲和愉悦。这在历史的重建项目中常常显而易见，根据不同时期的不同原则来选择需要修复的建筑——这是对于让历史千古不变的根本意图颇能说明问题的解读。欧泽瑞克（Ozyurek，2004）关于世俗土耳其国家价值观改变的研究在这个方面极具助益；让人再次想起家长制权威在地位上的急剧变化——从公共准则变成潜在的尴尬根源。我们可以易如反掌地举出许多有关这种转变的例子。理查德·马多克斯（Richard Maddox 2004）展示了西班牙的威权主义是如何同样地“翻转”变成他所谓的“世界性自由主义”，这是对多样性的宽容，它现在拒绝过去有关民族纯洁的支配性公共模型，指责它是一种背离时代的尴尬。显然，时间是其本质所在。我们恰恰应该到历史的垃圾箱里去寻找构成文化亲昵关系物质基础的慰藉性碎片。此外，这些并不是不可逆的过程。土耳其的伊斯兰教徒和西班牙的弗朗哥政权希望扭转社会重大变革的影响。我们必须小心不要把这些行为简单地看成是倒退；不然，我们也会屈从于怀旧的诱惑，惦念从我们的指缝溜走的梦想时代。

对于任何一个国家，包括希腊在内，在更为包容的全球环境中，可能会引起尴尬的亲密关系区的内容有所改变。预测变化方向的唯一方法是检查全球的权力分布。认为这种分布本身不会发生变化的假设是草率的。这是大部分象征功能所努力制造的幻觉——如果能说明什么的话，即指出在表面现象背后潜伏着一种领悟：绝不存在理所当然的历史。

意大利和西班牙的例子说明了地方主义可以同国家主义一样成为亲昵区的强大保卫者；有时地方主义似乎以保留被民族国家视为不恰当的做法为手段，颠覆了民族主义：克里特岛和撒丁岛上的盗畜活动、在西西里岛被称为黑手党和在卡拉布里亚被称为光荣会（*'drangheta*）的组织活动，在安达卢西亚和西班牙其他地方的男子汉侵犯性。事实证明，这些地方版本的文化亲昵在某些情况下比国家的版本更引人注目，当国家较弱（比如意大利）时尤其如此。在其他地方，例如巴尔干地区，区域集体认同感同样可以提供亲昵庇护和防御性的强烈自豪，这超越了民族国家对这些功能的利用范围。

因此，民族国家并不是表现官方自我呈现（可能不总是存在一个对应于此的诸如国家机器之类的制度基础）有可能不总是如国家机构一个机构的基础，与官方对文化亲昵予以承认之间存在紧张的唯一舞台。一些更有根据的文化亲昵批判实际上有助于更加明白地确立这一点。所以如布罗科伊尼（Broccoiini 1999：2）指出的那样，较之于区域认同或公民认同，意大利作为一个民国实体的道德权威大大弱于希腊的国家，我们发现城市或地区而非民国，会强烈维护文化亲昵，反对外来批评。[①] 由于希腊和意大利共同作为古典“欧洲文明”继承者，这种地位让它们之间的差别更加鲜明，这种差异明确表明，正是有关身份的制度框架与本土人视为重要的认同重合性最强的地方，我们将发现文化亲昵的某些最明显表达形式。

如果我当时更坚定地坚持文化亲昵与社会诗性之间互为因果的关系，某些评论家就不会对文化亲昵模型作拘泥于结构的解读。我把社会诗学模型作为一种解释方式，用来解答文化变迁如何总是在操演中出现。虽然个殊的社会互动总是并且必须是自我物化的行为，但其内容和形式都在永远变化。在这些方面，可以把社会互动定义为制造固定不变假象的行为。在这里我们又回归到对象化。从永恒友谊的纽带到民族主义和其他意识形态宣称的永恒真理，恒定的品质出现在具体操演的协同作用中。在这方面，国家可以被视作为了经营操演的印象而控制特别强大资源的实体，但它绝不是唯一的这类实体，就像垄断共同体想象的国家也不是唯一的这类实体（Anderson 1983）。国家不断乞灵于永恒的爱、牢固的情和至死的忠，表明即便是国家声称所拥有绝对忠诚，本身也是一种错觉假象——或许这对于国家作为家庭实体是必需的，但它毕竟是短暂和极其脆弱的。

欧洲的影子

如果我在本书曾十分关注隐约在场的至少是一般意义上的欧洲概念，这是因为在如今这个所谓的后殖民时代，“有关西方的概念”继续令人惊

---

① 我自己在为意大利文版《文化亲昵》（2003a：9—10）撰写的导言中，做了极为相似的评论。

叹地稳居文化价值等级的顶点位置。欧式民族志和后殖民批判（包括“底层研究”）戏剧性没有能够携手将两个领域联合起来，这对双方来说显然都是一个败笔。出了欧洲，在人类学和殖民主义研究中实际上几乎无人引用欧式民族志；只有小说家们向人们表明，这些西方扩张的马前卒是如何影响了他们帮助征服和控制的那些人们的文化。只有极少部分关于欧洲的学术研究，将后殖民性视为间或属于欧洲的状态。在这类为数不多的研究中，一些研究（比如 Aretxaga 1997；Mitchell 2002；Nadel-Klein 1991）仅针对那些明显处于更大权力直接统治下的地区，而其他研究关注的则是从昔日的殖民地迁回到欧洲（例如，Carter 1997；Raj 2003；Werbner 2002）的移民。即使是我们这些在希腊做过研究的人也大多没有认识到，与西方“保护者”根本上的殖民关系，导致对于文化亲昵的关注。大多数有关东欧后社会主义国家的研究，只是最近才开始投入涉及文化经济（cultural economy）的这种研究。

如果我们超越把欧洲从世界其他地方分开的概念边界，我们会发现，鉴于殖民主义在当地的强权存在而被迫调整其主权观念的整个系列的国家，信手拈来的例子有泰国、尼泊尔以及在一定程度上的日本，为我们理解何为“西方”提供极其重要的洞见。这些身受我称之为“隐秘殖民主义”（Herzfeld 2002）[①] 之苦的国家，尝到侵入其文化世界的有关国家责任的笛卡儿式理解造成的苦果，它们遭受的耻辱和（例如）拉比诺（1989）所描述的北非和东南亚的法国殖民者遭受的耻辱相差无几。然而，他们也发现自己在某种程度上被后殖民俱乐部排除在外。把诸如希腊或许包括西班牙和葡萄牙这类国家归入同一个范畴中，有助于证明对

① 我在比较希腊和泰国的背景下推出这个概念，而最初是在希腊实地研究历史文物保护的背景下观察其效果的（Herzfeld 1991：16；2002）。关于一个泰国学者有趣而原创性地运用这个概念研究在曼谷的一个修复项目中应用建筑学的问题，参见沃拉努克（Woranuch 2002）。

于文化亲昵观念的理解，不能脱离欧洲殖民主义强权统治；从殖民统治获得自由的神话，是培养文化亲昵感的极其富饶的土壤，因为人们知道他们所谓的自由，在很大程度上属于对已经被外来的压倒性强权部分决定的文化主题进行精心打造的自由。如果我们将秘密殖民主义国家中的文化亲昵话语，与民国主流和作为前殖民当局合作者而公民权倍受剥夺的那些人同样面对的那种后殖民主义尴尬进行比较，我们可以看到，西方扮演的复杂角色不能简单地归纳为被殖民和未被殖民之间的二元对立（尤其详见 Dube 2002：741 - 743）。

印度帕西社区的困境提醒我们注意这种复杂性：T·M·吕尔曼（T. M. Luhrmann）旨在镜窥某些关于后殖民主义的自我本质化论述的研究[①]显示了强大的文化亲昵感；该研究既指出内部自我贬低，也指出各种结构性怀旧的持续存在以及与之相伴的同样持续存在的乐观主义（Luhrmann 1996：127 - 128）。在日趋缘化的族群中出现的这种乐观主义，暴露了福斯特在巴布亚新几内亚注意到的能动者在兴建民国的时候同样面临的困境和焦虑。文化亲昵并不总是赋予权力；相反，它往往系统性地夹杂着某种犹豫不定，结果会让更强大的他者直接或间接地掌握控制权。正是因为这个原因，文化亲昵总是显示出防御性，有时甚至到了这样一种地步：用着眼于无限循环的（“农民”）时间——坚决否认源于残暴历史的当下冲突与地方集体经验有任何关联——取代以现在对将来的结构性怀旧逻辑。（见 Fentress and Wickham 1992：99 - 100）。与之相应，后殖民主义否认或压制社会里的“部落主义”，在这类社会中，“部落主义”的持续存在也可以颇有道理地归咎于殖民统治的有害影响。这样的家族相似性跨越了简单化的地缘政治二元对立。

① 尤其参见 Luhrmann（1996：236）。吕尔曼慷慨地把她的项目和我的联系起来，认为二者都试图着眼于那些不完全符合既有知识范畴的社会来反思人类学理论和实践。

在这方面，我自己或多或少在意大利和泰国同时进行的比较研究项目，企图颠覆已经限制我们思维的固化的二元对立，同时也认识到他们的力量本身是一个具有文化凸显性的有趣的对象化过程。这些国家，连同希腊，为观察欧洲对世界的影响，提供了一些有益而奇异的视角，颠覆了持久的劳动分工，我们会恶作剧地说，这种劳动分工存在取决于欧洲认同者与非我族类者之间的差别。我的部分目标是解放文化亲昵模型：绝对没有理由一定要对它限定，用来分析欧洲的或显然是后殖民主义的困境，或限于分析那些国家制度所陷入的类似困境；它可以有范围宽广的表达，因为它的逻辑可以折射在西方和其他世界霸权导致的极不相同的各类后果之中。

一方面，希腊和意大利的比较使我们能够在某种程度上摆脱老眼光——古典时代的重负会产生可预见的后果；它揭示了西方观念在这两个国家的悬殊命运。另一方面，我的另一种路径——比较希腊和泰国，把它们作为秘密殖民主义的两个实例，其效果从实际相同到极不相同——使我们能够检视人们在日常生活中不乏争议的官方对西方文化赋值的过程所产生的结果。这无疑是最重要的考虑因素，但几乎可以肯定，它在大多数社会科学中得到的忏悔最短。我打算用术语“实践西方主义”和“实践东方主义”来指称这种现象，以便将这些术语强调文本的重心转移到日常社会实践中。我研究希腊对保持历史遗迹的曲折自检——人们针锋相对地辩论关于考古遗迹和居住于这些空间的居民自我呈现的相对价值；与此同时，把希腊作为一个隐秘殖民社会加以详细分析，还从时间和社会能动性的角度首次系统详述东方学。（Herzfeld 1991a：16）

我虽然在挑战西方文化模式权威的意义上欢迎“欧洲地方化”的目标（Chakrabarty 2000），但它不能以忽视欧洲民族志的细节特征为代价。这是人类学作为一门学科直到最近所犯的错误；我们仍然震惊地看到没有几个研究其他区域的人类学者真正大量阅读欧洲民族志，这样的阅读能够让他们通过更加明晰地了解西方殖民社会和后殖民社会的日常文化，与自己的许多假设保持某种距离。既然有某些令人鼓舞的迹象表明，人们正在摆脱那种老式的具有“抢救人类学”味道及其所有居高临下寓意的狭隘地区观念，眼下的当务之急是研究在地缘和历史上曾经被看作是“它自己”专属的空间内外“欧洲”是如何被型塑的。

让我们考虑由西方理性倡导者设定的一个最为固化的“绝对真理”：有关秩序的真理。它对欧洲城镇规划影响卓著；豪斯曼（Haussmann）男爵设计的巴黎是个典型，埃米尔·涂尔干的想象将它转换成殖民实践——如同保罗·拉比诺（1989）的卓越分析——它为人类学欧洲中心主义的沉默之墙增加了一道缺口——所充分展示的那样。秩序是权威的外在表现，经常被欧洲和出身欧洲的独裁者用作保留“文明”的必要手段。有关秩序的概念是关键所在，它被用作政策的根基，颇类似于许多世纪前欧洲的法西斯试验。市政府对曼谷中心的宏伟规划要求将旧王都的中央街道改造成为亚洲“香榭丽舍大道”。这个计划并非没有受到质疑，曼谷市长将无家可归的人和流浪狗归入同类，激起了巨大民愤。①就效仿欧洲而言，真正相似的不是巴黎，而是罗马的帝国广场大道，②巨大片区被开辟出来，穿过原本具有许多世纪古老历史并且满是建筑瑰宝的地区，以便在新恺撒贝尼托·墨索里尼的统治下“恢复”罗马帝国的辉煌，让他得到一条举行盛大游行的路线（Herzfeld 2003c）。另外注意，曼谷当局要推动的模型是一个欧洲首都，而不是东京或北京。确实，这个计划继承了较早时期将曼谷当作“亚洲威尼斯”的憧憬，这个名字来自在较早时期已经被假西化狂热所摧毁的运河网。拥抱“亚洲价值”

① 尤其参见 Thirasant（2003）。

② 这也许是有密切关系的：中央罗马位于邻接这个壮观大道的区域，是我在意大利选择的田野点，就像拉达那可欣岛（Rattanakosin Island）地区（此处涉及的拉达那可欣道从中间穿过）是我在泰国从事研究工作的地方。

没有抵消对西方模式的尊重。

有关拆除的语言有揭示意义。尤其是当时的曼谷市长将无家可归者比作流浪狗，宣布要把两者都清除掉，以免让看到的权贵访客感到受了冒犯，这引起了非常负面的评论（例如参见 Thirasant 2003）。他掩饰曼谷生活不雅一面的企图，让很多旁观者觉得虚伪和不明智；但这种企图显然是为了保护国家的文化亲昵空间。对于市长来说不幸的是，它对许多泰国人产生了相当大的反作用。一方面，当地人认为动物绰号是极具侮辱性的（例如参见 Tambiah 1969）；被称为狗尤其会冒犯穆斯林——大量穆斯林居住在曼谷，但即使在佛教文化中，隐含转世成为较低等级的暗示，会伤人不浅。另一方面，泰国人在亲朋好友中大量使用来自一般动物名称的绰号：虾，蟹，猪和猫，均属常见。在这里，把无家可归的曼谷人比作狗，与其说是想当然的亲昵，不如说是对亲昵的违犯——此处属于有意冒犯，意在从合格泰国人与合格人类社会成员的名册中删除那些破坏官方秩序感的人。但在那个社会内部，这些人事实上和流浪狗一样，都是值得同情的；他们代表的是“现实生活”的一个方面，当局希望清除它，努力给外国领导人留下东方巴黎的印象（另见 Herzfeld 2003d）。

值得注意的是，当局之所以造成冒犯，是因为亲昵性被破坏；在亲昵区内冒犯性的昵称被转换成亲密的表示。当局把这个表示亲近的蔑称用于正式场合，企图以此消除象征污染的根源，结果适得其反。这相当于希腊行政官员暗示说所有这些人都是性变态者。泰国人偶尔使用中性代词“祂”（it）——这个俗用指称通常被认为非常无礼——作为表达亲近的指称形式，而彼此亲昵的希腊人可以互称“手淫者”，而且在相当程度上得到允许（他们自己也可以同样被特许极偶然地使用动物昵称）。当此行为的唯一目的是拒绝本应给予同类的同情时，这样做是绝对不可以的。它触动了文化亲昵的根基本身，尤其应该谴责的是，这话是从领导人嘴里冒出来的，他们的行为不仅要符合自己官职的尊严，而且还积极声称要效仿合乎当地道德秩序感的欧洲文明化生活模式（Thai Kwaamsiwilai；参见 Thongchai 2000）。

这个例子表明，即便（或尤其）是没有被正式纳入殖民地工程的那些国家的政治领导人，可能会最积极地模仿他们眼中的西方核心文化。不论这个场域是后殖民的或是隐秘殖民的，所产生的文化亲昵运作完全是地缘政治和文化价值的产物；用宗教眼光看是负面的动物昵称表达了亲昵者的宽容与信任，从而传达了情感。在希腊，性昵称既不符合官方的欧洲中心主义道德观，也不符合地方价值观，但传达了那些难免人类劣根性的人之间的共享亲昵。正式的欧洲中心论的道德观与当地的价值观是不相容的，性的词语传达的是那些无法逃脱人性根本的卑鄙的共享亲密。

这类用法源于和官方世俗或宗教的权威发生冲突的社会经历。但我们也知道，官方话语的表达者自己也是人，拥有同样的亲昵性；当他们将这种亲昵性注入到其角色不应进入的社会空间时，他们就失败了，就像政客把无家可归者比作狗或者——再举一个例子——就像一个生活在基督教国家的牧师被发现卷入不端性事。

有关这类违反行为的语言和象征是有历史的。它涉及正在发生改变的社会秩序观和文化秩序观；在任何特定时间，在人类事务的流变中，它可以在亲昵环境中获得更多正面的含义，而这在公开场合是根本不可能被承认的。一些人渴求如今名誉扫地的旧道德观；另一些人怀念消逝的自由和其他的乐趣。如果国家压制所有这些怀旧内容，就会激起市民最终无法控制的愤怒。这就是所有官方机构所面临的文化亲昵困境。所以，在此时此刻回溯该典型官僚权力体制的话语词源，考察国民国家当局如何试图通过时间凝滞和地缘固定来稳固其制度合法性，是再合适不过的了。下一章将转向维柯有关权力的批判词源学，这为理解西方的自我本质化提供了一个路径。如果我们牢记不忘，几乎在每一次认同操演中，这样的客体化被同时再生产和拆解，那么我们就能够开始发现这样的动力源：不守规矩的公民常常也是最忠诚的人——这是世界各地强制性制度结构内在的悖论。

第三章　定义和边界

（纳日碧力戈　译）

詹巴蒂斯塔·维柯（Giambattista Vico ［1728］ 1977：28）在他的自传中告诉我们，他唯一一次获学术奖是因为宣读了一篇论文，它“充满希腊文和拉丁文的博学与批评的论述”，讨论 stato（国家）这个词的词源。我们不知道维柯在他的专题论文中究竟写了什么，因为文本已经遗失。不过，他为了寻找隐藏的历史真理而做的词源探索，引起拟测式效仿。

例如，我们可以重点突出这样一个事实：在意大利，stato 被用作动词“存在”（be）（引人注目的是，essere 是英语词汇 essentialism 的同源词，但直接派生自 stare，状态，处于某种状态或状况）的过去完成时分词。这样的词源学把国家表征为终极的永恒真实，它作为我们今天会称之为自然化（naturalization）的如此突显的例子，“已经（永远）在那里”。如此说来，把一个动词的小品词转换成为一个名词——lo stato，国家——见证了一个具体化过程。为维柯颁奖的那些正规文化的学术代表拘泥于字面意义来理解现实，也许会从表面理解这样的词源意义，认为它们真的确认了国家对此永恒的真实位置（或地位 status，这两个词也是 stare 的同源词）——在政治上相当于语言中的一段陈述（a statement）——的拥有。

不过，维柯富有想象力的词源学游戏与那种拘泥于字面意义的做法截然相反，我们甚至不用进一步猜想他在自己久已遗失的文章中究竟说了些什么，就可以从他那里找到线索。社会世界充满了“词源学的拖尾云（trailing clouds）”（Austin［1956－57］1971：99－100），为社会经验赋予了一系列从暗指到难以捉摸的意义。弄清楚这些关联，复原其历史发展，就意味着 Deely（1982：1）恰当地称之为“指号意识”的东西，即意识到所有人类知识都以指号为媒介，因而在某个层面上描述必然总是建构性的。词源学可以（最通常是）被用来证实而非颠覆权力，民众意识中有可能如此充满官方的词源学原则，以至于它实际上强化了官方来源的讯息：希腊人会对非规范的表演或者手工艺品不以为然，指出它们的名字是“土耳其的”。但他们是向谁宣布他们遵从官方史学？批判词源学研究必须结合社会和历史的脉络来审视这些过程，这也是维柯给自己提出的任务。

所以，词源学寻踪可以与官方解释反其道而行之，由“沉寂的经验时段”（Ardener 1978：111）——已被记载但现今被埋没的历史——复活大量的词源。这远超出仅限于双关语游戏的意义，从词源学追踪关于具体化的历史，可提醒我们关注通过语言和其他指号系统不断发生作用的过程：这些过程主要服务于各自成果获得合法性的政治和意识形态形式的利益。所以，我们在社会理论界做着日常行动者在挑战来源于官方知识的“标准智慧”——一个有启发性的词语——时所做的事情。

这个策略还原了历史偶然性的意义，扰乱了事物的共时（synchronic）秩序，提醒我们用来表达“自明之理”的指号有其自身的历史，指出作为基础的自明性也不例外。例如，在语言学领域，国家（state）的地位（status）和意义的静态（static）概念得到陈述（statement）的支持。如 Austin（［1962］1975：139－147）力图证明的那样，陈述的概念或叙事话语，暗示了一种忽视具体话语社会环境的语言观。意义不是预先给定的资料（datum）。（data 一词似乎正在变成单数名词的过程表明了这种逐渐发生的具体化：由于人们忘记该词是由动词 dare［给予］派生的复数体，他们可以悠然自得地忽视它的复杂性。）意义来自有意者和解释者之间的互动，来自他们之间的角色转换，来自临场社会境况中存在的施为话语力（the force of a performative utterance）。比较而言，一个陈述从在先的前提有效性获得效力。因此，所有旨在将偶然性权利要求（例如新政府对合法性的要求）自然化的企图，都要有目的地成为陈述或事实的表述。我们把它们作为施为语（performatives），聚焦其实在性的建构特征，就能够挑战其合法性，以分析策略应对官方的本质化战略。

民族主义者诉诸传统，因为其所谓的古风支持了他们的权利主张，让他们立足于历史事实的磐石之上，似乎无懈可击；[①] 借助威严的学术界，其结构性受到压制，其表述的施为力（performative force）也不例外。民族主义者把自己的诉求变成自明真理，将其自然化。但是，我们不应忘记，正是话语的这种施为作用，其表达决断的战略性能力，使这样的转变成为可能。

民族，尤其是 19 世纪早期欧洲民族主义者眼中的民族，显然是文化性的；但它有关永远合法的宣称，却建立在文化化自然的权威之上。因此，民族概念包含自相矛盾，它在这个方面再造或至少预示了阿拉因·戈尔德施拉格（Alain Goldschläger 1982）所称的“专制话语”（authoritarian discourse），其修辞模式与列维-斯特劳斯的神话观非常相同：互不搭配的命题被表述为互相强化的陈述，自相矛盾被表述为自明之理（参见 Herzfeld 1985b：199）。支撑戈尔德施拉格的所有说明性例子的民族概念本身，符合这个模型。浪漫主义意识形态所理解的民族是自然实体，它只有获得政治国家的地位才能实现完全自决，这是用文化秩序治理混乱的典型。这个过程势必偏爱任意性（arbitrariness），这样它

① 关于从指号学角度对此问题所做的有用分析，参见 Handler and Linnekin (1984)。

就提供了指号幻觉或字面主义的一个经典例子：误把能指当所指，误把民族国家的自然符号当作自然本身。抽象地说，这是本身分属于有权“归化”（naturalize）人类的社会机构——签证处的逻辑。这种关系为索绪尔坚持的指号任意性赋予政治维度（参见 Hawkes 1977：25）。

不过，自然与文化比较而言，并不总是或肯定是温良的。在许多社会中，外来者是“动物”，或至少可以预见比我们少些人性。对今天的希腊人而言，zoö“动物”这个称号是严重的侮辱，适合于土耳其人和反社会的个人，但不用于称呼自己的同胞，也许明显的玩笑除外。自然，至少其重要部分，在此处与尊贵的文化相对。自然概念显然被用在两种颇有分歧的含义上。一方面，它魔术般地唤出所谓异己社会的禽兽世界；另一方面，文化在宇宙观中属于自然的一部分：它是自然的，永恒的，从而是好的。所以，基本的对立不仅仅存在于自然和文化之间，也存在于范围更广的性恶与性善二者之间。因而，道德上的区别特征支撑着国民国家的辞令框架；最终基于这样的区别特征，国家声称获得了作道德裁判的权利：这是一种强迫就范的道德构成，所有其他道德规范都要以此为准。

可以从 i Fili——“种族”（the race）——中的定冠词看到这类观念所明确表达的绝对有限性，它在希腊官方辞令中指希腊人民。在日常话语中，这个词的用法与带说明词（the fili of the Gypsies）或不定冠词的用法形成对照。同样，yenos——古希腊语的 *genos*（贵族圆锥形氏族，Humphreys 1978：194）也不例外，表示“［国］种”（the［national］stock）。所以，那些民族独立的伟大先知——如名誉扫地的现代希腊语新古典体的实际创建者阿扎曼蒂奥斯·克雷斯（Adamantios Koraes）——常常被称为“Teachers of the Yenos”。这个词出现在古希腊语中，是一个父系群，通常具有贵族地位；引人注目的是，它在发展变化为官方希腊语时，把所产生的贵族寓意和强烈的父系偏见结合起来：

在完成官方婚姻登记的时候，yenos一词指新娘和新娘母方相应的姓族。

民族主义说辞将民族变成高层genos，将潜在而且易于互相仇视的父系亲属的俗套（尽管这个俗套通常是在诸如打冤家的情形之下，仍然残留于克里特岛和Mani半岛，使地方价值观与国家价值观相当明显地发生冲突），从地方层面移入自己的观念和法律的控制范围内。它也吸收了与这个词极为相似（有历史联系）的民间认知，例如我们在某些中世纪和后中世纪的诗歌中遇到ksantha yeni（古希腊语xantha genē，“金发部落”），换句话说就是俄罗斯人，他们被期待来拯救受奴役的东正教兄弟——希腊人。“种族”遗传、贵族出身和父系都被国家的官僚话语合而为一。作为结果出现的语法单一性（单数名词，定冠词），再生产了社会和文化经验的观念对象化。

Yenos一词以普遍的方言形式yenia保留下来，通常表示某种父系群。所以，无疑在单另构形的支持下，它偏离适才讨论的匀质化和单一化的国家主义话语，与地方社区内社会群体的多样性发生联系。即便在那些父系不再重要的地方，例如在罗得岛，我们仍然可以听到关于孩子的性格形成于其“七父系”祖先（seven patrilines）的说法（Herzfeld 1983a：162-163）。在克里特岛，yenia实际上是地方社区对抗官方准则的象征，因为它是血亲复仇的常规单位；它也是一个裂分式概念，可以自动地与任何官僚机构都需要的具体化社会群体概念对立起来。

Genos/yenia观念与自然和生殖（genesis）的概念密切相关，就如同nation和nature因共享一个拉丁词根natio（意思是生殖）而发生关联。许多村民认为，父系是传递fisiko（性格）的渠道；从词源上更具体地说，fisiko表示遗传特征意义上的个人天性（fisi［s］）。于是，希腊作为单一统一的父系民族的观念，至少从历史暗示出发，就浓缩了民族对自然的嵌入，它也接近于该英语词拉丁词根的暗示。总之，民族是一个隐喻性建构；它让从表面上看不相干的两个实体走到了一起——自然的基因和文化的民族国家，并坚称他们有共性。正是出于这个原因，国家主义者必须是直义主义者（literalist）：其全部理论基础的前提是，民族和国家是“真”实体，不是隐喻实体。也是出于这个原因，希腊的新闻工作者和其他评论者通常认识不到民族或族群身份的基因定义和文化定义之间的区别——确实，他们看不出有要区分民族和族群（它们被合并成一个词）的理由。

所以，民族既代表了政治集权的自然化（即把它表征为一种逻辑实体形式），也代表了自然的“文化化”（即政治集权建立在基因遗传观的基础之上）。此外，具有稳定语义的术语使这些得到保障。能指（词汇、术语、法律公告）常常有不同形式。国家就迫切需要发现民众话语中不遵从主流的暗示——这些语言符号在民众话语中的使用方式极不相同。也许，这两类话语——但不能认为它们彼此完全没有关联——分歧的最突出例子，就是亵渎言辞——一种非反身模式的意识形态表达，教义上单一的宗教图像人物在其中因社会等级的划分而碎片化；在最具戏剧性的例子中，一个人会用“你的圣母马利亚”来诅咒，以此暗示敌人的马利亚和我们自己的不可能相同（Herzfeld 1984a）。不过，还有更多这类定义和使用不一致的显著例子，包括对族名的准确性和模棱两可的把玩。

道德和身份：永恒真实的地位

民族主义视民族认同作为绝对价值系统，族群移转符（ethnic shifters）的相对主义被转换成一套具体化的永恒真实：国家总是存在。这种具体化过程的命运和更普遍类型的道德特征移转符相同，但它是在可辨识的具体政治背景下实现这一过程的。民族主义从基本上是道德性的身份术语去除相对性，为它施加有时产生真实困难和尴尬的不变定义——例如，希腊政府被迫明确规定穆斯林国民有资格当警察，即便人人皆知他们是土耳其人，他们事实上是希腊国民。确实，对于任何希腊穆斯林来说，由于政府拒绝承认少数族群的存在，自称土耳其人是很危险的。在此情形下，流行用法如此强势，以至于国家对全体国民效忠的要求含蓄地出现问题，被迫以非常明确的官方声明来加以强调。

所以，族群身份是非常相对的概念，民族主义的政治道德观寻求将它转变为绝对的概念。身份作为一种“可选择、可改变”（Royce 1982：9）的“风格”（style），蜕变成假定的民族性格；族群移转符（Galaty 1982）变成固定的标志符。有关文化认同的术语拥有了确定性，而在此之前，社会生活经验中的一时之需始终拒绝这样的确定性。这些术语的民族主义具体化，颠覆了它们作为评估个人和道德的术语使用时，所应有和必需的脉络敏感性（contextual sensitivity）；相反，它们变成了固定政治秩序的技术词汇。

说到底，民族身份或族群身份的语言确实是一种道德语言。它是关于包括和排除的编码话语（encoded discourse）。与所有这类系统相同，它会在日常言语中受到操控。出于这个原因，对民族主义的指号学批判，必须审视民族主义让某些种类的身份固定不变的过程，而这些身份在日常话语中通常不具有这样的固定性。这样的立场会抵制字面主义过程——官僚机构借助这个过程将社会互动的语言具体化为一套永恒真实。Meeker（1979：30）透彻地总结了这项指号学任务：“价值和理想不是作为独立于说话者和书写者的永恒真理来解释，而是在具体形式的话语中根据它们的功能来解释。”

另一方面，国家主义利用话语力量，以两种方式生成永恒真理的表象（semblance）：首先，将道德观本身用作国家功能；其次，把自己的身份嵌入生成的价值标准当中。找不到比希腊语 patriotis 一词的使用更能说明问题或更直截了当的例子了：在日常用法中，这个词仅表示和说话人同一地方社区的人，接近于意大利语 paesaano；比较而言，在民族主义话语中，它只具有或被赋予国民的意义，外加一个作为同源词进入英语的含义：爱国者（patriot）。

如果所有族群和民族的术语都暗示内外本质差别的道德术语，那么，所有道德价值术语在某种意义上就是可协商的标记，用来划清在社会或文化上加以包括和排除的界线。道德范畴和族群范畴的近似，以不可逆转的逻辑导向国家道德权威——文化的而非自然正义的权威——的制度化，用来反对道德败坏、跨种族婚姻和叛国之类所谓的非自然现象。（现已废止的南非种族隔离法，代表了这种极端形式的衍生官僚逻辑。）然而，即便在最集权的民族国家，日常用法似乎继续反映民间话语的相对主义，而非推测的国家绝对主义——它本身是许多官僚通过谴责在“本制度”下法律铁面无私而加以延续且有相当误导性的命题，但他们那些有时极具灵活性的创造性策略——包括对体制的责难——有效地揭开了这种绝对主义的面纱。这表明，人们出于实用需要，要根据一种意义理论行事，这种意义理论与被他们划归国家的呆板词典意义发生冲突。在那些国家控制较弱的社会，认识到这一点相对容易些；例如，当这些社会出现族际接触时，有关各方对形势和他们之间的共享认同程度有不同评估（参见 Shalinsky 1980：279－280）。不过，即便在那些严格控制的社会里，多数人知道如何利用规范性的辞令达到非规范性目的。

策略取决于情境，对术语的选择不取决于个人属于哪个群体，而是取决于在某个具体的互动层面背景下启用的道德自指（moral self-designator）。例如，把一个希腊镇民称为 Vlakhos，很难说是一种恭维。字义主义者会认为，它直接表示该被称呼者是操罗马尼亚语的 Koutsovlach 牧人社群的一个成员，他们会以为许多希腊人对这个称呼所表达的厌恶，源自对外族不信任的民族主义情感。根据这个视角，对这个称呼的任何其他用法，都会是隐喻的延伸。不过，这是本末倒置了：对 Ellinas（希腊人）和 Vlakhos（Vlach）的民族主义定义，在语义和年代上晚于民族国家在巴尔干地区的建立；它不过是在民族国家建立的过程中被吸收和采纳。对于大多数希腊人来说，场景会足够清晰地让他们确定说话者是 Koutsovlach、希腊北方的羊倌，或者就是个乡巴佬。这类称呼大多和边界明确的群体有关，其灵活使用常常是边缘人群的回应——例如，相对于吉卜赛人，Castilian 一词指 Andalusian 人（也指非西班牙人民族志学者）（Brandes 1980：13，57）；以色列阿拉伯人用 Sephardi 一词描述自己，与所有犹太人形成对照（Cohen 1971）；或人人皆知的犹太天主教徒和犹太基督教徒（取决于他们来自哪个爱尔兰地区）之间的区隔。仅当我们遵守官方族群性的绝对逻辑，而非日常会话中截然相反的理论根据，这些用法才会出现前后矛盾。

族群移转符的意义取决于将相关社会群体（叙述事件）和说话者的突出社会身份（言语事件）绑定的那些关系。这类术语将社会身份与道德观合并，暗示相似的道德准则适用于全部已有区别——不管这些区别是在哪一个层面上产生的：从任何意义上说，外来者的地位始终比内部人低。所以，在阿富汗，乌兹别克人和阿拉伯人都根据伊斯兰法为各自的行为辩护（Shalinsky 1980：280）。各群体根据自己的需要和感知，利用貌似固定的抽象伊斯兰法概念来划分边界和定义象征物。此外，这种移转符并不总是言语上的。在格伦迪，20 世纪早期坚定的反君主制度者和自由政治家埃莱夫塞里奥斯·韦尼泽洛斯（Eleftherios Venizelos）的照片，出现在多数咖啡馆，包括铁杆保守派的咖啡馆。由于韦尼泽洛斯是克里特人，所有本地政治家都声称他是精神祖先。所以，他的画像所代表的美德——典型克里特人的美德——具有可协商的内容。Venizelos 的影像与亵渎诅咒中同样可分的圣母马利亚一样，都是移转符。

道德价值术语的使用，代表了对于何处是边界的“社会诊断”。与所有诊断相同，这些都是可以有争议的。此外，标准本身是可以协商的。两位说话者可能认为他们对什么是诚实、伊斯兰、onore 或做 Vlakhos 人有共同理解。对“非美国人行为”这个词组（在希腊语里也有同样反共的词组[①]）的使用，表明即便是国家主义的辞令也似乎是相对性的；事实上，它代表了要把这个术语和现实固定在一个不变关系中的企图，这样就相当于民族国家的边界不可调和地将共产党排除在外。民族和族群的术语具有惊人余地的语义灵活性；其语义固定的表象，使活动者能够将其作为似乎是绝对存在而非游戏中的筹码来对待。

在国家化社会里，语义易变性受损最少而且存留下来的，是这样一些移转符：它们指向国家特有的民族道德观不予积极背书的道德价值。例如 Gilsenan（1976：201）对黎巴嫩 makhlu' 一词的研究，针对的是一个社会认同概念，它与报复和血亲复仇的观念如此交织在一起，原本不可能顺利地服务于民族主义准则。年轻的复仇杀手出狱后被看做是 makhlu'，但不是在他杀人的那一刻。此外，当他随后受到外来者袭击时，

> 他的家族只关心……是否村里其他家族干了这件事。如果是这样，就没有其他选择，只能继续循环报复，因为按照相应群体的规矩，他的 makhlu' 身份使其在社会上匿名，而无需对外来者匿名——他对于外来者来说，依旧引人注目，仍然是 Beit Ahmad 的一个成员。（Gilsenan 1976：201）

Gilsenan 敏感地察觉到这样一个事实：makhlu'（以及其他道德属性）

① Anthinas，反希腊，是极端民族主义者很喜欢用的词，用在批评有关希腊拥有古典传统的宣称或以其他方式谴责民族主义立场的那些人身上。1967—1974 年期间的军政府大量使用这个词，用来描述自己的政敌——是政府自我认同于政体和民族的一个明显例证。但是在国际关系极端紧张的时候，它有时会被用来攻击被认为不完全遵从现行希腊政治路线的所有外国人。

的定位也可能受到交谈者外来身份的影响，无论这个外来者是民族志学者还是“本土内部人”（1976：202）。说者和听者之间的边界以及活动者与讲述者之间的关系，对这种定位起着居中调节的作用。身为 makhlu'的外显表象很少能够如此不言自明，以至于能够提出绝对化要求。要点不仅在于道德立场可以有协商余地或是通过协商建构，而且在于术语的貌似恒定和实际易变的性质，这让有关身份的可协商性成为可能。

回到希腊材料：关于野蛮的概念较好地说明了固定性和易变性之间的互动，它对应于“文明”（politismos）及其地理化身“欧洲”（Evropi）的同样模糊的地位。这些术语都产生于民族主义观点：希腊被看作是古希腊的延续，因而它是所有欧洲文化的源头。在古典时代，操晦涩外语的那些人具有野蛮特征，其言语被认为类似于燕子的呢喃声（bar-bar）；同样，现代希腊人认为其语言似乎与自己的如此不同的土耳其人有笨牛的特性（Herzfeld 1980a：297）。在现代希腊的民族主义话语中，土耳其人的所谓残忍贪婪及其所谓的不信教（此处宗教被定义为基督教）可用野蛮性来概括（另见 Asad 1994）。

另一方面，Politismos 结合了“文化”（作为“高”文化）和“文明”的双重意义[①]，尤其和理想的欧洲身份相关联。对于民族主义者来说，Evropi（欧洲）有固定的语义场，把地理和古希腊共同文化遗产的观念结合起来——体现了通常由 politismos 一词[②]实际说明的理想。不过，这种固定性在日常话语中消解掉了。在要求集体展现文化爱国主义的情境下（尤其在和外国人交谈时），“欧洲”包括了希腊人；但是当希腊人在内部提起他们所认为的民族挫折和弱点　　　句话，证明他们曾经陷入

① Politismos 源自 polis，城邦；参见“文明”（civilization）的词源 civis，“一个政治共同体（civitas）的居民”。

② 左翼社会评论家有时采用 koultoura 一词。这个术语的讽刺性新衍生词是 koultouriaris，“以文化知识谋生的人，知识机构的一个成员”。

受野蛮人（varvari）奴役的状态——之时，却又把他们排除在外。所有这些都证明了某种历史意识；确实，这是将特殊召唤力赋予所有相关术语的历史感（参见 Elias 1978：7）。同样，像 Evropi 一类术语的模棱两可源自该历史经验的二元性：在源自西方的理想化“高文化”模式和一般极少受恭维的有关希腊人涉及文化亲昵的自觉之间，始终存在紧张。

同样，尽管按照传统野蛮性和土耳其人以及其他所谓未开化的族群有关，但是在希腊人私下内部交流或与态度友好的外来者交谈时，认为这尤其是希腊人的问题。Nisiros 岛（位于东南爱琴海多德卡尼斯群岛）的居民当着我的面抱怨，在人面前放鞭炮是一种“野蛮习惯”；但是，当有人朝我脚跟前燃放鞭炮，我为此感到生气，愚蠢地想用他们自己的辞令来制止这种玩笑时，其中一位居民却被激怒了。一个醉醺醺、怒气冲天的 Nisiros 岛民立即对我当面呵斥，加以制止。和岛民吃了喝了，花了人家那么多时间，帮助你这个稚嫩青年做研究，你以为你是谁呀？

确实，这个愤怒岛民对讽刺的运用——它显然是 Chock（1987）如此到位地加以捕捉的“讽刺性刻板成见”的策略性反转——突出了初看上去是固定不变的负面自我刻板成见的策略性语义流动功能。我笨拙地把“土耳其人的”“野蛮性”特质赋予希腊人——而且是希腊本地人，以“文化亲昵”冒犯我的东道主，滥用了他们的好客；好客本身构成了协调社会关系的重要情境，它提供了大量机会，象征性地倒转无处不在的权力关系，在社会和文化上给亲昵性划界（Herzfeld 1987b）。虽然那个时候我还是个学生，但在某种意义上代表了许多希腊人不得不当作文化价值排序标准的西方；这样，我就没有能够认识到自己作为希腊以外特权世界的一个成员应该具有敏感性。

使这种讽刺产生如此可怕效果的有关野蛮性的结构属性在于，具体情境中作为移转符的这个术语，将希腊人的集体不自信与我作为“欧洲人”的身份挂钩；也许还有其他不平等问题，例如受过教育的城市居民和不识字的农民之间的不平等，或甚至雅典人——考虑到我当时说希腊语的腔调[①]——和乡下人之间的不平等。我作为访客，从本地母语人那里学到了这个术语，直到现在才明白这样的挪用本身就足以改变该术语的含义，真是吃一堑，长一智。教训是明显的：特别是（西方）欧洲人有责任尊重希腊人和野蛮人彼此之间严格的语义区分。只有那些有特权共享希腊文化亲昵的人，才可以把玩流动的语义，从而可以对自己的文化做自我否定和损害性的评价。

这种复杂的回应，典型地反映了确定道德评判术语语义的困难。（“骗子”可以揭露他人不能解读自己的“行骗”表象，并由此揭示“真理”，Gilsenan［1976：206－210］在对此加以探讨的时候，提供了一种相关的分析。）这样的术语不会提供抽象意义；确实，试图脱离情境对它们做定义，就违反了它们的语义学规律。但国家（它得益于这样一种指号幻觉：存在一种绝对正确的理解）恰恰用定义来规范普遍道德。此外，在类似于 varvarotita（野蛮性）这样的术语中，道德和民族认同重合，与外来的美德标准看齐。外国访客冒着相当大的危险在此雷区上踏行。

更多来自希腊的民族志例证

对某些相关的民族志材料看上几眼，这些情境性质就可以更加明晰地突显出来。在我刚才列举的指责野蛮性的例子中，正是外国人的在场引发语义聚合，产生排外效果。在语义移转符作为专业术语的意义上，我的 Nisirian 熟人从对于这个概念的反思理解，转向更近乎民族国家价值的认同，坚定地抵御对文化亲昵的侵犯。

① 我当时说一口流利的雅典希腊语，而村民们并不积极支持我学习地方方言。这种态度与我在克里特山区的经验形成鲜明对照。

但是，这种移转暗示着该术语在亲昵使用和正式使用之间已经存在不和谐。这位 Nisirian 出于一时爱国激愤，代表了整个民族国家，而对于自己社区内的密友大概不至于此。尤其值得注意的是，在直到 1948 年才并入希腊国的多德卡尼斯群岛，人们仍在提“希腊来到（这里）后”——换句话说，把国家本身看作是入侵势力或外国势力。我临场的稚嫩，把 Nisirian 语境化为希腊人而非多德卡尼斯人。

这样的移转普遍存在，甚至可以反转。有一次在克里特岛的格伦迪村，两位在雅典生活过、个人谈吐都市化的本地人，提到盎格鲁-美国反希腊阴谋的所有罪行，开始怒斥我。几乎同时，尤其乐于就此问题对我做长篇训话并获知我同情希腊人利害关系的一位本地村民，对那两位来访者吹胡子瞪眼，主动提出要出面干涉。我怕因为自己的缘故引发暴力，就用恰当的措辞表示谢意，婉言谢绝他。不过，这件事非常明显地说明，我在村里居住这个事实以及我所掌握的仍有待大大提高的地方方言，使我相对于这两位“一年土二年洋”的访客具有临场优势。如某人评论，我太太和我是“我们自己的外人”——相对于雅典式的装腔作势，我们成为事实上的格伦迪老乡（Glendiots）。

自我具体化的状态，不可避免地遮蔽了许许多多移转的意义，但领土固定化和族群身份绝对化，生成了一种模式，它不随便容忍开放式的模棱两可。这对于和民族认同密切相关的任何道德观念来说尤其如此。这种对于道德价值的官方定义和我们在日常用语中听到的解释，经常形成鲜明对照。例如，在国家主义的道德观中，eghoismos（利己和自利）通常有负面性质。即便如此，事情并不像国家道德的宣扬者们试图让人相信的那样清晰；因为这个概念同样可以被描写成个人主义——被看作是典型的欧洲德性——并据以宣称希腊小业主和匠人拥有西欧性格。于是，这些评论者也同样经常批评这些行当抵抗任何形式合作的本性；此时的 eghoismos 就暗含了土耳其人而非欧洲人的价值。

对于我在1974—1981年期间从事过大约十六个月田野工作的格伦迪村虚张声势的村民来说，这个术语的模棱两可愈发极具有可操作性；村民们也确实对此相当坦诚。eghoism可被接受的形式是存在的——其中一些形式，尤其是有计划地互相偷盗牲畜，根本违反国家法律。不过，村民们有时提到“an eghoismos”，试图借使用这个不定冠词来表明某人展示了这个社会价值的一个特殊版本——通常并不那么值得赞扬。换句话说，他们认识到其中的可变性：在某些场景下，例如在小型资本主义的脉络中，他们认为采取激烈竞争的立场在道德上是正确的；在这个意义上，eghoistis之人是在维护他的家庭，是合乎常理的。“an eghoismos”的用法表明村民的社会经历在相当程度上的碎片化，表明他们认识到了道德定义的临场性质。我们不会期待这种用法会出现在官方文件中。

对于多数希腊村民来说，道德评价不是秉性评估——他们否认能够看透秉性，即便在试图这样做的时候也加以否认，而是对社会接纳与否的评价。国家的边界是固定的。另一方面，同村人道德共同体的边界，却属于一个移动裂分的社会天地，所以必然要不断调整和重估。Rhodian村民毫不隐讳地称“那些非本地人”（I okso apodho）为道德败坏者。他们解释说，“本地”既可以兼指道德共同体或形身共同体：它本身是一个移动符，可以同时表达地方共同体（村寨或区或地区）和较大的希腊正教共同体（参见Stewart 1991：164）。在我于1973—1974年工作过的Rhodian农业社区（我给它一个假名Pefko），村民们引用一个谚语为村内婚辩护，这个谚语详解了作为有关嫁娶非希腊人之蠢的格言而更加广为人知的另一个古训。[①] 所有的道德术语都把道德非难和非我族类统一

① “来自本乡本土的鞋子，即便是打了补丁，/但你知道那里的鞋匠是谁！”泛指希腊的变体仅使用前一句：尽管“熟知”是在包括大众民族和宗教的所有社会区分层面上对局内人（dhikos mas）的正式界定，并提供了对于地方认同和民族认同之间转喻关系的重要解释，但是在更广大的脉络中，后一句不一定有这样的含义。

起来；当对“本”群体的界定本身出现模棱两可或变化时，道德规范的相关性就变得可以商量，这样就和官法法典化的面向发生矛盾。

我们可以用几个新词总结希腊术语，这也许有助于澄清主要观点。Pefkiot 村民象征性地将实体性驱鬼（通过驱鬼仪式）等同于将邪恶者逐出社会。Ghrousouzia，即问题同村人的邪恶状态等同于“命运不佳”。这样，命运而非倒霉的同村人首当其冲地受到谴责——同样也是用来否认自己社区内确实存在邪恶的一个有效途径——在和外来者说话时尤其如此。比较而言，邪恶的外来者是 atimi，没有社会价值。不过，在某些情况下，后一个术语可以用来描述同村人，在涉及家族之间或民族之间的情况时尤其如此。同样，在讨论希腊人与死敌土耳其人之间的比较时，它完全不可以用在任何希腊人头上。与此类似，在东克里特岛，ghrousouzia 用来指任何形式的盗畜活动；在局部仍然盛行盗畜的西克里特岛，这个术语仅可用来谴责村内的盗畜行为，而村际偷盗通常却得到某种认可。

总而言之，“外来者身份”的道德内涵并不取决于任何具体层级或对于这个状况的认识——尽管从某种意义上说，对于道德特性的判定可能要根据层级的不同而有所调整变化。[①] 不过，如果特性确实不同，它们本身就会变成移转符。根据通常的看法，非亲同村人的邪恶极不同于土耳其人的邪恶——尽管二者都可能因不齿于人类而缺乏社会价值。与希腊男人比较，女人也被视为无知者；但是在希腊人作为整体与刻板印象

---

① 这句话比较费解，请教赫兹菲尔德教授后，他这样解读：

To put the matter briefly, all “outsiders” are considered to have certain moral traits, no matter what level (e. g., village, region, nation) they are outsiders to; but what actually marks someone as an outsider may, by contrast, be affected by the level at which that person is considered to be an outsider. （简言之，人们认为所有“外来者”，无论他们在哪一个层级上［如村庄、地区、民族（国族）］属于外来者，都具备某种道德特性；但某人经比较被认为是外来者的那个层级，会影响将他划定为外来者的标准。）——译者

中的无知土耳其人相比较时，女人从来不会被如此看待（Herzfeld 1980a：296－297）。

所以，族群移转符首先作为评价术语出现，民族主义使之具体化（reifies），与它普遍掌控伦理规范的方式非常接近。由此导致的结果是：自认为好公民的那些人可能仍把民族实体看作是入侵者，而自认为不受法律约束的那些人会把国家说成是入侵者。例如，即便最守法的罗德斯岛人留意到多德卡尼斯群岛近期才并入希腊国，会说“希腊人来了以后”，从而把Elladha（希腊）当作在某种程度上涉及类似外来户地位的模糊性术语。与我合作的更为叛逆的克里特人把事情说得更加直白：“我们这里是自由希腊！”这样的说法真正挑战了国法（和基督教教规）的权威。在另一个场合，一位格伦迪村民遇到一位发怒的警察要求他遵守“法律”（to nomo），他同样愤怒地回答说他“也有一副肩膀”（dhio n-omous）！他的双关语有诗意地强化了要其中的信息：这种文字游戏以方言形式挑战了官方规范词汇的权威，嘲弄官方语言的严肃性。

实际上，罗德斯岛守法的Pefko农民和克里特岛叛逆的格伦迪牧羊人之间形成的对照，多少说明了人们遇到的希腊语道德术语语义变化的极端性，他们在使用国族和族群的标签时，也会遇到这种情况。格伦迪村民找到一种方式，把自己重塑为民族道德中心——尽管他们频繁抱怨在政治上被边缘化；另一方面，尽管相对温和的Pefkiots人至少在表面上尊重法律，却不能够或者不愿意在民族和国家之间做出同样的区别。值得注意的是，与Pefkiots人比较，格伦迪村民感觉内外有别的裂分性质（segmentary properties）解释起来，真真易如反掌，恰似他们对eghoismos以及其他价值术语的模棱两可更加了如指掌。对于格伦迪村民来说，将克里特岛人的骄傲认同于希腊性（Greekness）并不存在任何问题。另一方面，相对于所谓的串种（bastardization）的大陆人口，Pefkiots人自称属于纯种希腊人；对于他们来说，做希腊人本身就相当于效忠国家。格伦迪村民毫不遮掩其亵渎言行的裂分暗示，认识到它让自己的圣母马利亚区别于敌人的圣母马利亚；而 Pefkiots 人对这种亵渎不屑一顾，干脆把这看成是“坏习惯”，似乎没有兴趣深究它会预示怎样的句法和语义的属性。

意义和国家：定义之地位

前面举出的例子暗示了调查合作人方面两个相当明确的指号取向。一方面，调查合作人对术语的相对主义用法，主张意义作为组织性概念框架的“使用”或“行动”的理论。比较而言，国家的官方代表在很大程度上更多坚持词典意义的视角。当我们考虑法律术语时，这个道理变得再清楚不过：例如 Pefkiots 人所使用的遗产术语的含义与成文法的截然相反；在把每一个定义和说话的语境相结合的前提下，他们对术语的使用始终如一（Herzfeld 1980b）。此外，这种易变性符合他们自己的意义概念，最接近行动理论。

易变性不断威胁着国家道德天下的语义稳定性。它是挥之不去的威胁：不仅国家工作人员自己要尽心调适法律、伦理以及治理的概念意义，而且国运永恒本身也是一个幻觉，近些年来它受到类似于邻国南斯拉夫解体等事件的间接挑战。此外，如我们所见，被民族国家如此频繁模仿的地方社群，本身对此模棱两可难脱干系。

模棱两可本身成为被官方意识形态否认的文化亲昵的决定性特征。与民族实体有序文化相对的野蛮性和某个人类之敌挂钩——在这样一些国家中，它对当地人活用语义，探索有关模棱两可的问题，可以产生引人注目的影响。所以，值得注意的是，许多表示极度混乱的希腊语术语如 alaoum（大乱）、tourlou-tourlou（随处可见）；以及 koutourou——仅粗略计算——不仅来源于土耳其语，而且被如此认知。在更为普遍的意义上说，这种联系似乎建立在声音象征主义（sound symbolism）之上，它本身假定了发音和文化纯正的标准（参见 Joseph 1992）。一眼就会看出，所涉及的词语洋味十足，象征了杂合、多元和混乱。

这样，民众对文化秩序的理解就与官方价值合拍。土耳其语来源的词语也用来表达强烈的个人感情——kefi（放纵和放松的愉悦；有关于此，可进一步参阅 Cowan 1990：106－112）；meraki（尽情沉湎于某个活动）；如此等等——这并不削弱本论点。相反，它表示文化亲昵在何种程度上让个人隐私与文化隐私合一——表达感情和摆脱正式社会约束的可接受空间。即便是我刚才举出的关于混乱的术语，也常常清晰地表达了充满欢愉的乐趣甚或集体自我嘲讽，而非真正文化异化的感觉。

这些情感属于人类内在的“自然人”方面，就像“土耳其”形式的混乱属于希腊民族性格的“自然”内在——是文化亲昵的真正本质。在这两例个案中，所谓自然感情和冲动实际上被官方文化驯化，只能在亲朋好友面前显露。在外观上，不仅自然变得文化化，而且文化自身也被更加明确地定义和自然化。情境让位于永恒的真实。

所以，我在此处描述的内容不仅仅是——如 Blok（1981）就“荣耀”（honor）所指出的那样——正在形成的国家将此前属于竞争性社会群体的道德特权归属于己的一个过程——尽管它无疑是其中非常重要的一部分。这也是一个有关道德和身份的公共观念被本质化以便与单一匀质的民族和谐起来的过程。此外，我们通过认识道德与社会或族群的身份之间的联系，看到对于国家官员来说，要以任何公开或自觉的方式容忍有关道德或认同的活用理论观，是何等的难。这不仅和法律放之四海而皆准的形象有冲突，而且也正因为如此，会颠覆他们的个人权威。比较而言，参照理论（reference theory）提供了规范的习惯定义，可作为观念外壳，服务于以兼顾领土、政治和道德之稳定界限为本职工作的那些人。

即便在民众话语中，人们越来越将民族认同于文化，从而将文化认同的权力交付给国家控制的办事机构：民俗让位于民俗学。但在同时，与此体制交结的行动者们在认知上与协商社会价值相适应，他们常常戳穿官方辞令的幌子。他们以此创造可能性，提供另类批判视角，用来窥视被纯粹参照观念遮蔽的语义亲昵（semantic intimacy）。显然，人们不会完全按照图式化的国家主义意识形态所期待的那样去想去做去说。

不过，他们确确实实以饱满的忠诚继续为民族实体服务，在后者提供的法律和政治的框架内活动。我们通过质疑国家主义意识形态中的自然化文化和伴随的具体化自然，也许可以初步理解敏感的行动者何以能够在现代民族国家的动荡环境中协调社会身份和日常生活之间存在的紧张关系，何以能够既强烈爱国又强烈叛逆。这个视角代表了一种认识论上的激进中间立场；它势必涉及对于能动性的承认，而不是屈服于退化（regress）或具体化（reification）。我们关注民族国家不断转换的形貌，把维柯对人类象征创造力的原创视野交还给这样一种人类学：希望它不再局限于奇异和边缘。

第四章　有说服力的相似性

（张晓佳　译）

象似性及修辞背景化

“象似符”（icon）是一个令人误解的词——在一本因部分强调希腊和东正教世界而有可能导致了虚假期待的书里尤其如此。在宗教用法中，eikōn一词，源自希腊文“相似性”（likeness），表达了对神性的模仿。不过，既然我们在这里关注的是民族国家的世俗主义神学，或许这种混乱恰恰可以带来启发。本章打算探讨的，正是相似性的修辞学力量。

在现代流行的用法中，象似符一词同样也带有潜在的误导意义。它的通常意义接近图徽（emblem）：一种文化形式，或更加普遍的是，指一个似乎体现流行文化意识形态的理想特质的人物。根据此处使用象似性概念的更为专门的指号意义，我另指由相似性（resemblance）衍生的意义：就像肖像“意指”被画者。当然，有人认为当下流行的用法并非完全错误：在国家语境里作为“理想型”，正是要再现安德森（1983）预见的“想象的共同体”的一个版本。虽然这并非官方政权所期望的，但在我们进入延伸性讨论之前，有益于帮我们清楚了解这一术语的特殊意义。

请注意我要写的，不是象似符，而是象似性。看似是术语上微妙的转换却有着很大区别：它提醒我们不是指固定的事物（thing），而是讨论使事物成为事物（thingness）并且固定下来的过程。指号在只有在有人这样使用它的时候方成为象似符，而且其他人也同意这样去理解它。此外，象似性在所有的意指过程里事实上是最容易逃避分析的。把指号物化为象似符，以便支持和助长其难以捉摸的性质，是于事无补的——从另一个角度看，这些指号与其所谓的所指绝不相似。

承认象似性，这个决定总带有潜在的政治含义，有时涉及政治品味和知识。抄袭、创造性和原创性等问题都取决于象似性。比如说，在学术话语中无疑属于抄袭的事情，在一个特重即兴赋诗、语用场景差异可以创造新文本的文化中，可能会变成原创，就像克里特岛山民们押韵对诗那样。加纳莱托（Canaletto）是影像复制的先驱机械师还是有天赋的观察者？有时候这些问题有更明显的政治性，而它们正是我们所要关心的。比如，我们可能要问，如果其语言被归类为方言的那些说话人另有看法，坚持认为他们的言语代表一种语言，这对民族共同语的主张意味着什么？或者我们可以考虑，公民平等制度如何应对这样的抱怨：某些人群气味不同，他们与我们共享食物使之污染，或举行无法形容的仪式。

所有这些都关涉相似性的使用问题。这些问题关系到社会和政治的脉络。象似性的存在不独立于人类能动性；它应招而至。因为国家官僚机构拥有无限权力，控制着巨量资源，它们常常掌握由丰富多彩的文化世界构建象似性的手段——例如通过媒体。我们不能无视这个事实：不管怎么说，这些能动者依旧在制造象似性。他们的通常目的在于制造象似性无法分析的印象——即它完全是“自然的”，但我们要挑战这一立场，认为在官方能动建构象似性的社会场域中，其他人有极不相同程度的自由提出异议。被感知的相似性是否符合现实无关宏旨，重要的是它们被感知到这样一个事实：一些民族志作品（例如 Forge 1968）认为有关象似性的基本假设（例如，照片代表了它所显示的对象）并不是在所有文化脉络中都发生作用。不过，即使这些相关者原则上同意相似性的标准，他们可能对具体个案存在分歧，这些分歧会揭示在他们当中存在某种权力运作。讨论婴儿像父母哪一方（从而以某种略带偏见的眼光表达孩子属于谁），或一个声称属于王室的人是否有贵族气质，或一个候选人是否有总统像，这些可能会深涉利害关系。如果这些与基本分类本身有关的事务不存在歧义，它们就无法引起如此热烈地讨论。

我在本章主要涉及官方意识形态一统性尤其是官僚民族国家官员对象似性的生产。不过，同样重要的是要记住刚才说要做出的转换——从象似符转换象似性以及更广泛地从指号转换指号使用（参见 Eco，1976：191－208）——使得另类象似性能够有较大空间发挥作用。那些竞争象似性的人们也可以在其他空间中使用其他材料来创造象似性。不同意官方有关共同体应该如何被想象的观点的那些人，会找到和利用其他关联来建构另类想象。

象似性——以相似来意指某事某物——或许比其他任何符号关系更多地面对人类观察者将自己的指号特点隐入"幕后"（backgrounds）（Douglas，1975：4）。从原真到拟象（simulacrum）路径是短程而循环的（这也是我在导论里提到的，为何那些模仿亲昵社会关系的人，可以指责不好对付的消费者态度和性格差）。根据艾柯的观点（1976：6—7），欺骗可能存在于所有指号运作中。从这个意义出发，在所有指号原则的运用中，象似性肯定是最为迂回的，这是因为每一个伪造者都知道，它经常根本不被看作是指号。它容易程序化：我们都有相同的道德，平等而有规范性，即便在承认个体癖好的意识形态中也是如此。① 多数社会和政治的意识形态都依赖这种同质化能力（参见 Eco 1976：155）。

一些文化意识形态寻求现代同质性的时间深度。它们表达了一种结

① 尤其是但不仅限于视觉领域中产生相似性问题的时候，在词语或文化的翻译中如此有效地加以处理的原文直译，就会更加易于不知不觉中出现在我们身上。（Beidelman，1980，1981；Crick，1976；Goldstein，1976；Willis，1980）。

构性怀旧的老一套做法：试图由现代文化的习惯表达和基因表现型重构完美的古典形式。它们借助世界腐败的看法，重建了原初文本（民俗学家所谓“古本”Urtexte），种族理念（如族群清洗和纳粹对种族纯洁的执迷）和民族艺术。它们在现代文化与古典文化之间建构了有关相似性（similarity）的主张——不完美但可以恢复。基本上根据历史在先性而对合法性提出的这些诉求，把理据建立在有关文化内容的字面理念之上——即可以用来建构历史延续性的词源学、考古学、基因学和民族学的材料。迄今为止，依赖象似性原则的这类意识形态话语基本没有得到详细分析，这个事实本身表明“隐入幕后”（backgrounding）是何等有效。因为相似性看起来是自然的，对象似性投射的挑战，让那些已经学会接受它们的人深感不安。就是这样，相似性得以永存。

三十多年前，翁贝托·艾柯（Umberto Eco，1976：190－217）对象似性的概念进行了严厉批评。他的意见很简单：象似性是它自身逻辑的牺牲品，太多东西被合并在单一的标签下，而被它所包含的多种现象并不能有效地理解为都是同样的东西。如果我们认真对待艾柯本人要求把指号学分析作为社会批评的呼吁，他的反对意见（objection）就需要回答这个重要问题：为何同一性（sameness）的假设对于意识形态目的如此重要？说这是不言而喻的，那就等于向常识之说的象似性逻辑缴械：是谁认为这种观念必须是常识性的或（普世性地）可感知的？这些主张的动机又是什么？这是民族主义者惯常的言论：他们坚持认为与族群纯洁有关的基本相似性是毋庸置疑的；对于平等社群——更亲昵的知识可以揭露其被遮掩的不平等——的辩护，就是否认无论在观点、道德素质或经济地位方面存在任何差异。

所以我们不禁要问，创造意识形态和使用相似性是否有助于形成单一现象。例如，如果种族和语言特征是被视为在地理或历史的分布中是同形异构的，我们自己在观念上把这种方法论作为种族主义而加以反对的时候，不应该忽视它作为话语形式的内在意义。（这正是我在本书其他地方提出的论点：坚持强调认真对待各种刻板印象——无论我们如何不与之苟同——的重要性。）

然而，我们应当寻求对这些程序的运用提出批评性问题。拥护一种既定意识形态的辩护士为何把这些分布看作是同形异构的？这种处理究竟有多大的说服力？主流制度的批评者们是否拆解了象似特征束（iconic bundle）？他们发现了什么？19世纪初在辩论中支持或反对某种民族统一的人（参见 Herzfeld 1982a：77），在某场辩论中无论主要辩手站在哪一边，都将种族与民族志形式的证据合并起来。他们全部落入同样的概念陷阱。但是，若否认他们都曾为象似性辩论，那就无法理解为什么事后证明有关文化同质性的共有假设如此持久地存在。

有关象似性的最普遍谬论之一是它必须是可视的（参见 Sebeok，1979：117）。出于同样的原因，分类也经常被假设为非语言莫属。虽然动物没有语言，但显然具有分类的能力；显然坚持人类要完全依靠语言来满足分类需求是荒谬的。因此，正如贡布里希（1961：101—104，178）写到的"视觉分类"，我们也可以转换成对于视觉象似性和其他相应非语言现象的认识。比如说，气味成为关子族群和阶级刻板印象的共同根据，这不仅限于北美和西欧的精英文化（Classen 1993：7—10，102）。

语言象似性分别在共时或历时性方面，通常被作为民间词源学和哲学或学术的语源学对待。如同鲍林杰（Bolinger 1975：406）把民俗词源学特征描述成为"某种听觉用词错误（auditory malapropism）"，它和与它对应的学术词源学被进一步区分开来，基本上作为无意识错误表达而被打入冷宫。这种优先考虑学者视角的区分遭到严厉批评（Ardener 1971b：224）。好比神话和历史之间人为的区分（参见 Drummond 1981；Feely-Harnik 1978；Hill 1988；Lévi-Strauss 1962），它有些学术特权的意味：实际上"民间词源学"可能是从权势压迫者那里夺取意识形态控制的方式，也许为此目的甚至不惜利用压迫者的文化逻辑。盗畜贼不服法律，说他的社区“双肩”（two shoulders）——言下之意，与那些自以为是的国家代理人相比，他作为社区局内人拥有更多丰富的知识来源——担负着社会理解的重任，很难由此看出他是无知的。

俗词源学和学术词源学的区分近似于历史和神话的区分，都含有同样的政治寓意。这两种区隔均基于精英垄断真理的要求。此外，我们从这两种区隔中可以发现学者们倾向于在被观察者中看到基本相似（本土人看上去都一样，有同样的抱怨，有典型的行为），与此同时又在被观察者和观察者之间伪造殊异。这是学者根据意识形态利用象似性的最佳例证，很到位。

词源学与确认

此刻，我关心的是更为久远的例子。时间的流逝使它们显得更容易接受批判性分析。化约的因素——甚至喜剧式夸张的因素——那种时间上的距离，使保持幕后隐藏以发生效用的该问题的某些方面显露于前台。我刚刚提到了词源学。这是有关语言象似性的常用术语；它服务于意识形态目的的效用早已为人所知和利用。具有讽刺意味的是，尤其詹巴蒂斯塔·维柯的作品——对于他来说，词源学的优美之处就在于可用来为既定“真理”——这些“真理”在意大利（Cocchiara 1952：176—177，239，278—282）、希腊（Herzfeld 1981，1982a）以及其他地方，培育了整个一代受意识形态驱使的词源学家——找麻烦（discommode）。这一代词源学家坚持认为有关文化认同的字面真理，可以从词源学和其他民族志证据耙梳得到，这与维柯自己关于真理之建构本质的著名格言形成奇异对照。随着本世纪索绪尔语言学的出现，语言词源学即使有所复活，在某种程度上变得声名狼藉（参见 Lehmann 1975：12－13，18－19）。相反，非语言文化形式的词源学学术生产从未衰落过，在那些出于政治需要积极鼓励民俗学研究的国家中尤其如此。它通常不叫词源学；它游离于那种学术上过时的历史语言学之外，因而免遭后者的厄运；而它与权势群体的瓜葛，使它相对免遭公开批评。

对研究民族主义的学者而言，官方许可的象似性使用极有研究价值，因为文化延续性不断被用来为领土主张的首要合理性服务。即便直接政治利益不一定能够解释具体解释框架，意识形态的考虑可能仍然在起作用。比如，旧有文化变迁可能被明确承认，却要按照主流文化道德观来解读。因此，有些证据显示，早期的英国考古学家倾向于把英国考古学记录中文化变迁的所有证据归因于“入侵”，这显然符合不情愿把不列颠群岛看作是任何种类的审美创新中心的普遍心态（Clark 1966）。显然，这种事与自称盎格鲁-撒克逊的那些人不大合拍；他们的学术本土主义——在学术话语层面运行的一种文化亲昵形式——更偏好脚踏实地的常识，而非外国人的艺术天赋。现时需要让历史和民族学的事实变得重要；随着视角转变，过去也跟着变（Collingwood 1965：138 - 39；参见 Buttitta 1971：10）。

史学是一个令人不安的老师，因为它表明现时需要可能不会如他们的主人公所相信的那样永恒不变或几乎永恒不变。我们讨论“过去”这件事表明，我们和前人一样都在探索物象化的确定性。容易看得出，柯林武德（1965：127）所描述的对于学者和民族提出的归属要求的维柯式“系统性怀疑”，如何可以在短暂的时间段里转化为系统性的民族主义教条。加之，当这些教条与政治利益挂钩时，重新批判的热情会迅速消退。在那些和其他民族国家有领土纠纷并由此产生某种内部团结的国家，不管是地理还是时间的文化连续性表征，都不容易被解构分析。分享文化亲昵会带来风险；当事实有利于自己的论据时，为何要发起本质上属于对真实性本身的批判？（沃利斯［1975：18］温和地谴责说，“不是所有学者都意识到相似性……也是指号”；他的话也可以延伸到这类指号的消费者身上来，而且在学者们自己既生产又消费这些相似性［resemblances］的个案中，特别能说明问题。）

文化研究者们对关联过去的具体文化分布常有分歧。他们也常常不愿面对这种关联借以存在的相似性的随机特质。适用于此的学科门类数量庞杂，包括词源学、关于文化的进化和发展主义的理论、所谓的文化区域研究、考古分布图制作、口述传统的原始文本模型以及各种形式的人类学播化论和比较主义。总之，“同一性”和“相似性”实际上被给予首要资料的地位，它们本身并没有值得研究的问题。确实，现在有迹象表明，人类学与历史研究的所有分支学科正在对此做出重要修正，但先前的趋势当然也没有就此停止。

至少存在一个有力的假设：许多这类被称为相似性的东西，可以拆解它们而非使之永久化，这样才更有益处。可能比被保留要更为有利。总的说来，任何分类系统在分解的那一刻其价值的最大，甚至比它构成之时的价值还要大。此刻我们可以窥视到令学术研究本身流行起来的历史脉络。[①] 例如，有人可能会猜测 20 世纪初产生播化论的部分缘由，是希望从考古记录再现带有某种帝国商业主义味道的东西，正如最有声望的英国大学教育长期坚持在培养造就皇家领导层的时候，把学习古典文学放在第一位（Symonds 1986：31－34）。由于缺乏对古代事件的任何亲身认知（Collingwood 1965：136；Goldstein 1976：125－128），学者们便反过来在考古记录中建构其直接亲身经验的象似符——象似关系是完全交互或可逆转的（Sebeok 1979：118－120）。[②]

---

① 正如哈姆内特（1967：387）关于谜语的讨论，揭示了分类的具体化阻碍了对所有话语模式的深入理解。根据高德斯坦（1976）的术语学研究，学科由知识实践构成。

② 虽然我发现在这里使用“可逆性”一词很方便，但不应与通常人类学式的发现（类似“象征倒置”）混淆在一起，如巴布考克（1978）的书里提到的。

只有当知识被授予绝对权威——本身植根于特殊社会历史脉络的学术叙事声称拥有决定性地位时，我们才可以无纠结地同意布蒂塔（Buttitta 1971：10）关于“求知就是让它变形”的宣言。正如社会诗学的概念可以帮助我们理解在一个特定社会中，规则如何凭借自己在社会展演中富有创意的形变而得到理解，这一评估表明，或许可以以最严厉的批评眼光把权威知识看作一种奥斯汀式操演：利用具有文化效果的创意话语制造真实性。皮尔士（1. 384）呼吁“摧毁性蒸馏”（destructive distillation），认识到知识的这个方面，即一个封闭分类系统的知识荒芜（参见汉德勒，1985）。任何对历史事件的重新认知，必须承受分类系统的严格限制，否则我们根本无从知晓。同样，对此认知的认知会竭力反对分类系统自身成为实体化材料的倾向。

对于持有族群或民族认同的专制主义意识形态的那些人来说，这些洞见是极其危险的。概念地图的牢固边界符合封闭而严格划定的政治边境。这就解释了从领土完整出发，作为象似符的地图为何如此重要。作为这种考量的充分证据，19 世纪中叶的欧洲政治领导人非常鼓励官方民族学。请看希腊民族主义民俗学家斯蒂彭·科利阿基忒斯（Stilpon Kyriakideis）较晚些出版的有关冷战的著作《古希腊文化的北部民族学边界》（*The Northern Ethnological Boundaries of Hellenism*，1955），书中用图标将亲斯拉夫者标示为共产党人，进一步增强了领土地图的效果，反之亦然。这些设置与我们所认为的各自独立的分析性认同领域融为一体。通过对若干彼此强化的图标作周密排列，受意识形态化驱动的学者生产出符合其文化理论的多维图像。这是极端民族主义和极权主义的提倡者拼命反对人类学家坚持把基因和文化区分开来的一个原因。

但是，近代更加明显的操纵性例子，不应让我们去假设这些交融总是或必然是带有恶意的。19 世纪的人类学思考没有表明每次都要区分种族和文化的责任和必要；将两者融为一体的可怕后果，只是在我们这个世纪才变得显而易见。非专业话语对接受这个视角转变一直比较迟缓，这并不奇怪。此外，对清晰定义的诉求是如此强烈，常常使人愿意接受任何产生出这种效果的东西。最后，当来自这两个领域的证据看起来交汇时，分类系统的强制性会经常表现为选择它是最有道理的。

用语言表述基因-文化区分可能比用其他方法更加容易。使用视觉象似性常起到相反的作用。此处我们置身于非语言学的分类系统中。J. C. 劳森（1910）的现代重印本《希腊民间宗教的遗存研究》（1964）的扉页，将一个牧羊人的古代浅浮雕与一个来自阿拉霍瓦德的现代牧羊人照片并置在一起。面部特征、职业站姿和神秘微笑，就被这样放置在一起，作为文化延续性的视觉表现成分，这种延续性也许不需要进一步说明——除非我们把本书主要文本也算进来。事实上，有一个标题声称这个并置“将古代的雕塑复活，*不知不觉*中给人们展示了希腊古代生活与现代生活之间的许多相似性”（强调是我加的）。这个标题本身有一定的说服力，而实际上即便没有这个标题该视觉表现也会很有效。这里对无意识——“不知不觉”——关联的强调是一种启示：象似性事关不证自明。语言陈述本身突出了象似关系的指号性质，但也因此带来风险，即有人会像我一样质疑其假设。

不过，人们出于对一个具体分类系统的忠诚，常常强烈地抵制这类侵蚀性批判。那位首席传播论主义者格拉夫顿·艾略特·史密斯（Grafton Elliot Smith）声称在帕伦克玛雅废墟上发现一尊大象石雕：“谨慎的学者们，这是真的，对这尊大象不置可否，转弯抹角地说这个动物画可能画的是貘……但史密斯仅对他们报以嘲笑。”（Ceram，1957－1958；322－323）在这一个案中，视觉分类显然对史密斯有吸引力，它远比任何语言证据都更有力。我们不应忘记，对不同于正统播化论的观点予以轻蔑否定，时值不列颠贸易霸权达到巅峰，如我所说，播化论本身就是这个霸权颇有说服力的象似符。这个具有轻蔑意味的观点与英国顶峰时期商业霸权下的正统传播论不同，如我所言，其中传播论本身就是具有明显说服力的象似符。

在民族主义中，文化关系的象似性的要求，同样把相似性混同于身份认同。按照人们的理解，关于古代文化与现代文化之间关联的考古学和民族志证据指向本质同一性，这就解释了当人们怀疑希腊这样的新兴脆弱国家的古老时——尤其当这些怀疑来自决定希腊生死存亡的西欧国家时，希腊的民族利益似乎就受到了如此可怕的威胁；这也解释了要说明文化延续可能伴随文化中断的任何企图，一般都会引起无休止的狂怒。被推测的古今一致性由此反射到材料上，而相似性本身就被想当然地认定为约定俗成；它的偶然性质被遮蔽起来。不过自相矛盾的是，相似性依赖可能的差异性；古今活态延续同样依赖可能伴随发生的变化。这种效果与死亡隐喻（dead metaphor）的效果相同，它来源于令任何有效隐喻发生作用的张力的丧失（参见 Richards，1936）。[①] 通常存在着恢复那种张力——为陈旧隐喻注入新义——的可能性。所以，相似性和身份认同之间的混淆复制了隐喻和本义之间的混淆。象似性和隐喻一样，必须以相等性的潜在缺乏（absence）为前提。若非如此，所有象似关系不过就是同义反复；相反，总会存在这样一种风险：象似性遮掩的有关差异的文化亲昵性会被局外人揭露出来。相比之下，专制主义意识形态会要求学术确认文化要求和领土要求建立其上的象似性是合法的，要求它粉饰分类系统中现代民族与其祖先之间据称无可辩驳的同一性。在这个意义上，延续性实际更像是一种计时形式——尤其把它作为自己的时间来计算。

被如此构思出来的象似性的核心悖论，自身总有自我消解的潜在苗头。人们很清楚自己不是古日耳曼人或古阿兹特克人。这解释了为什么

---

① 这正是夏皮罗（1976，参见 Shapiro 1980）书中所指的“等级制度”。

我们自己不变成拘泥词义者就不能干脆说民族主义意识形态是虚假的：参与这种辩论是典型的阳春白雪式理论说明，不理睬普通百姓说什么和他们的意思是什么。认为某个特定民族国家的所有公民都完全同意文化延续性的本质，就是压制无数民众和个人的主体性。

尽管如此，象似性仍是一个强有力的工具；其使用原则如爱伦·坡小说《失窃的信》：它在那里是有目共睹的，所以没有任何掠夺式评论家（或“历史的小偷”，如许多民族主义者所说）会怀疑它的存在。对文字的使用揭示了这种自相矛盾是如何以极其明了的方式得以维持的。文字类型被用来影射对早期更强大的政体的继承（Morison 1972；Wallis 1975：61－63，76）。举一个相关例子：最后一任希腊国王，康斯坦丁十三世，采用了拜占庭帝国而非希腊本国的排序号（按照希腊的排序也可以是康斯坦丁二世）。在他统治期间发行的硬币刻有拜占庭字母，而不是他的父亲保罗和曾经限制他后来在他反抗时干脆把他换掉的军政府所使用的古典字母。这两种模式都向后追溯历史辉煌，而现代政体声称与之有着某种程度的延续性。怀有同样意图的文化研究者可能会把早期和现代的器物并置起来，以便对有关文化延续的性质加以解读，与此同时，这些硬币的设计者们利用暗示手段获得了大致相同的效果。由于暗示是间接的，人们不愿对它做批评和剖析。

暗示和直接并置（juxtaposition）都揭示了这种自相矛盾——它使象似性成为对此处讨论的那种意识形态如此有用的工具：将至少两项措辞并置起来进行比较，这种并置从逻辑上否定了同一性。它陈述了在字面意义上无法解决的一个矛盾：任何文化同质性的主张背后都隐藏着差异性和同一性之间的张力，从而使这种主张有最终走向瓦解的潜在可能。正统理论家用有基于刚性分类系统的辞令，将这个矛盾遮掩起来加以控制。此处，民族主义民族学的倡导者们遵循了一个熟悉的模式：“国王死了。国王万岁！”

所有这些手段都是强烈的施行言说（performative utterances）：它们把在某种意义上大概不可能存在的状况，重组为另外一个意义上的基本真理。它们属于范围更大的那一类手段——表面上将一个属性的比喻特征做低调处理（“某某真是一条鲨鱼［shark，狡诈之徒］”）。就像否定鲨鱼的真实存在是犯傻一样，我们简单否定文化意识形态的要求，说它是虚假的，这毫无用处。它们的有效性取决于汉森（Hanson 1979）提出的“双重偶然性”（double contingency）：双重中的一重存在于意识形态自身在其中得到形式化表述的证据规则之中。

像所有的施行句手法（performatives）一样，这类手段获得了不同程度的成功。纳粹分子对德国民间传说的利用现在看起来是荒谬的，因为它涉及让故事脱离它们的地方背景（Kamenetsky 1977：178）：事实上，理想化的过去和被经历的当下之间的张力，在外部压力和军事-政治失败的双重压力下，积蓄到一触即发的状态。对外国观察者来说，早在战争爆发前让他们只信不问的要求有时变得非常过分，特别是在考古学领域，他们也受到来自德国学者的挑战（Clark 1939：201－206）。然而，对于广大民众来说，他们被嵌入有关血缘意识形态和圣诞习俗异教起源的“印欧”文化的消极重构中（Gajek，1990）。原型总是以怀旧的方式创造出来的，尽管有时诡计多端的评论家会当场戳穿正统理论家。

在更为普遍的意义上，我们可以说这类象似性对应的修辞性力量在于它们以某种方式被视为自然。自然符号的概念本身是自相矛盾的公式化表述，这并没有阻止它在文化分析中不断增长的重要性（例如参见Douglas，1970，1973：11－12；Foucault 1966）。一旦文化秩序可以被表征为自然秩序的一部分，从道德上拒绝不合拍的个案就成为理所当然，它在学术文献中的反映，就是常常对这类主题的否定态度：如种族通婚、文化与文本的堕落和统计学上的少数族群。尤其少数族群似乎成为象征污染（Herzfeld 1992a：31）。当然，不是所有的学者都接受官方立场，但是学者们通过他们对文化概念形成的权威操控，在现代民族主义发展中无疑扮演了重要角色。不止如此，他们在某种意义上是将文化材料转化为自然真理的能动者。

不是所有为民族主义目的服务的考古学和民俗学都主要取决于象似关系。地理分布同样是一个关键因素，它有时足以证明和揭示，在一个特定区域的连续居住可以令人信服地成为提出领土要求的根据。相关的剩余材料有一定困难，比如词源学数据的缺乏。① 古代遗迹的直接恢复作为民族主义者主张的基础在一个重要之处不同于对象似性的诉求；它是基于对任何文化差异认知和变迁的缺失。这解释了为何 19 世纪存在主义文学中大量的考古学隐喻创造了强有力的写实主义风格的印象（参见霍斯 1936）。然而分配学研究中的很多情况是依赖于相似性（resemblances）的而非纯粹依靠现场（insitu）幸存的器物材料。我们已经注意到与文化证据结合的基因数据的使用；近年来当人类学家和考古学家批评这种合时，他们在诸如新闻学和政治修辞等其他话语领域中的存在才变得显著。建立在不同的象似标准基础上的分配通过彼此之间相互加强来表述文化差异性的意义：“从一头（语言）开始终于另一头（空间关系）……两处之间的边界可能是一面城墙或一条立法，建筑材料或方言的分裂。”（Preziosi 1979：59）——或者，我们可以加一句，讨论地创造了文化或“种族”的差异。

---

① 确实，对维柯早期的这一点批评有些不公正（参见 Battistini 1975：103），似乎他没有取悦一些民族主义统一者以获得对这部后面引用的作品的政治支持。学者们使用“世界遗迹”的概念来标记政治文化边界，最终持久地证明了这些人为的领土权。参见尼斯贝特（1969：100）；赫兹菲尔德（1982a：10—11）。

一 些 说 明

此刻，我考虑了一些特殊文化词源学的案例。从什么可以表述为流俗词源学的例子开始，我的目标是证明它的史实性同文化意识形态生产的文化主张的很多方面基本上相同。它是肯尼亚伊特索人（Iteso）的文化溯源的一部分："他们称他们是从南部移民过来的卡拉莫琼（Karimojong）部落的成员。落后的卡拉莫琼人告诉即将继续前行的年轻男子他们已将接近坟墓，即死亡（atesin），因此，这些年轻人就成为伊特索人。留在卡拉莫琼的人被称为'疲惫的老人'（Ikarimojong）（卡普，1978：16）"。

因为这一类的陈述是口头性的，其在文字史脉络中的有效性则特别脆弱。但是，伊特索的案例显示出言语象似性不只是文字文化才有的。词源学提供了很多起源神话的差异性特点的简洁案例（参见 Drummond，1981），并且用完全不同于我们在 19 世纪欧洲民族主义所遭遇的方式，他们合法化了文化的道德边界。

甚至在欧洲，十九世纪欧洲的民族主义也不是利用言语象似性的第一种意识形态。因此，比如我们知道罗马人利用当地安纳托利亚神的名字的词源学，Men（太阳神），目的在于将神的故乡和意大利的领土之间因包含了安纳托利亚地名的很多同音异义词而合并起来（Lane 1975：239）："对太阳神的崇拜看起来有意被小亚细亚的罗马统治者培养成一种凝聚力，通过使用充满传奇的命名和对文字相似性的灵活利用，一种神学被有意创造出来。强调太阳神崇拜，作为安纳托利亚人主体和他们的意大利主人之间想象的种族关系的不可分割的部分。"人们看到 20 世纪意大利人主张地中海作为 Mare Nostrum（我们的海）的明显期待——这一主张是同时具有地理学和历时性的——意大利人的对科西嘉和马耳他文化作为意大利本质的重新认知（参见西蒙尼，1978：553）。这里有一个重要的差异是古代的主张是以将神的显现与特殊地名相联系起来为基础，而基督教的普世一神论却将这一主张的特殊之处排除在外。另一方面，法西斯现代文化学吸收了更广泛的文化特质。

意大利的墨索里尼政府的学术和意识形态之间的联系被大量证明政府用于支持指定的民族学期刊《拉列斯》（*Lares*）（Simeone 1978：549）。当时，意大利文化的统一体还未稳固建立；公认地，那一事件后的几年里意大利民族特点被广泛地视为政治统一的结果而非促成因素（Moss，1979：483；Simeone 1978：545）。意大利人，换句话说，希望在他们早已实现的政治实体形象中塑造一个文化统一体。有些和在欧洲或其他地方发生的进程类似，尽管已遭到民族主义的复活形式的抵抗，已建立起来的政府反而将之轻蔑地视为“地方主义”（参见 Nadel - Klein，1991）。

意大利民族的统一体因此设想成可以在数不尽的大众文化展品中被再生产。虽然没有任何民族志展示可以免于这样或那样的意识形态的暗示（Buttitta 1971：161—164），但法西斯政权仍在文体中看到特殊的机会。据认为，艺术创造力和个体主义不会破坏基本的统一，反而塑造了伟大的民众天赋——“何处，涌现出令意大利为她的过去而骄傲的所有的美丽。因此，不论它［如，意大利］是否被分裂为不同的国家、彼此间缺乏沟通及教育，还是当今的举国紧密团结与统一，都正在变得进步与文明”（Bona 1940：476）。这种统一出现在政权支持下的丰富展品中：“第一次，手工艺品的展示同大众艺术的是相关联的，因此，创造一种美与生活的综合体巧妙地解释了这一法西斯主义时代的精神。”（同上）

在上述的例子中，我们看到在意识形态的统一体建设中两种截然不同的象似性用方法。一种展示了人工制品种类中的同质性。另一种，更为简要或结构化，展示了一件展品的组织与其所要表达的理念形式之间产生的相似之处。正如19世纪博物馆的陈列好似进化论的复制品一般，所以意大利墨索里尼政府的法西斯主义展品被设计作为民族统一体的形象。先前对于思想家达泽利奥（D'Azeglio）的理解，将意大利政体的创造视为领先于真正民族意识和身份的创造，这种观点现在被逆转："这些数百年来在意大利每个地区总是相互继承的母题不再代表……地方品味的判断，但是……应被考虑为优于政治统一体的民族统一体的确切符号，作为民族统一体的阐释。"（Bertarelli 1938：31）。所讨论的族群统一体问题，通过利用民俗图像学的证据在它的政治相似物的形象中形成。这里，我所描述的两种象似性的使用是明确相关联的。

为文化亲昵辩护：象似性、修辞、文化认同

如我们大致所见，在"相似性"（similarity）标题下涵盖的各种现象包括主要几种类型：语言，物质产品，基因遗传，等等（Eco 1976：192-200）。文化里存在纯粹的象似性吗？我们应该重新修饰定义并从另一种全新的视角探索这一问题。但在实践中，如皮尔士似乎认识到的那样：这种纯粹性在人类话语特点中是罕见的（参见 Sebeok 1979：113）。有关纯象似性的幻觉，从另一方面讲，是我们一直在考虑的各种意识形态表述中的首要修辞手段：因为事实上所有的民族主义的中心思考都围绕着纯粹和污染的主题，他们将家屋内部的象征主义提升到国家民族本质的层面。

我在本章始终关注象似性的前提如何被运用及其效用。此外，认同与相似性如此容易彼此混淆，遮蔽了指号过程本身，便于支持民族主义意识形态所需要的自我实现的论据，即那些建立在对称象似性之上的论据。在前浪漫主义意义观转向中，自然指号作为指号现象越来越不明显（Foucault 1966：75-76），为有关民族权力的宣言带上自然法的力量做了铺垫。

当下出现的意识形态之争，属于不同真理观的对阵。因此，希腊民俗学家会说保加利亚人没有自己的民族史诗，不过是抄袭了希腊的史诗而已（如 Megas 1946）；另一方面，对一些保加利亚人而言，马其顿是“在传说时代曾经是希腊式行省”（Slavenkoff 1904：41）。争论似乎在一个世纪后达到高潮。这是以族源为名义进行的领土之争，其根据是相似性或者非相似性。它们将个殊利益自然化，好让不同意见显得荒谬可笑，从而为文化亲昵提供了有效辩护。

人们总是要诉诸文化词源学，即诉诸于被认可、被设计的象似性，它被重新打造成无可争议的事实；相反，为这种复制赋予意识形态意义的逻辑原则、特殊诉求和预设，都被遮蔽起来。A 文化像 B 文化并不一定意味着 B 土地的拥有者要拥有 A 土地。但是这种领土收复主义话语的预设，恰恰就是我们可称之为词源学诉诸的道理所在，其势头会被批评性剖析所消解。

这些论点的奇特说服力源自结构性相似，回想起《野性的思维》（Lévi-Strauss 1962）中提到的转换生成集（transformational sets）：B 文化和 A 文化的关系就如同原初形式和衍生形式的关系。所以，巴尔干王室是否属于希腊之争（例如 Megas 1951），就是在更加广阔的巴尔干脉络下希腊人自己是否属于衍生或原生之争。文化器物成为“思考”我族与他者之分的好抓手。一旦我们接受什么是确定无疑属于希腊、保加利亚或其他等等的说法，我们就被原本要努力分析的辞令所套牢。隐喻，对我们来说不再有用。

对象似性的修辞性利用远远超出民族主义本身。但是民族主义民俗学提供的范式用丰富的细节说明无论是否用言语阐释，分类的象似性基础如何有效地被应用于修辞目的。这种修辞的力量源自多种因素的综合：象似关系的可逆性、符号学装饰的背景、由此产生的认同与象似性的合流、来自一致性证据的魅力、与词源学相呼应的历史隐喻把流行话语和学术话语汇合起来。象似性的异质性恰恰迎合了意识形态的简化需要：简化了关于族群的令人尴尬、复杂混乱的事实以及其他种类的内在多样性，而这些都支撑着有关同质性的乏味断言。我们决不能因为它过于简单、不能起到遮蔽作用而拒绝之；相反，我们应当把它看作是研究政治修辞的至关重要的概念。这是为文化亲昵之秘密辩护的主要立场。

第五章　隐喻的危险：从波涛汹涌到热血沸腾

（特日乐　译）

国家和隐喻

Roger Just 曾在其一篇极其重要的文章《族群的胜利》（1989）中提到希腊在民族主义上取得的非凡成就，便是在过去的一个半世纪里，通过压制一度丰富多彩的族群马赛克（ethnic mosaic），发展单一文化社会（另见 Anderomedas 1976）。他对这个信息的简约及其彻底成功表示惊讶：希腊血统（ellinikoema）的统合导致各色社会群体的形成，其作用几乎压倒所有其他身份标准。如果说族群的巨大成功现在看似不证自明，但这并非一直如此。在独立斗争前夕，这甚至看起来像是一个相当模棱两可的主张。但是，血统是引人注目的符号：的确，正如我们从其他社会所获知的那样（例如，Sobo 1993：77），基于共同血缘的团结观念，即便在人们实际上明知彼此间绝无亲族关系但又希望权当如此行事的那些亲昵层面上，也会发生作用。

这个非常短小的章节引入了对民族主义问题的若干更加细致的分析，我将从 Just 如此精准点明的非凡成功的故事说起。我曾在别处谈及形成希腊民族国家的逻辑与持久存在的地方主义意识形态完美相容（Herzfeld 1987：157）。民族国家主义和地方主义通常被描绘成势若水火，且理由充分；巴斯克人的西班牙起义和身陷痛苦深渊的北爱尔兰，都让人具象地领教国家当局的遭遇——地方主义情绪会以宗教殉难或文化殉难的形式引发暴力冲突。现在希腊表现出高度的同质性，这对于一个以族群冲突频发而臭名昭著的地区来说，可不是一件小事。希腊族群关系成功实现稳定，这的确是了不起的成就。

部分上根据与巴尔干邻国的比较，我认为希腊人的族群胜利事实上可能属于幻觉。事实上，国家在孤注一掷，甘冒成为自我修辞牺牲品的危险；它没有接受某种程度的政治相对性（“裂分”）大概难以避免，凝聚国家的血缘隐喻同样具有血亲复仇逻辑的强大根基，拒绝承认地方主义情感的极端对抗观点预设（从而产生）了一种对等感，从而也预设了分离主义情感的缘由。可以想象，欧盟成员身份和外来人口加速移入（如意大利），可能强化而不是平息潜在的冲突。

这不再是个希腊人对少数群体的问题：无论统计数据如何，少数群体起码在道德意义上没有必要把自己想成这个样子（Ardener 1978）。至少有一个重要人群阿瓦奈特人（Arvanites），明确表示愿意在希腊的文化和历史中拥有自己的角色，而不是强调差异和疏离（Gefou-Madianou 1999）。毋宁说，现在是大致对等的族群实体之间的较量。由于旧有的相对格局不复存在，国家不能容忍文化实体宣称拥有不同于主流多数群体的族群认同。缘何如此，值得我们深思。

自相矛盾的是，使立场强硬起来的促成条件之一，是民族国家主义话语中长期存在的国家最痛恨的地方主义特征本身：忠于家庭，把它作为团结的核心，可以造成大规模暴力冲突的父系意识形态及血统凝聚力。作为典型的扩张性隐喻操演，国家征用了亲属制语言，认为家族主义利益不利于民族大家庭。民族国家主义的倾向对国家的普通家庭是不利的。但是在一个家庭观念仍十分强烈的国家（国家也的确认识到这一点）），这个策略容易适得其反：某些家庭成员，尤其身份存在争议的那些家庭成员，以外人自居。它制造了自己反对自己的手段。举一个显著的例子：不用找远的例子，就说巴勒斯坦敢死队（fedayin）——显然让人回想起在二战版《出埃及记》把一船巴勒斯坦流亡者运送到海法港的那一刻：以色列当局突然发现自己与其前任英国托管当局扮演着同样的国际角色。

不过，这些思考的目的不是重温业已深入探讨过的领域。相反，我专门聚焦希腊个案，概略描述作为民族主义特色的较真的国家认同可能造成的后果。这是因为希腊将族群认同归化为国家认同，不过是全球范围内民族主义取得较大成效的一个例子。它在某种意义上是由语言本身造成的极端例子。族群话语基于一个希腊语词根（ethnos），这个词在希腊语里实际上涵盖了有关国家地位（nationhood）和民族主义（nationalism）的全部术语。由此引起的语义合并不反映国际用法；希腊评论者也许在某种程度上已变成他们自己的语言意识形态的牺牲品。根据这个语言意识形态，希腊语在历史上的主导地位使其他语言中任何源于希腊语的语义讨论成为权威希腊语专家的事情。西欧和北美评论员成功说服希腊人相信这种主导地位，后又作茧自缚，因为他们现在知道，要让希腊外交家或其他评论员投身于建立具有国际透明度的术语，实际上是不可能的。

人类学一直以来在达成共识方面同样不大成功（见 Eriksen 1993；Li Causi 1995）。照搬字面意义和寻求某种特殊认同本质的倾向，有诱惑，也有误导。我在本章分析照搬字面意义的倾向，认为将国家认同视作周密隐喻远比视之为区隔手段更有效。尽管这一方法并不符合出于既得利益想维持民族国家现状的那些人的口味，但它的优点是把分析建立在对那些日常生活中最受直接影响者的实证研究之上。

譬如，可以把民族国家用来自我描述的整个家族主义话语，看作是公开而过分自信的隐喻。官方话语佯装厌恶包括隐喻在内的任何不精确的语言，因为这样的语言威胁到每个国家制度都在不同程度上必须依赖的语义极权控制。然而，词义照搬主义（literalism）为特定类别的修辞竞争提供了理据。如藤倚树，物以类聚。从而，族群自决（self-determination）的势头实际上可能是民族国家主义的副产品，两者被如此频繁地相互比较。国家意识形态要求人口统计精确，用来为其随后的切分奠定基础。

希腊之所以是一个极佳研究个案，恰恰因为它乍看上去是一个极不可能发生族群复兴的地方。在这个人口约一千万的小国中，希腊族群占居民的绝大多数。连续的人口交互流动（尤其1912年和保加利亚；1924年和土耳其）“净化”了这片地景。剩下的少数民族群体都很小。不过，在1990年代涉及马其顿和土耳其群体（根据他们自称）的事件告诉我们，人口不是最重要的检验标准。周边国家领土要求的威胁，经常被说成是令人警觉的原因。可能由于这个缘故，土耳其和马其顿少数族群成为希腊国家极力推行的同化工程的对象，也最不予以信任。然而其他群体，无论是族群还是宗教群体，都受到各种形式的歧视。例如，耶和华见证人教派（Jehovah's Witnesses）拒绝参军，使他们在军事上无关紧要；但这违背了本地人心目中的希腊民族自豪感，他们因此受到有时是严厉的法律制裁（见 Pollis 1987）。

存在的意象：作为隐喻的本质主义

坦拜亚（Tambiah 1989）警示我们注意，民族国家依靠有关其构成的基本隐喻，可能激怒相对丧失公民权的群体，尤其是“少数族群”，促使他们联合起来，组成完全类似的实体。虽然坦拜亚主要研究民族国家概念为何不足以描述最近爆发的暴力冲突，从而超越了安德森的（Anderson 1983）“想象的共同体”，但我想走得更远。我认为族群性本身不啻是个非常成问题的现象，或许只能在“显露”阶段或作为“风格”

才可以捕捉到（Royce 1982），但它也是作为社会物象化模型的民族国家地位——在其自我物象化（self-reification）的非凡倾向中——制造的产物。

我还想把希腊作为有限个案（根据希腊人自己的说法，少数族群太小了），指出由此呈现的亲属模型隐含的父系性质与暴力高度一致。因此，倘若我们今天在希腊看到族群自决略有涨势，这很大程度上既是外部压力也是国家本身制造族群的后果。加之，在希腊族群（ethnicity）和民族（nation）合并为*族群*（ethnos）一词，这个事实使问题愈加恶化。这使灾难的潜在性变得巨大，也确实让问题和严格意义上的人口规模不成比例。它也使希腊个案具有比较意义，同样有比较意义的是这个事实：希腊人对少数族群态度的反应，过度决定于东方学和欧洲中心主义的话语：共产党是斯拉夫人，因而不被看作是完全的欧洲人；大多数其他少数族群是非基督徒，代表来自东方的威胁，或者如吉卜赛人和耶和华见证派，无法定位，从而构成道格拉斯（Douglas 1966）所说的象征“污染”——“脱位之物”，这正是文化亲昵的本质所在。

不足为奇的是，民族主义意识形态竟会不断创造性地求助于隐喻，或者反过来说，他们竟会敌视有关隐喻对其话语至关重要的观点。至少从实用意义上说，这些立场绝非互相排斥。为了使这点更明确，并对其重要性做某种描述，我想简单地指涉罗伊德（G. E. R. Lloyd 1990）最近关于社会或文化之“心智”（mentality）的流行概念研究。

罗伊德质疑一个传统——主要源自吕西安·列维-布留尔，由许多人类学者，年鉴派历史学者，社会学者和心理学者加以细化，它用集体心理性格或心智（mentalité）来为整个文化定性。这些心智类型大致划分为“前逻辑”和“现代”两大类。罗伊德拒绝整个学说，其主要理由是：心智要产生作用，就必须在客观上是分离的，然而没有直接证据确保这一点。由于篇幅受限，我对罗伊德复杂论证不做详尽复述，但希望强调其中的两个方面。

首先，罗伊德提出，心理学推理允许我们用如此概括的方式划分世界文化，它更多反映我们自己的偏见，而较少展示非西方国家可观察到的普遍规律。这在部分上属于库珀（Kuper 1988）所说的原始社会的发明；这也成为受过教育的非专业人士在谈及世界文化时的共同特点。其次罗伊德指出，这类说法即认为原始人使用隐喻而其有教养的同时代人仅使用直白话语的基础，可以追溯到前古典和古典希腊法庭通过辩论掌控真理观。因此，被亚里士多德如此详尽讨论的关于隐喻和非隐喻性的抽象问题，具有争辩的根基——基于如民族志学者一再坚持的那种亦属于该地区现代社会特征的对抗关系（见 Peristiany 1965）。罗伊德顽皮地暗示，现代学术关于非隐喻性的争论也展现了基本相似的社会性质，个中原因显然可以在社会观念史中找到。所以，非隐喻和隐喻之间出现区别，其基础不在于普世真理，而在于型塑它的那些条件；它只有在社会创造的前提下才存在。

这些观点的第一条，即关于逻辑和前逻辑心智之间界线泾渭分明的观念贫困，直接关乎当今希腊和周边国家中民族主义话语的研究。希腊人关于希腊民族性格和本地区其他民族之间性格差异的讨论，经常唤出含混而激惹的概念 noötropia，它相当接近 mantalité。它可以便利地解释各类访客尤其是游客的怪异行为，也同样可以便利地解释为何对自豪和如此多的希腊人声称引以为荣的独立性坚持不懈、决不放弃。它描述了某种刻板成见的恶或善。因此，它没有分析价值。但遗憾的是，显然源自学术界的措辞分散了人们对它作为大众用语而极为流行这个现象的注意力。人类学忽略它，也许是感到难堪了：它试图描述文化的根基本身，却显然反倒成为多数人类学者避之不及的那一类普遍概括的载体，他们为此对自己学科的早期历史感到遗憾。

相反，我敦促大家以应有的严肃态度对待它——用民族志的方法。

换言之，我们不应该把它看作是用来研究民族差异的分析性建构，而是看作用来建构这些差异的造物和民族主义与学术之间关系的重要链接。

罗伊德的第二条观点涉及亚里士多德非隐喻主义历史和社会的起源，乍一看，它似乎与现代族群和国家之间对立的场景相去甚远。但是，我不这样认为：道理在于，就像罗伊德指出的那样，如果非隐喻与隐喻的区别确实作为话语争论而非内在逻辑属性出现，它作为有关领土和认同之争的显然有问题的基本维度，立刻变得更加易于理解。民族国家付出巨大努力来否认彼此的存在这一事实。在人类学早期对所谓“本质主义”的民族主义意识形态的讨论中，这是格尔兹指出的关键所在（1973：240—241）。它不仅是包括特殊民族心智在内的天生特性的归因，还把心理意向和经验现实合并起来。

本尼迪克特·安德森的观点在此处很适切。他的作品没有专门涉及民族主义学说中的隐喻特性，而是论及一个假想共同性的创造——常常在这样的断言中实现：“我总能从言谈举止等中认出我的同胞来。”——既是转喻（每个公民都是这个综合性全体的缩影）又是隐喻（每个公民都是这种民族性格或心智的一个版本）。如前一章所述，这也可解释相似性在构建民族凝聚力时所发挥的极端重要作用。

罗伊德讨论隐喻时有一个重要部分取决于这个事实：说某物是（或不是）一个隐喻，最终是近乎无意义的。结果就是被我们给所有实体贴标签的隐喻基础被推到了幕后。民族主义是一个物象化学说。根据它的通常要求，一个民族要么存在，要么不存在：根据这些铁定条件构成的现实，生成了其他具有类似秩序的对立现实（邻国、敌人、外部干扰），而经常以良性的集体解放为目标产生的象征性统一话语，这些旋即成为战斗的号角。现实取而代之，后果是灾难性的。

塞浦路斯的例子虽是个悲剧，却适于阐述这项进程；先于它的克里特岛的例子凸显了这个悲剧的特质。讲希腊语的基督教徒和穆斯林长期共同生活在这两个岛上，各自的宗教信仰将他们分开；但是，当地某些重要的仪式活动，在重要的节日欢宴等特殊场合下戏剧性公开展示中起作用的互惠纽带，将他们联结在一起。然而，1924 年克里特岛几乎所有的穆斯林人都被船只运往小亚细亚，而当下塞浦路斯“希腊人”和“土耳其人”之间愈发明显的“族群”分界线，阐明了身份认同转向族群性，由此转向民族性——除了破坏和死亡，这个进程几乎没有给地方社区带来什么，将当地的血亲复仇规则转变为民族“事业”（见 Loizos 1988）。

隐喻的运用也容易在极不相同的社会包容层次之间游移。正如我在别处所观察到的（Herzfeld 1985a），摆出乡村男子汉好斗姿态的克里特牧羊人，在适当情况下也可以兼顾家庭和民族的凝聚情感。我在本书及自己所有作品里提倡的方法有一个重要方面，它涉及存在于多个身份认同层面的并行现象。当我们研究一个乡村社区时，不用刻意声称任何典型性，我们不仅在研究这个社区；我们也要和其他几种重叠的或同心的、界限清晰的或模糊的、官方承认的或与官僚国家的社会价值背反的社会实体打交道。在希腊，举例来说，国家承认双边亲属制，但是当社会陷入血亲复仇的危机之后，父系亲属制就会凸显出来，对国家权威构成真正挑战，这是因为官方对民族的定义是按照默认的父系亲属制表述的。

社会身份认同层次中的平行现象必须用民族志方法来研究。它们通常不出现在官僚机构、政党或者国家媒体的官方声明中。尽管如此，我们若要理解国家寻求掌控其忠诚的那些人的观点，它们至关重要，让我来举一个例子（详见 Herzfeld 1985a：9—10）。一位年迈的克里特前牧羊人和一个前村长沉浸在反抗土耳其人和德国人的英雄传奇故事中，他们回忆 1866 年的阿卡迪修道院防御战，当时一些希腊村民和修道士在一场惨烈的战斗之后，被土耳其人逼到了角落，但他们宁可炸死自己也不投降。村庄里有几个男人在爆炸中丧命。老人典型地从自己父系亲属群的角度看这些事件，唱他的祖父和同名者在阿卡迪建立的功勋。巨大的情感共鸣，使他不禁潸然泪下。此时此刻，他是在颂扬亲人、本地人、克里特人还是希腊人的身份认同？唯有非隐喻主义者才会坚持，我们应该只选择一个层面身份认同，因为他的行为举止在所有层面都有共鸣。但是，这种同心圆忠诚的草图与民族国家意识形态的排外主义背道而驰。虽然老人或许会愿意认同国家理想，但他传达的信息却总是具有潜在的破坏性，因为它加大了这样一种可能：包容度较小的凝聚层面之一最终可能占上风，赢得更多直接依附。

或许，在克里特岛当局没什么好担心的。即使仍有这样的反抗出现，也通常代表希腊典型的英雄主义，散发着热爱独立的味道；山野里自由放纵的盗羊贼乐此不疲地开发利用这种民族主义话语。那么，其他地区不讲希腊语的人群又是怎样？

这个证据充其量是含混的。主要问题在于对此研究的首要工具是人口统计。不管对人口普查的准确性及其动机的偶尔质疑是否有事实根据，它作为工具促进了物象化。人们至少说一种或两种语言；人口统计无法记录瞬间语码转换的细微差别（见 Tsitsipis 1983）。他们必须登记一个官方的宗教；混淆当地宗教——穆斯林和基督徒共同礼拜在过去时有发生——现在是不允许的。简言之，人口统计不仅在本土层面对社会和文化动力的不确定性不敏感；它几乎肯定促成了这个物象化过程本身——只有它才能够准确登记。虽然希腊人口统计在这个方面与任何其他国家的如出一辙，但需要指出，诸如对马其顿少数族群的排斥之类的内在排斥，可能比斯科普里（Skopjie）或塞萨洛尼基（Thessaloniki）的宣传更加促成了该类别的产生。很可能，较之他处，我们可以从统计数据中更清楚地看到充满动能的矛盾，它让国家对自身的霸权形成最严峻的挑战。这种挑战产生于有关身份的官方用词和民众习语之间的互相依赖。

在这个时刻，我们有必要反躬自问，能够从前东欧集团国家最近发生的事件吸取什么样的教训。集权政权的倒台，导致紧随其后的令人不安的族群派性升温。反犹太主义的反复出现，对吉卜赛人的迫害，匈牙利和罗马尼亚之间为争夺特兰西瓦尼亚而产生的长期不和，动员起民众偏见，为侵犯性的新民族主义服务（Kligman 1990）。让局势发展到这一步的原因是什么？它们对表面上不同的希腊情景有何启示？

民主（或更恰当些说是“民主化”）并不一定等于更多宽容。相反，如 Kapferer（1988）用澳大利亚的例子（同见 Bottomley 与 Lechte 1990）表明的那样，以“多元文化”（multiculturalism）和“文化多样性”（cultural diversity）为名的宽容逻辑，可能会增强他者感，硬把民主平等的特权送交多数人群体。在澳大利亚，占多数的白人群体尤其抵制陌生人侵入他们具有高等象征地位的“兄弟之谊”（值得注意，是男性中心主义形象）。在希腊，热情背后模棱两可的用意（Herzfeld 1987b）表达了不平等，只有密友才能摆平；一个陌生人有义务（ipokhreomenos）始终维持这样的关系。

因此我们不必感到惊讶：保加利亚、罗马尼亚和前南斯拉夫联邦的民主化加剧了族群关系的紧张，加深了对于被剥夺公民权的少数群体的歧视。一方面，少数人群体尤其是犹太人经常受到指责，说他们站在旧政权一边。另一方面，在国际共产主义政权（罗马尼亚除外）治理下曾一度废止的排他性亲属群的说法现在重新复出，成为新排外主义的根据。血统语言重新出现，随后是真正发生屠杀的风险大大增加：在波斯尼亚，强奸、杀婴和谋杀的模式，重塑了带来可怕暴力的父系血亲复仇的逻辑，由此它作为最具毁灭性的外部力量，反过来不断袭扰当地社群，撕裂当地的情感纽带，造成无可挽回的敌对状态（参见 1995）。Bringa（1995：32－33）注意到，波斯尼亚穆斯林人徒劳地试图强调同教社群而非血统社群；血统辞令在本区域流传过于广泛，太容易被冷眼相向的西方利益集团——它们使后南斯拉夫族群民族主义得以持续——所领会，不会把自己长期占有的首要地位让给更和平的图景。“血浓于水”毕竟也是西欧人和北美人的共识。

父系亲属逻辑也以默认的方式存在于希腊民族主义话语中：Just 笔下的“希腊血统”就属于这样的惯用语。在此语境下需要记住，希腊人将血统视为极其灵活的符号：比如，兄弟间“沸腾的热血”使他们可以在久别重逢后互相热烈拥抱，但是在关系不好之后，也同样可以导致仇恨和杀戮——一般与土地纠纷有关（足够引起我们的研究兴趣）。在国家竞争中，由共同祖先继承下来的地界栅栏成为引发民族国家之间爆发战争的国际边界。

希腊民族出现在早期民族主义话语中，用父系集群 to genos（发音为 *yenos*）草草掩饰。该词是官方话语的造物，源于对古典雅典社会的浪漫解读，当地人可以用在国内许多地方暗含父系意义的 yenia 来解释它（Herzfeld 1983a，1985a）。希腊境外也极普遍地使用这类惯用语汇：例如，在前南斯拉夫，某些地方的父系亲属制甚至远远超过希腊最极端的例子（Boehm 1984；Hammel 1986；参见 Alexakis 1980；Cpirpicli 1985；Herzfeld 1985a），民族领导层伴随着血统和复仇的语言出现（参见 Boehm 1984）。罗马尼亚长期与希腊争夺巴尔干半岛古典遗存的衣钵（见 Campbell 1964：3－6），齐奥塞斯库政权采用了相似的父权辞令（Kligman 1990）。这些词也许源于土耳其语（见 Delaney 1995），但也与当地稳定的惯用法契合。无论如何，这些国家共有这个象征基础，记住这一点是重要的——这一特性以更加隐蔽的方式存在于自认为早已摆脱这种史前尴尬遗绪的西欧国家。

因此，血统的核心概念并非只存在于希腊人甚或巴尔干人当中——的确，它作为社会内聚的标志在印欧人和闪米特人文化中有着悠久的历史——但是它在有关希腊文化甚至领土遭遇存亡危机的认知中，似乎真的起到超乎寻常的突出作用。这在政府的鼓励生育政策（以官方支持多子家庭的形式）和针对流寓移民的反同化运动中，都显而易见。此外，在流寓移民中，它提供了一种吸引人的手段，似乎能用来超越对巴尔干返祖现象指责造成的偏见和障碍。据报道，美国前商务部部长助理Andrew Manatos 称："美国的希腊血统被稀释，其原因在于几乎有百分之九十的希腊裔美国人都与非希腊裔美国人结婚。这种婚姻模式是由这样一个事实造成：希腊裔美国人的希腊族群特征变得比较淡化。"（*Greek-American Herald*，12 December 1995，24）产生这种警觉的背景，是面对据认为是来自安卡拉与斯科普里的威胁，人们对希腊游说支持的减弱感到担忧。显然，血统的符号被转译成熟悉的词语——在现代美国亲属制意识形态和在古代欧洲世界都处于核心地位——表达对当今世界中希腊集体弱点的惧怕（Linke 1985；Schneider 1968）。

在美国和大多数西欧国家，这个意识形态的父系意蕴被完好地遮蔽。（不过可以参见 Delaney 1995）。在大多数巴尔干地区，这些更加聚焦的含义继续存在于地方层面的血亲复仇中（多数美国人意识到哈特菲尔德家族（the Hatfields）和麦科伊家族（the McCoys）有着不可弥补的过去。[①] 由于他们依然平凡可见，老练的政治活动家可以控制他们之间升级的族群冲突。这在波斯尼亚战火以及希腊和阿尔巴尼亚面对共同威胁明显转向至少象征性地表达团结一致中似乎扮演了重要角色，因为世仇关系既蕴含融合，也蕴含分裂。

我不想说希腊将面临大规模增加的族群暴力。那里的少数人族群在此意义上小到不足以构成威胁。问题更多在于，官方认为敌国政府或会利用生活在希腊国土上的少数人族群，推进复国主义目标。过去的历史已证明这种担心并非毫无根据，在面临重大对抗时，希腊不过分相信西方支持，这也许是对的。然而，少数群体代言人和政党的名声日增，官

---

① 《血仇》（*Hatfields & McCoys*）是由历史频道于 2012 年 5 月 28 日在美国发行的一部电视迷你剧，共三集。该剧根据真人真事改编，讲述美国哈特菲尔德家族和麦科伊家族之间的血腥争斗。——译者

方辞令中的民族排外主义的依然故我，这让政客和公众忧心忡忡。至少，他们认为民族国家的逻辑为自己提供了从内部产生不稳定的一个模型。Spicer（1992）的族群起源的对抗发展和巴尔干地区直接相关。一旦走上对抗的道路，这个过程将非常难以控制。

在这种语境下，聚焦血统的隐喻特征有哪些实际寓意？许多人类学家密切关注身份协商中对隐喻的使用（例如 Fernandez 1986；Sapir and Crocker 1977）。Fernandez 把隐喻看作对于初识主体表征的断定，认为理解人类性格这个主题是该手段最多瞄准的目标之一，[①] 如果他说得没错，在希腊语境下区分内外的流动界线是从隐语入手做探究的富矿。希腊人认识到政治话语的高度人格化（personification）。政治分析家把它和广大范围的现象——从强大的裙带关系（Campbell 1964；Kharalambis 1989；Legg 1969）到非常陌生的公民权利观念——联系起来（Pollis 1987）。根据媒体讨论中频频出现的评语，希腊人一贯认为政治事件背后有个人动机。这并不意味着他们一定相信这就是事实，但它确实表明由冒犯集体自豪感生成的团结隐喻，将有效激发情感反应。这显然是事实。

但是，隐喻概念本身在希腊语境中并非价值中立。Peter Mackridge（1985：348）请大家注意在希腊公共和书面的话语如何对隐语表现出敌意。经常给可能大大偏离原义的东西打引号是常见的文体特征，而报纸倾向于使用近乎消失且无大害的老套隐喻。对指称性（referentiality）概念本身的这种袒护，准确呼应了民族国家对自己的文化主张无把握的担忧。国家本身是反隐喻的体现——也许希腊比其他地方更加如此，从启

① 由于这段文字不好理解，在赫兹菲尔德教授帮助下，作如下解释：Fernandez 认为隐喻一种澄清模糊事物的手段，还认为人的性格是最难理解的东西，如果我们同意他的说法，那么，敌我界线就是一个研究隐喻的理想话题。敌我界线是模糊的，因为同样一个人有时是内部人，有时变成外人，这种模糊性只能从隐喻入手才能弄明白。——译者

蒙运动衍生出的话语遮蔽了有关法律、权力及道德的丰富多彩的模糊性（Tsoucalas 1991）。它在公众话语中得到支持——有关纯正（ghnisios）身份认同的观念和巨大的类别混淆——例如有关犹太人的身份认同——对于他们来说，身份认同不必和继嗣、宗教、语言和领土重合。所以，那种认为族群是隐喻性建构的观点，动摇了个人及集体的本体论根基。

在这些情形下，一个人或许有权过问，与其说族群性这个术语本身能够回答问题，不如说它带来了更多问题？由于这个术语起源于希腊语，许多评论员发现它在希腊现代文化政治语境中的含义尤其捉摸不定。希腊公众话语不允许族群定义有含糊的可能性，其参照的基本模型是希腊民族本身；但正是这种语义不变性，给其他努力寻求集体身份表达途径的文化和社会的实体，提供了最可及的模型。生产越来越多的敌对“民族”（nationalities），这是它所提供的用来取代多元视角的唯一选择。

在欧洲尤其是巴尔干诸民族国家中，希腊在族群和文化的同质性方面能够提出令人信服的主张，这非同寻常。或许，希腊内部面临的危险并没有我刚才的情节描述中可能隐含的那么大。为什么希腊当局就此主题继续大做文章？按照大多数国家的标准，他们有充分理由认为自己已经成功解决了这类治理问题。毋庸置疑，如波利斯（Pollis 1987）所论，部分答案在于对权力定义不明引起的担忧；权力概念已被内化为脱离了哲学基础的修辞性武器。同样不容置疑的是，希腊与邻国间的领土纷争为这个问题增添了紧迫性：显然，这些纷争似乎可以解释（例如）为何拒绝马其顿人的族群身份，以及为何坚持认为色雷斯穆斯林人“不是土耳其人”（保加利亚人对其“土耳其问题”的“解决办法”就更加叫人难以接受：他们强迫土耳其少数民族离开，尽管这个决定随后又被撤销了）。

但是我已经在这里指出，必须考虑另外一个因素。那就是被希腊政体深藏不露却始终存在的脆弱性。今日的地方主义可能变为明天的分裂主义。政治家否认使用隐喻，各派都在使用四面楚歌者的隐喻来应对文化边界的生成问题——这个事实并不能给未来带来多少安慰。通过与巴尔干地区以及巴尔干以外地区的进一步比较，可以看出身体政治中对人身隐喻的使用和政府对族群自决的呼吁充耳不闻的倾向密切相关，从而导致被剥夺公民权的人口更加坚持不懈地追求指称性。换言之，真正的危险来自希腊政治内部动力。

这是个实际问题：一个国家希望规避潜在的族群冲突爆发，几乎无力维持不妥协政治——这种政治导致各方前所未有地对类别进一步加以固化。无论是在当地社会文化特点层面，还是在少数民族要求自决的层面，寻求压制内部差异的民族主义话语使本想化解的问题更加恶化。对外界好奇心的高度敏感——可以说是对侵犯文化亲昵的高度敏感——引起一个国家更强大的国际庇护者或该国作为成员的联盟国家的奚落。这反过来又造成对有可能遮蔽了最真实焦虑的声嘶力竭的呼吁，明显不能赢得同情心，就如希腊在马其顿问题上的经历所表明的那样。关于本书随后（第六章）要讨论的希腊声称拥有“真正”欧洲地位的喋喋不休，是出于政治目的而为文化亲昵辩护的另一个并不那么成功的例子。

与更富于多元主义的公民身份惯用词形成对照，由坦拜亚（1989）推出的术语——不妥协的“族群民族主义”提供了一个斗争模型，而它本身的逻辑早晚会孕育这样的斗争。维柯警示我们，重要的是不要忘记隐喻的具身和物质的基础，即便是最抽象的术语甚至最官方的权力惯用语，也是由这个基础衍生的。证据一次又一次表明，族群民族主义极易受指称性——呼唤本义——的诱惑。随着它的隐喻基础——无论是作为“想象的共同体”还是作为更具体的父系血缘兄弟——从视线消失，随着它在人们生活中被本质化为越来越真切而且不可改变的现实，它唯有再生产自身。并非如习以为常的危险说法，波斯尼亚的经历并不是巴尔干返祖现象的呈现。这是一个由同样可以发生在其他任何地方的事件汲取的教训——如果外部势力居心叵测地鼓励这个过程，听之任之，不加阻止。对内部差异的紧张焦虑不会消除这个问题。

第六章　文化亲昵与欧洲的意义

（纳日碧力戈，余华　译）

本质主义与巴尔干半岛

在最近有关巴尔干半岛政治骚乱的争吵中，出现了一种伪装成分析视角的危险偏见。这项偏见阴险根深，远甚于持此偏见者声称在巴尔干社会发现普遍存在的返祖现象（atavism），他们以此作为傲慢与霸权的借口。正是这个观点把所谓西欧理性民主国家和那些自身的欧洲身份受到质疑的国家——被分别描述为不稳定、以亲族为基础、规模不大——对立起来。当然，这个观点的滑稽之处在于，表达它的语言本身是亲族语言：严厉的家长用这种语言来斥责一伙任性倔强的孩子。遗憾的是，这种家长式的思维模式不仅充斥了全球和地区的现实政治，还成为占主导的分析语言。无怪乎我们会好奇于由此研究对象的分析衍生的意识形态蕴含。①

我的目的不是要为人类学获得免遭这种指控的特权；事实上这门学科由于嵌入自身的殖民主义已经备受批评。② 不过，我确实想表明，这

① 有关在外交政策方面这种话语发生作用的例子，尤其参见 Huntington（1993）。

② 这些批评引人注目地来自 Asad（1973）；Clifford（1983）；Clifford and Marcus（1986）；Fabian（1983）；另参见 Said（1989）。关于受到科学与道德的虚拟漫画竞争的人类学，参见 D'Andrade（1995）。

门学科大量自我反省背后的伦理必要性，通过前所未有地把它从导致“巴尔干返祖现象”的说法和其他粗制滥造的文化区刻板印象的那种不假思索的本质主义更牢靠地分割开来，肯定也提高了对它学术质量的要求。确实，用“科学”对阵“道德”的有关人类学使命的论说，也参与了同样的本质化二元对立话语，理性主义的全套辞藻在这个话语中成为20世纪末权威的卓越象征，因此这些论点没有能够做到它们号称作为其典型美德的超脱。此外，在这个话语中，“理性”经常代表同样本质化的西方——即希腊人所称的“欧洲”。① 所以，欧洲人类学的兴衰变迁为我们提供了一个极具启发性的民族志视角，用来观察文化亲昵的驱动力。

具有讽刺意味的是，让这个策略成为可能的途径，是借助人类学调查的最传统的特征之一：在极具地方性、通常是小规模的社区从事长期田野调查，这首先意味着要卷入亲昵关系。人类学研究政治生活的方法，向来以聚焦地方社群为特色。即便事关国家和国际问题，分析的焦点也通常在于民族志学者在相对亲昵的环境中熟识的那些人的经历。②

对于这种聚焦的投入和个人担当有其代价。人类学工作会引起某些地方知识分子的愤恨，偶尔会招来毫不遮掩的敌意；这些地方知识分子倾向于认为人类学所关心的问题无关紧要，（根据相当直白的意思）并非必需。但是这些反应，尤其考虑到它们并没有被所有当地观察者认同，表明这个研究有重要发现——若非如此，何必大惊小怪？这样的反应具有诊断意义：他们暴露了那些基本假设，从而为有关精英宇宙观和民族国家宇宙观的民族志检视，创造了最佳条件。道理在于，尽管媒体话语提供了类似于村级八卦的国级民族志路径（Herzfeld 1992b），只有当精英成员（有时也通过媒体）积极投入人类学研究时，才能让“参与观察

① 在经济学方面这也是Carrier（1995b and 1995c：202）表明的立场。
② 早期一个很好的例子参见Loizos（1975）。

者”“在”民族国家“内”进入田野工作的“参与式观察”。那些地方人类学者不无道理地批评其外国同行尤其在城市中不情愿与时俱进，关注社会文化变迁，但他们也承认过去的研究提供了评估变化的必要基准，而这个基准本身可能部分包含有关不断更新之“当下”的文化辞令成分，甚至包含某种与之有关的结构性怀旧（Bakalaki 1993：57）。

以上就是要针对民族国家做具体民族志分析的论点——这种分析也包括但不限于许多对于村镇、官僚机构以及其他正式机构的更加本土化的研究。虽然在任何分析效用的意义上说，一个偏僻的村落不能代表整个国家，但仍然可以用来萃取后者更有特色的自认典型特征（self-typifications），① 一个欧洲国家同样可以凸显欧洲认同的建构，将它推上评判台。

我要针对以希腊为代表的地方，继续运用这个分析策略；它们本身在国际权力结构中一直处于极度边缘。在这个方面，我将在我所认为的最大限度内推进这个策略。② 实际上，这个策略让人类学干预及其激发

---

① 我在赫兹菲尔德（Herzfeld 1985a：xvi）与赫兹菲尔德（Herzfeld 1987a：63）中，讨论了传统人类学聚焦偏远小社区的合理性；关于仔细慎重的批判性回应，参见 Bakalaki（1993）。对“相关性”的这种迫切寻求，也许从某些程度上解释了为什么这样的田野调查越来越不流行，但是这反过来也有其风险，恰恰会复制我在本章讨论的西方民族主义话语；仅就希腊来说，它忽略了一个亮点，即在当时所有出版的希腊民族志中这部最具都市性，这是可以理解的；事实上，制造一个都市人类学的单独领域，违反了文化范畴和社会经验（Hirschon 1989：233）。

② 这是赫兹菲尔德（Herzfeld 1987a）阐发的理论立场的逻辑发展。巴卡拉吉（Bakalaki 1993：53）注意到，在希腊工作的人类学者不得不应对两面进攻——一方面被指责聚焦小社区，另一方面被指责过分概括；他总结说（1993：56），这是一个常见问题的两个方面，即认为地方层面和国家层面的社会认同是一致的。这个批评似乎完全公正合理——也同样适用于那些对此的批判看上去完全是公正的，也同样适用于那些意识形态的盲从者，他们用地方各色想象国族。注意，人类学家不再等于某种范畴的外国人，幸亏如此。确实，一位并非人类学者的希腊人，发现自己在阿拉斯加因为“问了太多的问题”而受到批评，他评论说，“所有出国工作或留学的希腊人都是热情的人类学者”，在他看来其原因在于这是他们的生存需要（Baloglou 1995）；他呼吁人类学家将目光转向希腊社会更加现代化和更具学养的方面，他的呼吁在今天的本专业领域不会被充耳不闻。他对于海外普通希腊（转下页）

的反应成为一种衡量方法，用来确定在民族主义话语宣传某种自我形象以及将某种具体的“欧洲”解读作为标准的做法中最要紧的是什么。如果人类学研究的兴趣激起如此强烈的恼怒，这其中必有原因。我希望表达的是，人类学获取有关身体政治亲昵知识的要求，违背冒犯了国家对于表征的垄断，因为它会揭露这些垄断如何运行，它们控制了什么，以及它们为何重要。这是一个典型的人类学举措：它考察对于领导者和“高文化”批评家的这样做的利害关系是什么：他们总是毫不客气地拒绝回答好奇的外来者提出的问题，说那些现象无关紧要。以往爱扔给好奇的外行们研究的边缘现象。正如最近考察选美比赛的编辑们所指出的，性别化的和其他身体的理想形象，提供了一个可用来观察被民族和谐的笑脸（此处假定是西方式和谐）遮蔽的“不和谐现象”的场域（Cohen，Wilk，Stoeltje，1996：6－10）。很难找到比这更好的文化亲昵隐喻了。

对此类事务的聚焦可能会有效动摇人们已然接受的有关“常识”或者“理性”的看法，这是人类学长期以来的关注点（参见 Carrier 1995c；Douglas 1975；Geertz 1983；Herzfeld 1992a；Lloyd 1990；Tambiah 1990）。恰如约翰·奥斯汀的《请求辩护》（Austin [1956－1957] 1971）的根据是显然微不足道的理由，将它们作为不受保护的突破性文化辩解，从而成为有关整个道德世界的真知灼见，我也要证明，恰恰是人类学家们常常描述的琐事本身——日常生活“故事”——打破了民族主义意识形态所推进的单一历史感。我们的目的不是为了激怒而激怒，而是为了回应已有的恼怒，探讨这样的恼怒意味着什么。尽管被激怒者自己可能并不那么放心地消除疑虑，我认为结果会出人意料地令人同情他们的

（接上页）人的友善（而且是真正比较）的观察，值得我们用来认真反思他可以推荐的新研究角度。在希腊工作的外国人类学家应该非常感激他们的希腊同僚，他们基本没有轻易选择把外国人类学者的观察看作是完全无知或有恶意的而不予考虑（尤其参见 Gefou-Madianou 1993a，1993b）。

困境。

这是由于更加强权式的爱国主义不承认少数人群体利益，它常常再生产更强大的权力结构，结果地方精英陷入进退两难的处境。他们不能向国际社会承认他们的内部存在不团结，而拒绝承认存在这样的裂隙又让他们面对了解情况的国内外受众丧失可信度。

这尤其适用于这样一些国家的爱国主义：政治上的边缘化促使它们要为某种具体的文化解读辩护，这一点尤其紧要，关乎本国的生死存亡。同样，可以说除了希腊再没有其他国家如此充满戏剧性。主要是自封的“保护者”为希腊建构辉煌历史，其观照如此强大，以至于它必须总是忍辱为自己的名字冠以“现代”饰词；尽管如此，它经常发现这些自封的“守护者”会改变坚持与希腊政府制定的游戏规则。于是乎，我们并不感到十分奇怪：希望将人类学方法引入自己研究的那些古典文学研究者，现在因自己的“族群和民族认同感受到挑战”而陷入矛盾冲突，至少在面对需要更多研究边缘人群的前景时感到焦虑不安（Cartledge 1994：4）。

但是那种边缘性——也许尴尬之处就在这里——是希腊作为一个国家所面临尴尬处境的缩影。我要支持对该国边缘文化保持批判性民族志观察，这个道理如同希腊本身为测试“欧洲”的意义提供了如此重要的个案。在这两个层面上，政治边缘化和历史中心思想密不可分：传统滋养了民族认同，就像希腊滋养了欧洲。

在国际层面，我们可以发现许多希腊官僚政客们的强烈本土主义倾向，会在官方政府圈子中引发大致相同的反应。在这两种情况下，对地方利益的维护部分上都来自强后台的支持，他们出于切身利益，要把它作为地方特色而加以本质化。至少在国际层面上，这样的关联经常因一时之需而被忽略：刻板印象提供了便利的理由。因此，对于希腊的巴尔干半岛政策和他们动辄搬出千年历史的做法，美国的政策制定者和希腊的欧盟合作伙伴都一再表示极端恼怒。一个颇有地位的美国评论家也无奈地宣布，希腊一直在提醒这个世界，它也是个巴尔干半岛国家——在这个地区历史会经常引发歇斯底里，它是那里的居住者（Talbltt 1992）。必须在全球道德经济的脉络中解读这种随口说出的概括，这种道德经济过分决定了希腊的历史，现在让它付出了丧失独立自主的代价。

学术界和政治界（两个并不总是分立的群体）的本质主义者们，在这些所谓的习性当中看到他们所寻找的西方和巴尔干之间的行事风格差异的证据（尤其 Huntington 1993）。我认为这个惯用说法实际上是一种诊断式特征，也是问题本身不可分割的一部分。如果说历史是有激烈争议的对象，客观性——据信是西方理性主义的产物——也不例外。从而举例来说，希腊人不断敦促外国访客“学习历史”，这是一种预设：该活动只能产生一种结果。备受争议的历史完美地说明了我的论点：本质主义是一种否定自身存在的策略。这种冲突的任何一方都不能承认存在多种答案或模糊答案的可能性。但它绝非是巴尔干所独有的问题。

具体的马其顿问题与一个漫长的过程形影不离，在这个过程中希腊面对现代世界被要求根据它选择性建构的古代历史来为自己的价值辩护；但哪个历史不是选择性建构的？这里的问题不是赞同希腊对少数人群体权利的否认，而是把问题置于国际文化政治的较大背景之中；在这个背景中，对违犯文化亲昵的敏感性具有经济意义、地缘意义和长期政治意义。

因此，我更愿意在国际关系层面上把相互竞争的国史，看作是布迪厄在写到较为简朴的社会生活领域时所称的不同版本的“文化资本”。当作国际关系层面上竞争中的国家历史来解读。波尔多将这个在社会生活中比较不起眼的领域称为“文化资本”（Bourdieu 1984）。正是把这个社会和象征的分析工具应用于全球现实政治问题的可能性，尤其提醒我们注意民族志——人类学分析与日常生活之间的连接点——对于理解难以应对的今日欧洲的驱动力可能具有的重要性。这样我们就能理解如今烦躁易怒的欧洲的生机活力了。二十世纪末，马其顿冲突吸引了许多地域问题专家的注意力，把它作为有关文化资源、经济资源和领土资源的戏剧性争端；与此同时，它典型地呈现了这样一种形势：西方对“巴尔干心态”本质化处理，无非起到确保自我实现其便利性预言（convenient prophecies）的作用。他们还在雪上加霜，长期延续这样一种辞令：来自西方的干涉用它来帮着将巴尔干半岛国家锁定在同样一个这些外部势力所嘲弄的模式中。我们必须根据这个政治力量的领域来解读当下人类学研究的困境。

这个分析不仅仅是有关希腊的分析。这个讨论要回答这个问题：一个没有公平而全面地代表希腊利益的欧洲，只能导致更多地重复这样一个政治立场——保持希腊作为威胁欧洲统一的异类地位。用具体的例子来说明大原则：为什么希腊人对法德试图将希腊语从欧盟官方语言的列表中剔除（因为他们认为把欧盟官方语言减少到五种可以提高工作效率）的举动表示愤怒，它暴露了希腊自身已经无法摆脱的自我复制的霸权主义倾向。这也是在尝试从本土人对于人类学研究的反应，更具敏感性地解读和理解文化学术政治，把它作为较大范围国际趋势不可分割的一部分，而不是出卖陷害的乱伦之地——这只涉及那些政客，或许还有若干才华横溢的小说家。本章研究平凡无奇的政治。是否应该认为希腊无非属于巴尔干？对于国家现实来说，人类学观照不过是边角轶事吗？我希望指明，这类问题勾画出了广大政治游戏领域的轮廓。

因此，本章应该也有助于明确文化亲昵的定义——直截了当地说，可以理解为对于所知所识特征的共享，这些特征不仅定义内部身份，也有被强大外来者所不赞成的感觉。在民族主义的语境下，这个术语暗含的家庭生活尤其合适，其通常特征是把亲属关系投射到较大范围的国族之上——换句话说，就是作为传统民族志学者传统工作场所的面对面熟人社会的转喻延伸。[①] 这是一个熟悉的困境：让我们回顾一下飞机乘务员的自我呈现——受培训者在往返于城市基地之间的时候，学会把“家”看作是“没有直接所指的观念”（Hochschild 1983：100）。家庭生活被习惯性地扩展到真实经验中。

最重要的是，这种亲属关系的投射起到掩人耳目的作用，试图让现代集权整体显得与努尔人那样的据称基于亲属制的无首领社会极不相同。[②] 更加引人注意的是，从欧洲中心主义的视角看，父系制——尽管从分析的角度出发与种族隔离无涉——对于多数形式的欧洲民族主义（如前章所述，通常把血统挂在嘴边）常见形象有重要性。

在埃文斯-普里查德（1940）对努尔人的描述中可以很明显地看出，虽然父系亲属制在更为亲昵的层面大体上规定了社会关系的组织，但随着社会联系范围的扩大，它变得越来越淡化。所以从直白意义上说，由最大群体代表的父系总的说来是虚拟的。我要说与此同理，德莱尼（Delaney 1995）专业性地从“祖国”辞令中辨认出土耳其世俗民族主义的普遍特征，它与先前的西欧民族主义共享亚伯拉罕一神教历史和意识形态的根底。在这个方面，那些所谓的世俗/西方民族国家的根基，借用安德森的生动描绘来说，是父系想象的扩展转喻版。

文化亲昵也不例外。并非偶然，希腊人用来维护这种亲昵的贴切用语，是 at en iko mien dhimo（家里的事［古希腊语 oikos］），这是常常听到的不在外国人面前讨论民族主义论点中的公认缺陷的理由。古典的 oiko 显然是一个家户生产单位，它嵌入按照父系组织起来的 genos——后者是一个现代经常使用的词汇，尤其常用于浪漫主义希腊民族主义的语

① 参见引言部分安德森（Anderson 1983）的讨论及赫兹菲尔德（Herzfeld 1992a：76）。

② 参见引言，尤其是注释 4。我在别的地方提出，埃文斯-普里查德称为“裂分式”（segmentation）（Fortes and Evan-Pritchard 1940）的社会相对主义习俗在现代民族国家和尼格利陀部落都存在（Herzfeld 1987a：152－157；1992a：101－104）。

境中，表示如同努尔人那样被概念化为巨大继嗣群的整个希腊人民。dhimos（deme）是社会组织单位，经历了自身的转喻引申，成为如今的“民主”（democracy）一词，它不是洗清家丑的地方——就像我们会使用这个俗语表达同样的感情——也许这个俗语同样根植于有关身体的神圣性以及捍卫身体隐私之男性角色的普通欧洲观念。①

我正是在这个脉络中来解释希腊为何要努力规范海外民族形象。因民族形象而发生国际争端并非新鲜事（参见Jervis 1970：7），也不限于希腊所独有。但是，这些争吵的爆发似乎都具备围绕极个殊的争论风格的强烈预兆：涉及那些有关民族尊严的性别化感知。沙特阿拉伯对于英国媒体对1977年处决皇家公主和她的平民情人的描绘的反应，生动地说明了这个原则。沙特政府坚持宣称整个事件属于内部事务（Sassoon 1994：36—37）——诉诸1967年至1974年军政府统治下的希腊推向极致的内政神圣不可侵犯的隐喻。所以对沙特当局而言，隐私原则已经被侵犯两次：第一次是平民对皇家父系的性侵入；第二次是完全没有行割礼从而是污染性的西方的媒体对修饰性民族面纱的目光侵入。②

我会在这一点上期待某个希腊民族主义者会站出来反对——并非不同情沙特的怨恨：“我们不是穆斯林，我们的性规范与这类东方野蛮行为截然相反。”然而这样一来，那位假想的民族主义者——继承了后奥斯曼时代已经过度决定了希腊对波斯尼亚冲突的针对伊斯兰教的强大敌视传统——事实上可能会复制沙特保卫民族荣誉的立场。一个关键的区

① 除了凭直觉要追溯这种关联几乎是不可能的，但是在这种象征性关联的较为清晰或较为直接的场合，服装确实扮演了重要角色。在格伦迪（Glendi），小偷可以藏匿盗畜之肉的唯一地方，就是他处女姐妹的内裤：他知道警察永远不敢冒着引发暴力的危险搜她们的内裤（Herzfeld 1985a：48）。

② 参见斯塔夫罗斯（Stavros 1995）公允的讨论。官方政策承认两个群体（犹太教徒和穆斯林）为宗教少数群体，但两者都没有被识别为少数族群。仅就穆斯林（许多但不是所有的人讲土耳其语）来说，这种区隔主要反映了领土焦虑，已经使希腊当局数次卷入国际争端。

别——我们接下来会简短回顾——在于希腊的特殊困境，即他们不得不求助于西式东方学（用 Said [1978] 的话说），但存在一个具有讽刺意味的反差：一些强国恰恰以这个东方学意蕴来呈现希腊本身；希腊面对这些强国感到压力，不得不秉持欧洲优越的态度。被东方主义方面，就有一种力量驱使它必须与欧洲优越感抗衡。显然，东方学比萨义德的考证性和去脉络化的视角似乎呈现的表象，更加有相对性和可协商性。正是考虑到这个特性，我推演出更具有能动者取向的观点（Herzfeld 1991a：16）——即“实用东方学”。

实用东方学就是把霸权意识形态转化为日常生活惯例，这样它就可以渗透到平常生活的惯习空间中。正是在这里，我们不能再置奇闻异事于不顾。除非我们能够领会文化差异的话语如何进入日常社交和感官习性的广阔领域——它如何让视觉有颜色，让嗅觉有味道，让感情有起伏——否则我们永远不会知道为什么人们会主动去遵循那些极其乏味的民族认同和跨民族认同的抽象原则。从选择讨价还价或按商场规矩购物，到决定穿什么，说什么，吃什么，位于东西方交汇处——正如不断被提醒的那样——这片土地上的人们，发自内心地体会到文化双重性的实用互补。在希腊，至少吉卜林的观点是大错特错的：东方和西方这对双胞胎时刻见面。希腊人竭力要把二者分开，但是正如我们将看到的，他们在这个方面遇到了由多种因素造成的多重困难。

在倾向于东方化的媒体呈现方面，希腊人当然有自己的麻烦。在西方国家最著名的两部描述希腊人生活的电影可能要数《痴汉艳娃》（*Never on Sunday*）和《希腊人佐巴》（*Zorba the Greek*）了。这两部电影都在国内受到强烈反对，这在很大程度上是由于它们凸显了性和复仇的主题，从而被认为有损希腊的海外形象。尤其是影片《希腊人佐巴》用石头砸死那位寡妇的场景——注意片名如何将尼克斯·卡赞察季斯的个人口述《亚历克西斯·佐尔巴斯的生活和社交世界》（*Life and Social*

World of Alexis Zorbas)"国族化"(nationalize)——引起极大冒犯。必须在这个事实脉络中解读它：长期以来，原有的对所谓声誉犯罪（honor crimes）的容忍逐渐让位于人们不情愿的认知——这样的容忍不适合一个文明社会（参见 Safilios-Rothschild 1969）。

同样，由利莉卡·纳库（Lilika NaKou）的半自传体中篇小说改编的电视连续剧《Do-Re-Mi 女士》（*Mdame Do-Re-Mi*），虽然是在层级更受限定的地点面对国家（而非国际）法庭为自己辩护，还是引发议会方面要求对它进行正式调查。这个作品的结局是，一位世界主义外地教师努力理解逐渐衰退的克里特乡村社会中残忍的地方习俗，不经意间以可推测的贞洁之身闯入红灯区，蒙受耻辱（可以理解，这与小镇百姓对这类行为持落后土俗观念的说法相反）。无论如何，性与热情好客都被投射到广大社会和文化的认同之中，事关国人尊严。在这个语境下，重要的是不要忘记，东方学话语将想要描述的人群女性化。这些愤怒尤其来自道德和政治上持保守观念的小镇精英；那些习惯于挑战抨击官方形象的左翼分子通常对书和电影都相当满意。

媒体惹下的另一个麻烦值得一提——它不涉及这里讨论的性因素，也不那么引人注目。麻烦来自国家电视台的一个决定，要把有关克里特岛的电影拍摄合同承包给英国记者大卫·霍尔登（David Holden）。这个决定在议会上引起一片喧嚣。反对派尤其想知道到底是出于何种逻辑或邪恶的意图，政府要把对国家有重要意义的纪录片制作合同交给"那个当代法尔麦耶"（Fallmerayer）——暗指一位 19 世纪的蒂罗尔人时事评论家，他是一位坚定的泛日耳曼主义者，否认当代希腊的古代遗产，希望通过扶持土耳其来打击俄国，希腊人到现在都对他充满仇恨。霍尔登曾经写过一本极端冒失的描写军政府统治下的希腊及其人民的书——《没有圆柱的希腊》（*Greece Without Columns*，Holden 1972）。他在书中无端嘲笑希腊人表面上对古老过去的迷恋，认为该国之所以受可恶的专制独裁之累，有其本土社会和道德上的原因。所以他代表了西欧有关希腊的傲慢话语。也许是他书中的政治观点而非他针对希腊古代遗产的异议，才使他获得“法尔麦耶”的称号。

希腊人的不限于令人烦恼的少数民族地位问题——官方不承认他们的存在。[①] 它还涉及国内地区文化的巨大差别。过去，这种多样性可被视作超越性同质的多重折射：所有的希腊民间传说都是原初古代文化的不同版本；民族文艺复兴的引路人会引领他们成功地回归原初古代文化。但是，这个经典时代被教育体制以及知识分子对于既定历史智慧的日趋差异的评价所削弱和动摇，现在不再有统一作用，而在过去——至少对于公众消费来说——它曾经有过这样的力量。在这样的背景下，过度关注地域文化似乎在鼓励政治焦虑，而且也削弱了致力于现代化的精英们的普世主义要求。

为了举例说明提出的这个问题，我现在转向一位著名希腊学者的研究，他的研究涉及希腊法治史有助于理解希腊与若干构成体制化欧洲的包罗性行政体制之间复杂关系的相关性（Kosygin 1993）。他的研究在许多关键方面与本章形成对照。正如我接下来要简要说明的那样，他的研究可以和政治科学家扎曼蒂·波利斯（Adamantia Pollis）的批判作品对照。两位希腊学者当时都在美国工作，这个事实让双方各自立场形成的对照显得非常突出：两位必然熟悉当时美国和国际政治情境下的人权话

---

① 不管人们如何看待这个处决，英国的反应相当于伊朗发布法令追杀萨尔曼·拉什迪的反应——阿萨德（1994）具有争议的叙述，表现了英国自由主义意识形态中的欧洲中心主义。布洛克（Blok 1981）评论说，新兴的民族国家可能会盗用有关荣誉的话语，将它从人际或者地方层面关系的领域中去除掉，这个评论与我对文化亲昵来源的看法相关；但是他关于地中海地区同质性道德规范的观点，不仅把许多不同的概念混为一谈（Herzfeld 1984b），还复制了一个进化论视角——类似于阿萨德（1994）在英国政治话语中发现的指向伊斯兰世界的进化论视角；因此把这个观点中的两个维度分解开来是至关重要的，把具体民族国家挪用本土价值观的历史性与单线进化图式——布洛克（我认为不幸）用这个图式包装他的原本很有用的见解。

语；面对欧盟较大框架中希腊的制度运作，都不得不表明立场；两位都注意到都意识到西方诸国对古典文化的持续仰慕，它继续为与希腊的模糊关系起调味作用，但仅此而已。最后，我认为，两位都真切关心希腊能在欧洲和国际社会的脉络中，获得一个稳固而体面的地位。他们的评价天上地下，差别如此之大，很能说明希腊的情况，也说明了文化亲昵对于重塑欧洲认同的重要性。

克里季斯（Kozyris）的目的是告诉我们，希腊的法制史显出对于欧洲理想长期的、现在已经不可逆转的适应。尽管他用心表明希腊的现代性，但他的立场在一个重要方面却继承了 19 世纪的浪漫主义亲希腊精神，因为他要证明希腊法律展示了希腊的欧洲特色，同时与此相反，全球法律史又体现了欧洲的希腊特色；既然我们明白他对人类学的主要抱怨是它似乎痴迷于已成为民族主义民俗研究主业的地方风俗时，这一点是重要的，不能忘记。克里季斯的观点代表了相当多的人（我想他本人不会不同意），为此我把他的观点用作民族志的例子来说明问题：他的观点已经印成文字，所以比被它作为典型的日常会话更易于在学术或知识论坛进行讨论，除非不怕严重削弱自己的立场，他几乎不能视之为边缘或无关而置之不理。[①] 克里季斯明白无误地把他的观点建立在希腊法律自古传承的说法之上。他将古希腊的法律传统与“罗马-拜占庭”法律传统合流，而 19 世纪希腊史学界明确予以拒绝，认为它有违真正的希腊精神。[②] 尽管在他有关概念传承的说法中肯定有些相当隐晦的东西，但是从我现在的角度出发，其最鲜明的特点是直接驳斥如亨廷顿（1993）如

---

① 另参见佛比昂（Faubion 1993）。佛比昂的书在某些希腊人圈子里似乎激起的愤怒，部分上来自似乎某个程度上来自我这里所讨论的精英们对人类学反应的逆转，即认为知识分子不应该受民族志学者的分析兴趣的影响。

② 这是 19 世纪希腊宏大史学研究领域两位巨人的立场，史比克力廷・赞贝利欧斯（1828—1881）（1852）和康斯坦蒂诺斯・帕帕里古普罗斯（1815—1891）（1832）。

此明确地辩称的那样一种对于欧洲传统东正教的排斥。因此，克里季斯又在走亲希腊的浪漫主义之路，这一次他试图让“东方”的拜占庭与“欧洲”的希腊互相妥协。与此相关，他坚持从体制出发，自上而下地看待希腊法律史，明确拒绝村级民族志，说它与希腊的欧洲命运无关。

克里季斯开始运用无疑暗含理性主义认识论的工具，这个认识论复制了对于韦伯的最不夸张的解读。这个解读认为希腊法律逃脱了本土文化的羁绊，实现了超越——这也曾是针对古典希腊哲学的说法（参见 Humphreys 1978），从而宣布其启蒙运动和新古典主义的鼻祖地位，似乎如这种说法仔细而明确地加以解释的那样。这个观点极不同于那种认为希腊法律反映欧洲传统中多种差异的观点（例如 Pollis 1992），也极不同于呼吁重新关注地方和少数人群体身份认同的更加多元化和碎片化的欧洲观。

克里季斯的研究方法把希腊和欧洲都本质化了。克里季斯和其他带有更加明显的党派倾向的作家（例如 Zahariadis 1994；参见 Karakasidous 1994）一样，忽略了理性主义本身的文化根基和身份构建中的关涉。因此他以循环论证的方式，坚持认为用来支持这些本质主义的国民性格概括是恰当的，从而忽视历史可以证明的国民（甚至少数人群体或族群）动员和大量人口聚集（参见 Urla 1993，例如巴斯克的案例）之间的联系。他一直保持己见，对民族志报道提供的证据置之不理，认为这与主题无关，认为我想要用它来促成与法学界进行建设性对话的努力是“东拼西凑”（1985c）。

因为克里季斯是一位小心认真的学者，在某种程度上他的文章可以作为个案，用来检验我当下这个论点。不同于一些新闻工作者最近对人类学作品的攻击（见以下所述），他的讨论是有分寸的批评，有扎实的文献梳理支持。我提到的这些不仅是出于尊重他的严谨，也是为了避免轻视下面要讲的内容。正如我已经暗示的那样，在某种程度上对其文章的批评，与多数传统民族志报道一样，限于趣闻轶事。我已经可以想象，那些赞同我的论点的读者会疑惑，为何我竟然屑于回应克里季斯完全不同的推理模式。然而，我想在此诉诸对等原则。如果我们要为民族志研究进行合理的辩护，就必须主动承认，就像村民闲言碎语及其日常习惯反映他们的世界观（宇宙观或意识形态），学者的分析也同样反映了作者的世界观。这个视角并没有不尊重好的学术的意思；但它确实意味着对包括学者在内的普通民众的深深敬意。

对于按照这种思路构思的项目来说，克里季斯的研究对我们大有裨益。他的中心论点是，希腊被纳入欧盟立法结构，与其说是欧洲胜利兼并了希腊，不如说欧洲传统回归本属于它的家园："举世公认，西方法律文化的根基是人文主义精神和古希腊哲学家、政治家的基本价值观……我们还应该注意到，建立国家联盟的想法本身不仅仅是构思出来的，而且对古希腊城邦之间关系的结构化，起到了重要作用"（Kozyris 1993：31－32）。

因此，克里季斯认为将希腊合并入欧盟就是完成了这个双重使命。他进而以《大英百科全书》为依据，一本正经地宣称提洛联盟典型地来源于欧洲联邦传统。也许事实就是如此；但是如果真的是这样的话，人们又会疑惑，为什么在如此暴虐专横的伯里克利时代被提洛同盟的从属伙伴如此憎恨的雅典人的例子，不会像法德强权小集团的语言和文化帝国主义一样，触动现任希腊法律当局的反帝敏感性呢？

扎曼蒂·波利斯用这些精炼的语言表达了另一种观点："一体化的欧洲不能吸收一体化的希腊。"（Pollis 1992：191）为了公正对待克里季斯，我们必须承认波利斯的观点涉及的是另外一些相当不同的问题。尽管如此，简单查看下就可以发现，存在一个与两者都有关系的问题：在普遍意义上希腊法律文化和希腊身份历史根基之间的关系。波利斯想表明，官方对少数人身份的否定和对某些宗教群体的不公对待，与当前欧盟一体化的目标是相悖的。这些否定与不公，是在法律实证主义（参见 Pollis 1987）与希腊地方价值观的综合作用下产生的，这种综合违背多数其他欧洲国家占主导地位的法律文化。她的观点挑战了观念族群主义清洗（conceptual ethnic cleansing）——它制造了较为保守的包括 19 世纪伟大的民族主义历史学家帕巴尔古布罗和克里季斯在内的学者们所赞同的那种史学。

显然，这个法律之争的焦点是关于文化的根本分歧。对波利斯而言，对公民身份的多元主义理解，允许甚至要求承认少数人群体的诉求，与欧洲身份或欧洲本质的问题毫无关系。根据她的论点，欧洲成员身份是行政范畴而非先天遗传。相反，克里季斯认为欧洲的就是希腊的，这个问题涉及到文化遗产的不可转让性。

尽管克里季斯不会用先前的血统语言——早期人类学诸学派肯定要为这类惯用语沿用至今承担自己应负的责任——为自己的观点辩护，但他的立场确实复制了我所说过的被同样那些 19 世纪作家偶尔令人难堪地吐露的“普世族群中心主义”。（Herzfeld 1982a：49）他不以为然，说这个无关宏旨或无关紧要。然而我还是认为我们应该了解这些观点。在一个古典遗产被许多希腊领导人视为国际合法性唯一来源从而被他们作为“稀有资源”加以控制的世界（Appadurai 1981；参见 Sotiropoulos 1977），这种观点构成了一种象征性颠倒，即阿德纳（Argener 1975：25）的“内包”（englobing）——占支配地位的压迫性权威。确实，由此意义出发，这个观念提供了一个再直白不过的生动写照：欧洲不过是希腊的一个变体——恰好颠倒了依据后启蒙主义理念从现代希腊人那里挪用希腊民粹的做法。

为了避免有人在理解希腊对欧盟强权予以政治和文化回应时怀疑这个内包模式的重要性，让我们重访有关希腊语将来列为欧盟官方语言的争论。作为极有保守倾向的政治家，文化部长萨诺斯·米克罗茨克斯

(Thanos Mikroutsikos）的回应看不出有什么不妥之处："希腊语和拉丁语一起构成了欧洲的母语，而现在那些被欧盟及其机构的技术专家们使用的国际科学术语和"方言"都源于希腊语。换句话说，法国欧洲事务部部长拉马苏尔先生（Mr. Lamassoure）在开始推行他的观点之前，不得不查阅法语大字典和世界百科全书（*Greek Star*，5 January，1995，1）。也许我们可以指出，既然不能指望国外外交人员掌握这门古老的语言，那么这样做更符合现今希腊的利益：干脆把法德倡议指控为国际霸凌，说它不符合欧盟思想中的合作精神，就像我们可以提出明确限定整个欧盟的地缘范围更适合希腊的需要，而非无休止地激辩尤其在马其顿争议中白热化的族群历史和名称术语。更加残酷但也许是更持续引人注目的是，使用希腊语修辞风格产生了循环论证的效果，这让其他欧盟合作伙伴并不看好希腊提出的合理性（McDonald 1996：58）。

我们还有一个理由要重视克里季斯的观点，那就是他坦诚地承认有权拥有遗产的要求和（文化）主权之间的关系。他在文章快结束的时候写道："许多［希腊］人感到，如果希腊要实现现代化，它不仅必须抛弃四个多世纪以来奥斯曼帝国强加给它的落后，而且必须跟上西方的前进步伐，重新加入西方。在法律领域尤其如此。如果我们认识到欧洲大陆的法律体系来源于古希腊的正义观，认识到这些法律体系在某种意义上延续了罗马-拜占庭传统，它就变得容易理解了"（Kozyris 1993：34）。我详细地引用这段引人注目的文字——它毫无讽刺意味地继而引用波利斯早前一篇文章作为论点支撑，是为了表明民众刻板印象多么容易弥散在学术话语中：归咎于土耳其四个多世纪的恶政，是克里季斯在文章其他地方如此嘲讽的集体逃避责任（efthinofovia）的好例子。我也仔细追溯的恰恰是那些他认为与认真了解希腊现代化无关的风俗习惯（Herzfeld 1992a：134－139）。说得更确切些，我想强调在他的言论中暗含的特别政治寓意。显然，他至少在这段文字中承认希腊在何种程度上还在指望更强大的国家来满足挪用目的。这就是他们为何要专注于文化亲昵问题的根源。

但是这个“症状”——借用克里季斯形容他认为是负面文化特征的词（Kozyris 1993：45，n. 27）——虽然它本身承认国际层面上的政治边缘化，也让他嘲笑人类学者们对于边缘的关注：“希腊经济的逐渐现代化也加速了希腊法律的欧化……它降低了传统法律的重要性。例如，即便在财产法中……那些非常吸引人类学家的有关林木所有权和盗窃牲畜的管理规定，虽然让人类学者着迷，比起有关区域划分、建筑标准、规范共管或者管控奶产品成分或市场营销的规定来，变得无足轻重。”

既然这两个人类学“着迷”点正好涉及我特别关注的研究话题，那就让我根据亲身经历来回应。如果盗窃牲畜真的如此不重要——我已经在就 efthinofovia 来源的评论中间接地讨论到林木——人们还是想知道为什么议会还要花这么多时间、警察花那么大力气来应对它。我已经提到以庇护关系形式持续存在的盗畜行为造成的影响更为广泛的后果。我只须在此指出，希腊保守政治最近的历史中明显而广泛地存在这类问题，但恰恰是那些更为保守的政治势力，对在克里特岛持续存在的盗畜行为，从文化上感到尴尬至极（让我们再回忆下，同样是这些政治势力在议会毫不留情地批评电视剧 *Madame Do-Re-Mi*。）越来越清楚的是，轻视人类学对这些问题的兴趣，与维护极特殊版本的文化亲昵有密切关系，该版本来源于西方霸权主义及其在希腊的本土再现。这个问题不是关于希腊发生还是没有发生什么的问题，而是在一个国际公共空间讨论什么才得体的问题：家丑不可外扬（ta en iko mi en dhimo）。因此也许会有人问（而且还真的带着某种困惑问），人类学者为什么要坚持讨论这些事情。

这是一本有关文化亲昵的书，此处不便详细分析希腊的党派政治文化。[①] 但是，检视对当地习俗和少数人群体的诉求——换句话说，权利被相对剥夺的希腊人的声音——不以为然的态度和保守主义意识形态之间的关联，仍然是有益的：这种保守主义意识形态让希腊服从“欧洲”的文化霸权，从而延续了旧有的霸权。克吉里斯（Kozyris 1993：43，n. 14）强调了“对经济、政治和法律作系统分析”的重要性。我同意。但我认为这样的分析也必须针对那些掌权的人，而不仅限于那些受权力支配的人。

如果应变敏感性（tact）最要紧，那么这个问题通常引发的情绪就显然在情理之中。但是这并不是问题的全部；问题主要涉及霸权主义。其实一些读者也许会在这里觉得我的立场令人惊讶地同情至此还在被我批评的那些人的窘境。这是因为我要问——在谁的命令之下——的问题是，某些文化特征一定要被看作是负面的。每当到欧洲的时候，是谁的进步叙事被呈现出来？克里季斯坚定地劝告希腊要更加尊重法律。一定还有其他许多人有同感。他们会把所有好勇斗狠视为“非欧洲式”的，而且由此看来，那些讨厌的人类学家要是根据同样这些批评者自己发出的抱怨所提供的证据，指出这与“希腊风格”没有多大出入，那确实就不够知趣了。

但是，我再重申一遍，应变敏感性不是问题。关键在于边缘性政治——在国际关系中希腊自己就显然是这个边缘性政治的受害者。这肯定是冒犯人的——实际上在各民族国家中独一无二——希腊似乎需要“现代”这个前缀，以免他国忘记其存在；同样冒犯人的是，其语言在今天如此无足轻重，以至于欧盟中的较大国家可以单方面提议不用它也可以。（取消希腊语的动议是没有通过——但是能维持多久呢？）同样，为

---

① 尤为相关的是克洛格（Clogg 1987，1993）；戴蒙多罗斯（Diamondouros 1994）；卡拉兰比斯（Kharalambis 1989）；斯布达拉基斯（Spourdalakis 1988）。

这样的论点——要求外人停止对被看作是少数人族群的极少数人（官方不承认他们的存在，波利斯对此立场予以批评）的权利说三道四——背书，在逻辑上几乎说不通。我们看到恰恰是这个论点在国际舞台上被提出来为希腊的立场辩护。然而，对少数群体权利的尊重以及对地方殊俗的承认，是“新欧洲”官方信条不可分割的一部分。于是乎，对于希腊欧洲身份的坚持，与其说在国际舞台上是有说服力的论点，还不如说是希腊特有的意识形态立场的延续。

我认为，这些对希腊古典根基和欧洲身份的关注，希腊人有时作为 proghonopliksia（对祖先的痴迷）而苦涩地予以承认的焦虑，实际上表现了由希腊在社会、文化、经济和政治上依附外国产生的深层伤害感。例如，一个评论家在评论最近的一个争论（Konstantinos Hadjidimitriou，*Ethnikos Kyrix*，于 1994 年 3 月 1 日引用）时，哀伤地追问为什么外国评论家似乎对亲希腊浪漫主义不再抱幻想？我怀疑这样的伤害和困惑，恰恰产生于对此依附性的认知。显然，同样这个西方知识界玩弄两面派手段，挪动球门柱，改变游戏规则。浪漫主义让位于解构主义作出让步，那些曾经被浪漫主义“构建”出来的真正希腊人现在感到全完了。

例如，这在学术期刊和大众媒体保守派对马丁·伯纳尔（Martin Bernal）的某些攻击中显而易见。在伯纳尔（1987）对德国浪漫主义语文学种族主义基底的颇具争议的批判中，批评家们显然对这个事实感到愤怒：他在古希腊文化中不仅发现了非洲元素，也发现了闪米特元素　就像古代希腊人已经发现的那样。他们的现代后人感到愤怒，但是他们的愤怒也许表现了一种恐惧，害怕同样那些原来将世界关联赋予他们的人，又否认他们声称拥有的这种关联。问题不在于伯纳尔对还是不对，而是为什么本应是学术的问题会在社会上激起如此轩然大波。①

为了理解伯纳尔洞见19世纪雅利安主义重要性的全部寓意，我们应该记住它在本世纪恶性发展成为的纳粹主义，不过是它的后果之一，当然是最可怕的后果，的确如此。希腊的民族自治是其中比较不显著的牺牲品之一。19世纪的欧洲无视希腊有关自身起源的本土观（Bernal 1987），它讽刺性地反映在现代希腊止步于辉煌传统的边缘化处境，也反映在希腊领导人完全无视当地人民关于自身起源和身份定位的看法（参见 Karakasidou 1993；Schcin 1975；Wace and Thomson 1913）。

这些争论在某种程度上重演了法尔麦耶与其亲希腊主义希腊批评家之间的辩论。今日诋毁希腊的人和法尔麦耶一样，有很大的空间随意发表廉价的负面言论，例如取笑在处理诸如马其顿名字之类的事务时表现出的所谓希腊式歇斯底里。他们还跟法尔麦耶一样率真地认为希腊人把自己的历史完全搞错了。这样的说法是危险的谬论，在很大程度上造成了他们原本要予以澄清的问题。就像同样无动于衷地拒绝赞同埃尔金大理石雕像回归希腊，他们忽略了这个事实：是西方强国规定这些东西对今日希腊身份至关重要；就像德国法律实证主义和德国雅利安主义语文学提供了新的观念，在一个声称早已告别了狭隘种族主义的国度，激发了新形式的狭隘种族主义。

然而，当今希腊文化名誉的维护者们和法尔麦耶的批判者们一样，经常掉入陷阱，把有敌意的学说——当时是否认与古代传统的延续性，与此相关，现在是直接否认希腊的欧洲性和现代性——当回事，似乎它提出了一个具有本体论意义的问题。他们的错误过去和现在都是按照这种贬低性话语自身的方式来采用它。这是天真的错误吗？绝非偶然，同

① 在美国和西欧人们普遍持有相似的观点，表明希腊的抗议浪潮显然属于一个影响面甚为广泛的意识形态争论。无论如何，这个争论既有诊断性，也有些滑稽性——希腊无疑有更加急迫的地缘政治担忧。

那些充满激情为马其顿的希腊特性辩护的人，会常常鄙视当地那些讲希腊语的人，说他们不是“纯种希腊人”。这类投机主义论点接近对于盗畜行为并存的两种解读，或者另外举一个例子，就像克里特方言和塞浦路斯方言一样，它们同时属于“荷马时代”和“土耳其式”。①

希腊有可能逃离这种彼此合谋的霸权纠结吗？对于欧洲霸权文化意识形态的防御性反应——这类意识形态以其不那么明显的低调滑稽方式涉及马其顿的名字或把希腊语用作欧盟官方语言之类的事务——会在希腊单方面封为友邦的国家中，引起装模作样、具有滑稽色彩的绝望。但是鄙视和屈尊只会加剧矛盾。关键是要在希腊和其他欧盟成员国之间建立起一种不同的关系。所有成员国都会同样受到影响。②

如我所说，突破这种屈尊和憎恨的模式，是对欧洲认同的真正考验。问题不应该像在如今的希腊和整个欧盟提出的那样，问是否存在一个超越的欧洲统一性，问像希腊这样的巴尔干国家能够在多大程度上参与它。有关希腊是否属于欧洲的争论符合国家官僚体系的法律实证主义和普通人的分类习惯；在完全不切实际的评估——多数其他欧洲人都会以同样方式思考问题——作用下，这些争论带来的危险大多被遮蔽，因而也更阴险。这些观念习俗代表的这种本质主义，把包括希腊（并不比其他国家更甚）在内的所有欧洲政体，锁定在破坏了有效实现包容性欧洲认同目标的无弹性网格中。它复制了法尔麦耶的错误，他在希腊以及其他地方的反对者不过是让这个错误持久化：使文化身份本质化，或更为狭隘地认为，希腊只有和自身的古代历史牢不可分地绑定，才能够拥有一个

① 参见 Herzfeld（1987a：45，51，115）。

② 没有必要说希腊对最邻近的国家会有领土野心的忧虑，一定是出于想象或者是出于偏执。相反，我认为这种鲁钝的刻板心理是问题的一部分，无助于真正解决问题。确实，将希腊的困境归咎于他者，固然有其历史遭遇的原因（Couloumbis，Petropulos，and Psomiades 1976），但隐现出特有的文化风格（Herzfeld 1992a：127－157），而这很容易招引嘲弄。

独立民族国家的尊严。希腊精英复制了鄙视自己文化的意识形态，它符合最严格的葛兰西式霸权主义模式。

当务之急是重新定义许多希腊人当下关注的文化亲昵。急于实现欧化的迫切意味着什么？如果答案是要以实证主义化和欧洲中心的国民性表征的名义，来压迫少数人群体和地方异俗的话，新欧洲将会拥有一张衰老的面孔。这个想法不会给人带来安慰。

所以，对欧洲身份认同的考验将真正发生在那些欧洲强国角色继续限制希腊的边缘地带。国际社会与地方社会精英之间的共谋支配，是否会让位于国际社会对今日希腊而非旧日希腊的尊重？直接的答案似乎取决于希腊当局在何种程度上能够和愿意逐步相应地尊重国内被剥夺发言权的群体。这些问题不仅仅是希腊的事情。除非这两个过程同时发生，否则新欧洲将会恰恰败在边界之上，不能产生久违的清晰感。希腊发生的事情确实对欧洲的意义举足轻重。它可能不是外部教导希腊来追寻的那个意义。我认为这个意义的重要性非同一般。

第七章 结构性怀旧：克里特山村的时间和誓言[①]

（纳日碧力戈，周雷 译）

介绍：作为一种怀旧的交互性和实践

在现实的行动中，作为一种静态的形象，过往历史的不可恢复和原初性往往起着重要作用。通过对行为的合法化确证，这种形象往往可以带来某种永恒的道德权威，同时将各种芜杂的想象情形再现为一种更大的宇宙——有其自我系统和平衡。我用“结构性怀旧”这个词汇来表达此意，即对一种伊甸园式的秩序进行集体呈现；这是一种“时间之前的时间”——此时完美结构的社会关系尚未遭遇影响人类方方面面的腐败。

---

① 除了 Herzfeld（1985a）中对我在 Glendi 的 Upper Milopotamos 村研究的支持以外，还要感谢温纳-格林人类学研究基金提供的资助，使我能够在 1987 年夏天接着进行田野工作，成为本章的主要支撑。本人在这里表达的观点与基金会无关。我同样为受《人类》（*Man*）之托审读本章的那些学者以及慷慨批评大力帮助我修改本章的其他几位同事免责：乔艾尔·巴赫卢勒（Joëlle Bahloul），理查德·鲍曼（Richard Bauman），洛丁·M. 丹福思（Lording M. Danforth），迈克尔·杰克逊（Michael Jackson），玛莎·肯德尔（Martha B. Kendall），杰尔姆·R. 明茨（Jerome R. Mintz），C. 娜迪亚·塞莱米塔季斯（C. Nadia Seremetakis），查尔斯·斯图尔德（Charles Stewart），劳伦斯·泰勒（Lawrence J. Taylor）和理查德·R. 威尔克（Richard R. Wilk），约翰·M. 霍林斯沃斯（John M. Hollingsworth）让我的潦草地图变得明晰可辨（图 7.1）。我尤其从个人和学者角度感谢按照规定需要匿名的许多克里特朋友，他们提供的信息充实了本章分析。

结构性怀旧既是官方政府也是其最不守法公民的共同话语特征。事实上，有关无需政府介入的良好社会生活时代的想法，为两党持续的互相制衡建立了基础。对于国家而言，这个模式将国家介入恢复先前的理想社会秩序的行动合法化。对于无法无天者而言，这个模式证明道德败坏的现状出现，与国家交手是可以接受的实用性应对手段；对于明确反对官方权威的人来说，无法无天无需辩护，需要辩护的是逆来顺受。

在现代美国，这种争论往往围绕着国家创立者的最初想法为何而展开，根据保守主义者的观点，这些想法神圣地体现在各州权利和外部调控最小化的观念之上。但是，诸如民兵之类的暴力帮派却把这个观念变换成了另外一种东西：谋求回到无拘束自我管理的原初状态，经常求助于种族或族群纯洁的思想。尽管大家的注意力大致集中在自由主义和保守主义之间的重要差别，但特别有趣的是观察赞成严格立宪主义保守理论但是对如何恰当地付诸实践存在分歧的那些人，如何处理这些紧张关系。美国作为许多人坚信“持枪权”的国家，见证了关于这项权利是否助长了疏离和犯罪，或有助于逆转背离自给自足的社会倾向的争论。对于任何欧洲自由主义民主国家来说，这些争论听上去十分怪异。民兵的反国家意识形态具象地呈现出不修边幅的粗犷个体主义、边地正义以及哈特菲尔德和麦科伊这两个典型父系家族之间的世仇。在美国社会，尽管有女性主义和关心健康饮食，相当数量的人在观念上继续赞成男子汉之间的哥们儿义气：第八章讨论过有关“普通百姓”（regular guy）的意识形态，象征性地体现在吃肉喝大酒和在理儿的互用暴力。澳大利亚的“哥们儿关系”（mateship）同属此例（Kapferer 1988）。在这两个国家中，民族主义、种族主义、爷们儿的无法无天互相叠加，如同正在出现的各类穆斯林“非打赢”（fedayin）解放运动和巴尔干地区相对晚近历史上的民族复兴。

这的确是有启发性的反讽：自行其是的西方人往往在话语中努力和

巴尔干和穆斯林世界的回归原初保持距离，通常用所谓的缺乏理性来谴责这些人群，但是他们发现自己也在丝毫不差地模仿同样自相矛盾的方略：他们把自己的过去猎奇化，同时把它说成是他们民族性格的源头。所以，在下面的克里特盗畜者的描述中，我们必须小心，即使仅出于分析的需要，也不要进入同样的误区。对所谓的边缘群体进行分析，其优势恰恰在于将一开始就坚持把这些群体边缘化的那些人（如我们在前一章已经知晓的那样）的意识形态假设打上问号。无法无天的牧羊人和注重法律的国家官僚相互关联的原因，并非出自我们现在称之为反现代性的逻辑，而是它本身具有社会和历史的基础。最好我们可以希望，通过聚焦国家与其非法之徒共享的象征性，来发现这种互相依赖。

要定义结构性怀旧，有两个特征至关重要。其一在于每个后继一代人所拥有的复制性。每个青年群伙都在抱怨——他们的父辈呼唤一切都比现在好的那个时代：人们更加慷慨质朴，行善更多出于无私，女性更纯真，家庭观念比现在重（Herzfeld 1983b），男人们更加重交情，重来往。一个接着一个，每隔几年或几十年，每个群伙都复制同样的渴望。所以，有关变化和蜕化的辞令事实上可能相当稳定。例如，在希腊，嫁妆似乎“总”（always）被看作是近来由城市或外国传入的；人们觉得这样更便利些——把他们对“新郎费”（且不提由此造成的资金困难）的道义不适感，归咎于含混不清的外部势力。在许多国家，每代人都有世风日下的类似悲叹，似乎代代如此，没有改变。这种静态的特性在道德上掩护了绝非静态、极具灵活性的某些获取资源的运作，官僚国家甚至为那些最愤懑不平的边缘化公民也提供这些资源。

特征之二涉及怀旧辞令的所指。这个所指表现为被摧毁的交互性：据称被沦丧的道德往往关涉某种程度的交互性——这种交互性也许已经被现代私利不可逆转地撕裂。不管这种道德是慷慨、爱、尊重，或是交易诚信，它已经失去原初的完美，也许面临完全消失的危险。怀旧的辞令遮蔽了它：我们所说的这种交互性，可能不是平等条件下的交互性：在“各知其位”的那个时代，贵族和平民之间或者父母与子女之间的关系被理想地表现为，尊卑关系为处于下端的那些人提供了完全保护并因此获得补偿。反过来说，如Kapferer（1988）在讨论澳大利亚的情况时所说的那样，民主或平等的理想可能会在事实上以出身为根据来排斥其他群体。再造神话史中血统和动机皆纯的理想同伴关系，就像澳大利亚白人男子的“好哥们儿”（mateship），以这类虚构遮蔽基础性的不平等。

社会思想中渗透了曾有过完美交互性的想法，又投射到对于世界的各种道德认知上。对交互性有独创研究的理论家莫斯（Marcel Mauss）在这方面备受关注，这并不奇怪；Carrier（1995b，1995c）注意到莫斯为失去前商业交换制度感到悲哀的进化主义立场，是怎样地符合猎奇化源流。对同样的现象还可以举出其他许多例子；不管怎么说，早期社会学理论毕竟出现在许多今日为我们所知的欧洲民族主义达到巅峰的时代。此类案例和现象还有一则，早期社会学理论兴起之时，也是这些欧洲国家的国家主义登峰造极之时。所以，恩格斯的原始共产主义和梅因（Maine）的前契约原始社会都重现了这个特征。在后来的典型个案中，格拉克曼（Gluckman）的“世仇中的和平”将交互性暴力理想化。这种模式至少在人类学家研究过的某些血亲复仇的社会中，以土著功能主义的面目出现；其中包括我要在本章详细讨论的克里特村庄。

至世纪中期这些观念也没有消失。希腊城市学家康斯坦丁·佐克西亚季斯（Constantine Doxiadis 1968：5）也写到，伴随着现时代的规模扩张和复杂膨胀，“社会凝聚力”和美的愉悦都消失了。他的观点把克服结构性怀旧的希望投向未来；他提出回归人本规划，这样可以净化社会生活，去除20世纪的混乱和污染。这是一项彻头彻尾的怀旧式解决方案，其依据是建立在互敬互爱之上的早期社会生活图景。

惊人的相似之处在于，作为民族主义和社会思想有时令人不安地相结合的其他证据，民族主义意识形态假想了一个前国家主义的时代——尚无外来腐败统治造成的社会纷争以及随后的文化混乱。类似于佐克西亚季斯的城市和区域规划，这些意识形态也同样许诺有一个光明的未来，充满和谐的民族复兴终将实现；宗教意蕴在希腊明晰可辨。确实，基督教宗教传统为欧洲和其他地区的民族主义的诸多重要方面提供了模板，其中包括这样的图景：完美交流的丧失——巴别塔，陷入互不理解——以及人类原罪带给伊甸园的不完美，即我们所知晓的世俗性。

如同宗教叙事，民族主义的历史编纂学大多怀念原初的完美。两者都从时间侵蚀的角度来解释纯洁性——文化亲昵的核心——的丧失。也许人们也可以争辩，说现代结构主义同样把永恒纯粹的形式——它被诸多转换过程和重重自觉思维所腐蚀——理想化，并且要为此担责。但是，在正确地拒绝结构主义永恒完美的同时，某些人类学者（如 Bourdieu 1977；参见 Ortner 1984）太过倾向于忽视在包括他们自己的许多社会中，普通社会行动者如何应用类似的模式。[①] 人们出于功利需要，往往会忽视人类能动性。所以，正统结构主义的失败，并不仅仅是因为它将永恒存在的结构置于社会真空中（Bourdieu 1977：82），也在于它忽视了社会行动者如何创造、改造和利用这些结构，为自己的随机行动寻找道德上的托辞。吉登斯（Giddens）把这个过程作为结构化理论（Structuration）的核心，但他不同于布迪厄，不愿意用详细的民族志来说明问题。我在本章先提出导言中讨论过的“激进中间立场”，然后建议在民族志脉络中，部分还原这些对完美永恒形式的策略性运用。

为了说明问题，先让我简述一下。一个克里特牧羊人怀疑对方偷了他的羊，半夜把疑犯拽到一个具有魔力的神像前，逼迫他发誓没有偷羊。

---

① 正统结构主义与世界上如此之多的文化共享的结构性怀旧表明，在后者的“无意识模型”和人类学者自己的分析模型（Lévi-Strauss 1963；参见 Herzfeld 1987a：60）之间作区分的企图，可能过于雄心勃勃了，且不提属于族群中心主义。

只有通过圣徒的介入，才能保证曾经将所有牧羊人维系在一起的信仰是虔诚的。当袭盗和反袭盗的模式——最好是道义上平等的对手竞争——被打破时，似乎宣誓能暂时弥合完美交互性的裂痕。而在今天的堕落社会，否认自己是在玩一场游戏，本身就是这场游戏的一部分。于是，结构性怀旧为实际上的世俗利益提供了神性支持。

它也遮蔽了对当下时间的策略性操纵，这里尤其涉及到对民族主义的研究。布迪厄（1977：4—7）认为这种操纵对积累符号资本极为关键。例如，一个羊被偷的受害者不会立即报复，因为延迟会制造紧张，增加最后还击的力度。一个男孩要袭盗一个年纪较大而且相当有势力的牧羊人，因为后者先前没有想到请他抽一支烟，但这位袭盗者不紧不慢，逐步增加报复力度，以至于当真相最终浮出水面以后，他的自我克制加上狡黠，使他处于有利地位，而他的年轻使他更有优势（Herzfeld 1985a：171－173）。无论是年龄差距的时间形式，或是由尚未摆平的怠慢造成的时间失衡，都会带来不平等。为个人尊严而斗争，其目的是为了恢复平衡，暂时达成平等，从而也从自己的角度出发，为重建超越时间的正义和完美秩序，贡献自己的微薄之力。然而，只能从某个具体当事人的视角出发，才能取得这种结构性均衡。乞灵于结构性怀旧是一种道德策略。它既是策略，也是自己常谴责的仇人使用的伎俩。

同样，民族国家也攻伐那些被指责为道德败坏、文化沦丧、人种不纯的人。就像村民们惜恋人人和睦的旧光景——如希腊人所说aghapimeni，乞灵于《新约》中圣启之爱（agape）的观念——各国政府互相指责对方破坏互敬互尊的自然秩序。但是国家有时不得不用另外一种方式来应对结构性怀旧，正如我们将在本章看到的，即人们渴望完美的社会平衡，无所不包的国家不必诉诸自己的法律和规训。由于几乎所有的国家意识形态都需要关于民风日渐腐败、官僚国家现在要拯救民族的叙事，当局有时发现这种干涉让自己陷入逻辑陷阱：他们在地方层面上是外来的扰民者，实际上代表了外部的从而也是邪恶的势力，他们本身就是民族病患的症状，而非解药。克里特牧羊人抱怨说，政府干预的恰恰是再清晰不过地证明其超验希腊性的品质——他们热爱不受任何官方拘束的自由，与此同时，尽管他们自认为是民族英雄的化身，国家的结构性怀旧却把他们划入罪犯类别。

教会和国家内部的结构性怀旧和与之对立的结构性怀旧

这些争议表明，结构性怀旧的确是一种策略性资源，这些不虔诚的牧羊人、国家、宗教共同体共享这个资源，而牧羊人和国家又同属这个宗教共同体。事实上，这其中存在相当明显的历史原因。简而言之，这些原因包括下层神职人员积极推动民族主义在地方层面上的传播及其最终胜利，也包括反对土耳其压迫、为独立而战的希腊英雄形象的普及程度——到处充满牧场男子汉形象，最好出自今日在类似于克里特山区仍可找到的那些社会环境。我第一次做田野工作时，在格伦迪（Glendi）找到的牧师之一曾经是牧羊人，因而在进入教堂前不可避免地做过盗羊之事；克里特的教堂过去曾大量接纳有盗羊前科的人，而在国家脉络下，超比例的警员被招募到克里特牧村。

这种共享的历史感复制了民族独立的主题，正如我在导论章节中提到，这使官僚国家面临一个具体困境：如何去规训建国本身曾需要但现在却威胁到新建国家权威的这种势力？这种困境对于多数后解放（postliberation）民族主义来说，也许是典型的。在结构性怀旧的话语中，我们将看到面对这种紧张的各方可以找到明显共识的一个地方，各方按照各自所需来阐释这些共性标识，都不真正愿意承认他们之间分歧的程度——鲜明地展示了象似性的指号幻觉。

在克里特的来回偷盗牲畜的循环中，有一个具体办法可以终止这种看上去无休止的复仇时间流[1]，以此来恢复平衡感。这就是自证无辜的誓言，通常敌对者来到人迹罕至的偏远教堂发誓。提醒对方意识到道德义务和互敬互重，从而让结构性怀旧服务于互相信任。否则不可逆转的社会不信任会占上风。这是因为，终止本地流行的不信任，意味着对长期积累的怠慢感进行抑制，设法不让行动者一点面子都不丢。实际上，行动者利用宗教手段来恢复名义上的和平理想状态。如果奏效，它就证明了该道德秩序的正确性。相反，如果不奏效，它就确认了全人类的不完美状况（Campbell 1964：354；Herzfeld 1987：28－32，46）。这些属于宇宙观方面。从实用角度看，它的成功为行动者带来喘息空间，而它的失败可被双方用来宣称比起对方占有道德优势。宇宙观甚至能够与社会实践中貌似相左的方面和谐一致。

当集权制缺位时，或者当该制度的干预能力被削弱时，行动者会寻找更加抽象的道德权威来源，为终止敌意提供合理性。确实，集权制对地方自我管理的干预——这个过程在克里特岛肯定发生过，可能会弱化用来持续调解或持续施暴的价值体系。这种弱化发生的原因，部分上是由于法庭及其职员故意解除直接行为者的最终责任，也因为行动者不大相信官僚们有能力唤起天惩之怒来支持他们。[2] 结构性怀旧在此处表现为对一个时代的渴望：它为鼓励骗人伎俩、行为失检和制造借口提供了条件，也为鼓励即便是短暂的和解提供了条件。确实，从事情本身来说，所有这些努力肯定都属于暂时性的。虽然在社会中完全信任是不可能的，但临时把它呼唤出来，可能是有用的策略，是可欲的社会手段。可以把完全信任的崩溃归咎于官僚国家，或者归咎于更为模糊的现代性混乱作

---

① 参见 Black-Michaud（1975），他对世仇概念定义问题及其相关持续和结束问题的评论有助益。

② 关于来自一个伊斯兰社会的一个有趣的类似情况以及 Ibn Khalûn 对此类点的预期，参见盖尔纳（1988：149）。

用：根据世俗的神正论（theodicy），无论是盗畜者，城市与区域规划者，还是几代人的社会理论家，都发现自己和最专制的政府代理达成奇怪的一致性。行动者不仅靠互相鄙视保持自己在地方上的社会地位，（或许）尤其是也更靠敢于面对赫然耸现的庞然大物。他们蔑视与之共享基本前提的官僚制度，这使他们在结构性怀旧中理直气壮。现代的西部高地和中央克里特区域存在一种悠久的互盗传统，它嵌入以牙还牙和礼尚往来的道德性之中。克里特山民反抗官员，鄙视同样官僚的教会神职人员，为此倍感自豪。他们通过各种话语大杂烩，把公务员和神职人员的话语劫持过来用于自己的道德辞令：把原创者的话语反转过来，以其矛攻其盾，利用道德论据（包括承认基督是官僚体制的牺牲品和狡黠牧羊人的庇护者）来支持不被教会许可的非法互盗行为。

我希望通过探讨宗教正统结构和互盗习俗之间的反复协商和妥协，提出办法，超越传统上神学与民间宗教之间的二元对立，或如查尔斯·斯图亚特（Charles Stewart 1989，1991）所建议的那样，超越宗教性与工具性之间或的确存在于结构与实践之间的二元对立。我认为某些版本的结构最好看作是实践，或更具体些说，最好看作是社会行动者用来作秀的修辞手段。在此框架中，利用宗教套路解决与盗畜有关的争端，这属于行动者的方略，用来探究理想秩序和日常经验之间的紧张关系。我将讨论牧羊人对冲突个案的叙述，以此展示这种紧张关系。他们的叙述说明了克里特牧羊人自己如何解释和应对一个有争议的世界所具有的自相矛盾。

发誓清白：超自然制裁

通过“以盗会友”，克里特的牧羊人通过一系列的交互袭盗，积极寻求潜在盟友的赞美，而这种袭盗的理想高潮是双方结为“灵亲”

(spiritual kin)。[1] 传统上在战争和外国占据时期频繁进行的盗畜活动，曾于 1936 年到 1940 年和 1967 年到 1974 年，分别遭到独裁者梅塔克萨斯（Metaxas）和军政府的残酷镇压，倾向于在比较民主的时期也勃兴起来，因为政客们为那些控制父系宗亲选票的强悍牧羊人提供保护，尤其保护他们不受法律追究。那些最不中用的盗贼通常会立马出局，一般会转向农业——这是一个禁止他们有袭盗企图并且被瞧不起的营生，因为他们不再拥有可被失窃者反过来袭盗的牲畜。在今日较为晚近的非互盗商业性模式下，那些较老的牧羊人在抱怨（有时甚至在警察主持的会议上）盗贼道德败落的同时，忘记了他们自己的盗袭并不总是交互性的，他们也不轻易放过弱者。现在，他们把过去与自私残忍的现今相对照，这是结构性怀旧的典型标志：社会平衡，交互往来，道德对等，坚守自律。

作为一个理想的盗畜者，他在被质询的时候要承认自己的所作所为。勇敢（andras，一个男子汉）意味着敢作敢当，从而不被小瞧（iployisimos）。人们期待非亲戚之间的互相敌对，无论通过灵亲或是其他关系，可能被转化为互相结盟的积极交互性。相反，对亲属、精神性的眷属、村民之间的袭盗会招致造成污染（oghoursouza[2]）的谴责，这让人联想到类似于乱伦的污染。尤其在遇上较罕见的被盗者本人而不是他的代表出面对质时，嫌疑人会拒绝承认某次具体行动。[3] 此时被盗者会要求嫌疑人“发誓”，通常是在三更半夜的一个偏远教堂里，发假誓会遭到天谴。这种天谴通常是惨烈的，而且言出必应，极有针对性和精准性。根

① 关于盗畜习俗，参见 Herzfeld（1985a：163 - 231，尤其关于结盟 183—189），灵亲——尤其是通过洗礼而非婚姻建立这种联系的时候——不应该互相袭盗。

② 标准希腊语是 *ghrousouzia*。它的土耳其语词根形式的意思是“不走运，运气不好”；参见 Herzfeld（1987a：178）。

③ 牧羊人尽可能采用完全间接的方式。被盗者的亲戚去他怀疑发生盗窃的那些村子找灵亲；后者把他留在家中，出去和他们自己的亲戚商量可能的结局。

据克拉米亚（keramia）村民的叙说，有两个盗羊贼，一个拒绝发假誓，活到了九十岁；另一个人因为“害怕”指控者（而非上帝），发了假誓，结果很快死掉了。

常规形式的誓言指向天惩的恐怖：“既然我的手已经从圣像移开，如果我对不起你（或“如果我有任何隐瞒”），那就让我的灵魂离开我的身体”。我的灵魂将离开我的身体，如果过错在我的话（或是我知道却不说的话）。它表明了一个神学暗喻：手象征着人对上帝的依赖，同时也肯定了肉身对神性的依赖。如果一个男人说话不算数，他就不过是一具空壳，一具遭到社会拒绝的无精神躯壳。手帮助人认知神性。宣誓或全部认罪之后，握一下手，言归于好。正式打起交道，随后的接触明显变得更加持久和细化——随着牧羊人彼此熟悉起来，可以经常看到他们互相抚摸对方的胳膊或背部。在最直接的意义上，手同时充当了男性团结的象征和工具。

有时候，这些坚决不与神职人员合作的牧羊人根本不愿意去教堂，这时他们就在一块岩石上画上十字架，用来代替神像。接着开始发誓：“这副十字架可以（由这块岩石）作证”（Herzfeld 1985a：204）。对这两种宣誓也可以补充“如果我对你的问题有任何隐瞒，那就让我（的灵魂）上不了天堂，下地狱”，以此增加对发假誓的恐惧。有时候，誓言会说出发假誓的具体报应（例如：“如果……那就让我活不过今年”；与此相应，在警察质询时听到的世俗说法可以是：“枪毙了我也没偷羊”）。此外，“我对你做了错事”（sou fteo）这种表达方式，把社会关系重塑为两个具体个人之间的担责关系；被破坏的交互形式现在需要修复，它在男性行为竞争和价值竞争的当下脉络中，复制了社会最终要互相依赖的普遍前提。描述在两者之间建立了某种信任和规约性；这种互惠性被损坏了，但最终被修复。这种对传统理想社会的互相依赖，是两个当事人主体想通过宣誓立即恢复的。牧羊人也可能加一句法庭宣誓用语：我说的全是真话，没有半点假话。

尽管一些圣徒并非独一无二，但人们会更多提到他们的名字。在米里奥克法拉（Miriokefala），牧羊人习惯于向圣母马利亚许诺，如果袭盗成功，会向她祭献 25 只找回的羊。另外，被牧羊人奉为理想青年（pallikari）典型的圣乔治骑士（Campbell 1964：272；Machin 1983），是偷盗嫌疑人前往发誓的三个主要教堂（Diskouri，Dramia，Selinaris）的保护神。在靠近南部海岸的一个以农业为主的村社，当地人告诉我，比起位于村内的圣乔治教堂来，他们更喜欢去较偏远的圣约翰教堂：我们将会看到，遥远和隐秘实际上会带来好处。经常举行仪式的其他教堂供奉圣十字架、圣法努里奥斯（St. Fanourios）和圣尼古拉斯（St. Nicholas）。

不过，与其说重要差别似乎存在于具体圣徒之间，不如说针对某个圣徒的恩典（*khari*）[①] 地方特色各有不同——用埃文斯-普里查德（Evans-Pritchard 1956：196）的话来说。一位来自格伦迪（Glendi）的怀疑者坚持认为只有一个圣乔治，一位曾经的牧羊人回答说："一个（圣乔治）是奇迹创造者，另一个是罪人（sinner）！"这种对圣徒的裂分认知偏差，可能在教义上是不可接受的；但它广泛出现在日常崇拜行为和亵渎话语中（Herzfeld 1987a：166），并且在冲突和结盟中都得到具体表达。它也突显了文化亲昵的基础之一：如果圣乔治都可以是罪人——作为当地社会（而非圣徒传记）的基督徒同侪之一——那么社区成员就有了一个好榜样，学习他的行为，但宁愿从不透露给外人，尤其不透露给好管事的外来国家公务员和教会神职人员。

事实上，从本地神父拒绝听取牧羊人忏悔这件事上，就反衬出他们的局内人身份；他们作为同村人深深卷入和袭盗有关的活动，难以自拔；

① 坎贝尔（Campbell 1964：344）采用了同样的隐喻来描写家族图像的重要性。

他们已经知道这些人是什么样的肇事者，不愿意牵涉对他们进行宗教或官方的制裁。同时，这些本地牧师简直就像那些违背高层教会当局的意愿，与盗贼游击队（kleftouria）一道拿起武器反抗土耳其压迫的教士。

牧羊人如果寻求修复或建立联盟，就必须乞灵于神圣恩典，其社会容纳程度要足以赢得自己人和敌对者的忠诚。地缘距离和圣像创造奇迹的声誉，共同决定人们选择哪个教堂。这是遍及全希腊的模式，一个地方神殿有可能最终变成乃至全民族情感的聚焦点。（Dubisch 1988：122；1995：173）

地远神力增

地缘的偏远既反映了对隐秘的需求，也反映了这样一种看法：位置越遥远，就越能更有效地增加的反制假誓的超自然力。人们喜欢在夜间宣誓，只在极罕见的情况下，才在村里的中心教堂举行。尽管嫌疑者几乎总是为自己的无辜辩护，但是他被如此传唤来说清楚，这件事本身可能会影响他的名声。一些村民说，如果使用每天都可能去的教堂，会降低仪式的庄严性，从而也弱化它的效力；一个男人开玩笑说，自己教堂中的圣徒会知道得太多。（或许他说的是村里的牧师，后者恰恰出于同样的原因避免倾听牧羊人的忏悔，Herzfeld 1985a：242）。此外，两个牧羊人——总的来说属于反神职人员的那帮人——毅然决然地走向一个教堂的大门，这情形只允许有一种解释的可能：“他们去教堂还能干什么？”在距离格伦迪不远的迪斯科里（Diskouri）山上的圣乔治修道院，由于大家深知小心谨慎的必要性，已故修道院院长对所有本地牧羊人如此熟悉（他常常从小屋清晰地听到他们的商议），以至当事人为了避免被认出来，经常请第三方去修道院，从院长那里取教堂钥匙——或至少不承认被认出来，因为真正的隐身实际上是不可能的

(甚至保守秘密本身也相当有戏剧性，从而肯定了人们的猜测：事实上没有什么是可以保守秘密的)。比起更为方便的村社教堂，为了保守秘密，最好选择位于相对遥远的山区的教堂。教士的在场也强化了圣洁感，有些教士中有许多人来自牧羊人家庭，没有村社教士那样容易披露忏悔的秘密，他们本身理解谨慎从事的必要。不过，至少从理论上说，任何教堂都可以去。或许出于实用考虑，也存在足够的理由，来捕捉首次出现的可乘之机。用普普通通的石头来发誓，就可以完全避免教士的刨根问底，也使嫌疑人几乎没有时间翻供或召集那些可能劝他绝不要发誓的亲戚们。

牧羊人为了参加仪式而准备行走的距离，标示了具体盗案的严重程度以及由此引发的愤怒程度。因此，唤起宗教情感也符合实用考虑：面对一次艰难跋涉，面对十有八九不利于自己的结局，有罪的一方更有可能立即招供。另一方面，没有必要让嫌疑人远离家乡，除非持续的嫌疑，尤其在村社内部，威胁到较大范围的社会关系网络。如果当事人来自不同村寨，诅咒发誓多属于下下策。

不过，喜欢偏远的做法，总体上也有一项例外。有些修道院牧羊人，虽然本身享有教士身份，似乎在过去也曾偶尔小偷一把，也常被传唤过来，发誓证明自己的清白。他们尤其小心翼翼，避免发假誓，或许因为他们比普通牧羊人要克制一些，对上天报应表示敬畏；此外，他们可能会被迫面对自己修道院的圣像发誓，而比照违反者最初的皈依誓言，某个假誓会加重他的渎圣罪。这些羊倌修道士（kouradhokonomi）不能放开投入大规模的报复性袭盗，这样会给教会带来难堪。的确，他们可以借助其他方式建立社会关系：尤其是借助修道院来者都是客的接待风格，借助和许多普通牧羊人的亲属关系，借助和他人建立灵亲关系。他们也没有发假誓的必要，因为他们偶尔发动袭盗的目的是警告，而不是用来引发大规模循环互盗的手段。

超自然制裁和社会关系

对于发假誓，最常见的超自然报应有肢体损伤，因突然瘫痪而不能出入教堂，失明或失去一只眼睛，家破人亡。一位抱怀疑态度的人在讨论与最后那种惩罚有关的个案时，坚持认为这不是“该圣徒”（其实指圣十字）所为：“他受伤了，就这么回事啊！这个区里的人都感到恐怖，无论是谁，‘吃’了教堂的牲畜就要缺胳膊断腿——尤其是在他发假誓又不承认的时候。”据信这样就能结束对修道院的袭扰：所以，即便我们接受这位怀疑者的解释，其社会效果毕竟来自超自然报应。一个村民评论说，发假誓的报应是不留情面的，“你爹是上帝也不管用”——又一个神灵家常化的句子，让它下凡，降到社会亲昵的层面。

那些最著名的奇迹圣像，无论奖惩，大多属于独立修道院，而非地方教堂。修道院教堂自成一体，在村与村的争端中保持中立；它们也为解决村民或亲戚之间的纠纷提供了中立环境（参见 Brown 1971：83 - 94）。格伦迪人喜欢举行发誓仪式的教堂有本村附近的迪斯科里教堂，有靠近圣尼古劳斯（Agios Nikolaos）位于塞利纳利斯（Selinaris）一条路边的圣乔治教堂。这些教堂中的第一个比较方便出入，但它有自己的地域，控制着格伦迪以及其他两个村子的供水。这个圣乔治的判罚有时会显得尴尬多于惩戒。据说有一个发假誓者在宣誓的时候，发觉那位圣徒的图像从他的手掌后倾移开。这或许是开誓言本身的玩笑（“我把手移开的时候……），还特别省略了死亡报应的词语（灵魂脱离肉体）。对手的拒绝，体现和表现了圣徒对发假誓者灵魂的拒绝，就像被冒犯的村民可能会谢绝和他的对手握手一样，而握手的作用恰恰在于判断双方关系。但是，圣徒通常不会随后现身报复。在 1930 年代，警察会命令本地小偷去迪斯科里发誓永不再偷盗。他们很快发现，即便庄严的誓词未被遵守，圣徒也没有惩罚他们，这显然是因为官方逼迫让誓言不再有效。从那个时候起，国家很少用这个方法来防止犯罪。相比之下，地缘上更偏远的塞利纳利斯的圣乔治教堂，以假誓遭恶报而扬名：人“一进去就发抖”。此外，如果有过路人不停下来进教堂祈祷的话，随后要命的事很可能迅即发生。出于这个原因，这个教堂是适合解决重大冲突的场所；例如，有一次格伦迪的前任市长被指控为了抹黑政敌，写了关于村里几个妇女的诽谤信，他于是来到塞利纳利斯发誓清白，指控迅即消失。

涉事人通过强调从自家村社的自然距离，避免打破日常社会生活，代之以向宗教事实的彻底回归，以其广泛包容的基督教来类比社会。[①] 宗教信仰（pisti）是不容置疑的：“宁信勿疑（pisteve ke min erevna）”。牧羊人也通过按社会规矩和道德规范不可追问动机的可信赖性（embistosini），同样认识到这条社会原则。Embistosini 兼容宗教价值和社会价值的二元性。当指控者提到一个地方教堂时说“我对马利亚没有信赖，我们去迪斯科里（Diskouri）”，他不是在蔑视作为圣徒传记人物的圣母马利亚，而是信赖在一个已经有名的地方发出的誓言，那里拥有神奇的力量。

一个被定性为背叛的案例，具体说明了宣誓与社会关系的观念性对接。有个贼被抓了；本地人怀疑受害人向当局举报了这个盗贼，此举可能导致相互间周而复始的大规模报复性仇杀。第一次审判在州府雷特姆诺斯（Rethemnos）举行，这个小偷被判有罪，也判了刑。他上诉了，案件审理转移到更偏远的卡尼亚（Khania）。请注意，如同发誓仪式，地理跨度增加了局势的严重性。与此同时，盗贼和受害人的共同朋友向受害人进一步施压，要求他撤回证词。据称，对此压力的惧怕超过对发假

① 做 *Khrist(h)ianos*（基督徒）意味着在罪犯群体中的社会接纳而非皈依。称某人为 *Khristianos* 可能暗示着欺诈而非虔诚。

誓的惧怕，在对上诉进行判决时，控告者撤诉了，说既然那窃贼反复辩称自己是清白的，建议去塞利纳利斯宣誓判决，而被告立即予以默认这个事实，确实可以证明他的清白。“因为我相信它没有从我这里‘偷吃’它们。[①] 我犯了个错误。我请求法庭原谅。”距离把权威同时赋予了神殿和上诉法庭，这宗判案就此撤销。

尽管被告确实行窃，甚至没有哪个法官会挑战被转述的来自更高更远的那位法官——创造奇迹的神像——的意见。塞利纳利斯就是最高法院（Arios Paghos）。[②]

地缘遥远以及由此引发的对人与神的恐惧，不意味着身临其境的牧羊人就一定彼此信任。他们的行为似乎主要被社会原因所左右。在信任这个问题上，无论涉及誓言，还是据称是天神对发假誓者的报应，是无从考据的；但它作为策略游戏一部分的表征性，还是可供分析的。[③] 他人的动机，如村民自己坚称的那样，最终不可探知，自然也值得怀疑。（参见 du Boulay 1974：84）。以发誓裁定的做法避免了打着至理的旗号让冲突继续下去，从而也保住了面子。但是这恰恰意味着真诚信任的反面：它提供了一套仪式手段，让对手逃避更多惩罚，却并不一定改变对自己罪过的看法。邀请对方发誓本身意味着事情将到此结束。这个过程的神圣性本身在于保护可能被它（八九不离十，经常性）遮蔽的谎言。

犹豫的指控者：誓言的风险

发誓仪式被称为清除（ksekatharisi），这个词让人直接想起所谓无辜

---

① “吃”（eating）是对盗窃的普遍隐喻，也暗示（靠欺诈）获得财物。

② 法庭的古代名称（Areopagos，阿瑞斯之丘），可追溯到最初的希腊国时代。

③ 尼达姆（Needham 1972）反对用内部心理状态描述所有人群；洛伊佐斯（Loizos 1975：301，n. 2）将此扩展到世俗的政治信念。

者的无愧誓言（clean oath，katharos orkos），无愧的意思是无辜、愿意起誓、洗清/免除（ksekatharismenos）嫌疑或现行罪责（经过坦白）。

这组词汇显然与污染尤其是因为发假誓造成的污浊（magharismenos）相对立，把真相的确立和社会关系的恢复合二为一。和理想化的往日相比较，今天发假誓的现象远非罕见：按照一般说法，“我们现在变得肮脏了。”不过，如果一个人同意起誓，他就用仪式表明了自己的无辜，别人就不能继续质疑他，否则会冒犯他的人格和社会集体。

盗畜贼按常理会撒谎，他们的受害者（本身就是盗贼）很少相信他们的誓言。反过来，嫌疑人也可以用牵强的借口搪塞指控者，甚至当面拒绝。不过，他一旦同意发誓，就要面对圣徒和上帝承担全责。尽管超自然惩罚的故事是恐怖的，但很多人都准确地知道犯罪嫌疑人会发假誓。根据奥斯汀（1975：42—43，154）有关司法判断的描述，从社会意义出发，判决决定了无辜或有罪，如果不具说服力，还可以表示反对；与此相反，按照惯例，起誓可以达成和解，控方不能再追究下去：“我（受害人）要承担义务，永远不再提它。”同意以后再也不提此事。在仪式结束时，指控者会对嫌疑人说，“我不会对你揪住不放”（khalali sou），说这话的意思是放弃对被盗牲畜或财物的所有权利。很难保证他真的认为嫌疑人是无辜的。一位先前的教士评论说，一个牧羊人一旦发誓自己无辜，“就可以认为他被‘洗清了’，——不一定全洗清，当然啦，不过，嗯……”这种敷衍很说明问题。在这个邪恶的现实世界，“起个誓”（na paris orko）这个说法本身也可以通常真的表示“你发假誓吧”。邪恶是常态，而非例外。

丢了牲畜的牧羊人万不得已时才会诉诸起誓，所以风险也大。此外，对于发假誓者来说，他可以用很多办法拿良心说事，为自己的欺诈行为找根据。例如，说我没有“吃过”他人的羊，这句话是模糊不清的。米洛波塔莫斯（Milopotamos）的一位牧羊人发誓说，他没有吞下（ingest）

那些偷来的牲畜；他的确没有在语词本义上吞咽它们。不过，指控他的人也理解，他要说与此事毫无关系，当然这并不属实。这种微妙处理避免了真的去发假誓的任何必要。即使真相浮出水面，受害者也可能放弃报复的要求。仅靠证据不能否认誓言的神圣权威，否则就是亵渎神灵，是邪恶无礼。

牧羊人不情愿让嫌疑人起誓，究其根源，也在于指控者在神学意义上牵涉到发假誓者的罪行。这是明确的："你来担责"（pernis efthini，这句话捉住了发假誓者"担"誓时的连带交互性）；指控者把嫌疑人逼入困境，是有过错的。危害任何存在物，不管这个存在物如何邪恶，都要承担罪责。

即使是那些除魔驱凶眼（evil eye）的人也必须承担罪责。如果事实证明嫌疑人是无辜的，无论从社会还是神学的意义出发，指控者的罪孽（amartia）就更深，他对自己的罪恶感（enokhos）也大大增加——他竟敢把无辜的同伴牧羊人往坏里想。

为无事实根据的指控担责，这在一个戏剧性的象征故事中得到表现：一个人被错误地指控为纵火犯。当事人被迫在克拉米亚（Keramia）神奇的圣尼古拉斯教堂发誓，他呼吁那位圣徒主持诗性正义（poetic justice）："如果错不在我，他（圣徒）将在你的头上显现奇迹。"这还真的灵验：不到三个月，指控者死于颅内出血。神学注解和社会注解又一次合拍。一个有罪之人在遇到起誓的压力时，通常更愿意返还牲畜，如同一位先前的警察不经意间引出莫斯（1968：160）关于神性纽带（spiritual bond；lien d'ames）的概念解释那样，这是因为"那些人彼此之间关系密切"。

和偷盗牲畜本身一样，怀疑也是交互性的，指控者在轮到自己的时候，可能不会拒绝起誓。根据刚才提到的神学交互性的社会推理，错误指控的一方——即便出于没有恶意的失误——也会受到圣徒的惩罚或者自己良心的谴责。（还有一点值得提及，在这个人们声称即使努力也难以看透对方心思的社会，动机和担责几乎没有关系；如果一个人误杀了另一个人，根据社会约定，他容易成为死者父系家族的复仇对象。）在发誓清白的仪式中，指控者有义务遵守交互性协议，其目的在于恢复良善关系。因此，他在兑现誓词的过程中，难以逃避这种交互性可能产生的后果。例如，被控者也会要求指控者起誓，说那些丢失牲畜确实丢失了。此外，如果指控者本人针对受控者又开始了一轮报复性偷窃，他自然会假设，这最后的盗案是报复性的。在这种情况下，双方的角色就颠倒过来，目前的嫌疑人会要求他的指控者反过来发誓清白。交互性是有主题的：如果嫌疑人被指控某些其他罪责，例如把指控者告到警察那里去，反指控也会以同样方式进行。

不管怎么说，一旦誓言说出，指控者就不能公开质疑。这么做的话，不仅有违普遍人性（作为人类，anthropos）——其向心作用能解释人类为何最需要信任；而且这“不够爷们儿”（unmanly）。从普遍流行的观点看，男子气表现在勇敢和自控，这是有道理的。对潜在的敌人不加实时防范，这需要很大的勇气。在那些最剽悍的牧羊人当中，隐忍可以是力量的标志。对于神圣秩序的永恒忠诚（pisti）一定是更加变幻莫测的状况（Hart 1988：187）提供了恢复社会和谐的信服（pistemenos）① 原型。

启用誓言要冒相当大的现实风险。有关信任的辞令显然不排除欺骗。相反，它会孕育欺骗。与此同时，牧羊人知道，他们是共同社会环境的参与者，这对他们是一种限制，不愿意把对方逼入不齿于人类的绝境。也许不让对手发假誓更有好处，因为他是一个强悍有势的牧羊人，有良好的社交网络；或者这位受害者更愿意让交互袭盗继续下去。下面的例子可以说明这些限制。

---

① *Pistemenos*（字面意义是“相信了”）暗示相互信任，英语“说服了”不能完全予以表达。可以把它作为希望恢复结构性怀旧概念暗含的完美平衡的小小证据。

有两个牧羊人和一个盗贼说好，为了换取铃铛[1]，对失窃的牲畜不再提任何归还的要求，双方最终达成建立灵亲关系协议，然后偷偷溜到盗贼的合伙人那里，背着前一个窃贼，骗对方同意发誓清白。可是，到了最后关头，藏在教堂密室里的年纪大一些的指控者和一个族人拿着铃铛走了出来。这个贼不得不坦白。这样，他们就没有让他发假誓——尽管这出于实用需要和社会考虑，嫌疑人不应该被贴上发假誓的标签而受到牵连——与此同时，他出于恐惧，最终把一只羊送给他们，用来赔偿那只被盗的羊。在这个狡诈的骗局背后不仅有实际利益，也出于避免精神污染和政治蠢笨的考虑：不能让一个对手牵涉假誓，也许某一天他会变成有用的同盟者。这件事尤其出彩，既迫使对方做出赔偿，又避免了实际上的无理索要。

因此，牧羊人会小心，避免故意让他们的对手发假誓，也极不情愿诉诸誓言。来自克里特南部的一位牧羊人说坚决不做这样的事情。他辩称，丢一只山羊是区区小事，为此诱使另一位牧羊人犯假誓罪，甘冒这样的危险是错误的。这样的手段他只使用过一次，那是在后军政府的1970年代，为了打击盗窃牲畜，国家支持组建了地方牧羊人委员会，他是其中一个委员会的成员。处理这个案件并非完全是他的个人行为。应当承认，与官方有任何形式的合作都会让人联想到“出卖”（prodhosia）。不过，他这样做有助于缩小嫌疑人的范围，因而拍着胸脯说他是在维护全社区的利益。同时，他用戏剧性的传统办法解决问题，避免让人指控出卖了那个被告。就像投骰子，责任从能动者转移到非个人的宇宙论权威（cosmological authority）那里，被告窃贼独立作出决定，宁可坦白也不冒险触怒天威或作为反社会的发假誓者最终曝光。

---

① 割下每只羊和每个羊群特有的铃铛，有声有色地公开侮辱了失盗者的男性尊严。参见 Herzfeld（1985a：191－192）；Stewarts（1991：71－72）。

牧羊人必须随时意识到，如果他用宣誓的方式让对手撒谎，自己有可能会丧失社会价值。他不可以挑战发誓清白的宣言。这样他就失去了任何报复的机会。如果后来有证据说对方的确是贼，因受骗而放弃正当报复的指控者，也会和发假誓者一样深感耻辱。这个时候，较有把握让他挽回一些面子的唯一办法，就是引人注目的报复，如把发假誓者的羊群全部毁掉，后者所属的社群可能会私下欢迎这个举动，而报复者所属的社群也会不加掩饰地表示欢迎。

起誓让指控者和嫌疑人面对面，伴有使用暴力的风险，而不是让他们通过第三方背对背协商，这是人们更偏好的正常运作模式。即使牧羊人能够设法让人或多或少相信，他们是偷错了牲畜，即偷了他们自己同伙或亲戚的牲畜，因此决心补偿。他们更喜欢把牲畜放在中立地带，失主可以到那里找到它们，不愿意亲手送还牲畜，以避免暴力冲突。最好的朋友也可以成为嫌疑人，除非有证据说他们是清白的；牧羊人公开表示不相信，即便是同伙，在能够顺利脱身的前提下，会放弃袭盗他们。也可以避免直接袭扰对方的羊群。有关错拿的说辞可以用来掩饰一方对另一方搞砸的袭盗。另外的选择唯有盛怒下的道德谴责，接着就是一片混乱。

比较而言，对于誓言的善用可以化解暴力。有过错的一方通常更愿意尽量拖延起誓，而不会坦白或者立马拒绝。这样就允许当事人逐步放弃，由此争取更多机会，和平解决问题。如果嫌疑人不接受考察，拒绝起誓，他就会引起怀疑，不仅怀疑他的清白，而且从长远看，更为重要的是怀疑他的做人。这样一来，他就失去了用来支撑可用联盟的尊重。

只有在指控者行为失当的情况下，嫌疑人才可以合理婉拒。于是乎，指控者明摆着的不道德行为（*dropi*）可能会被利用，为嫌疑人带来好处。后者就可能希望前者继续错误地怀疑他，但又无法令自己十分信服地排除不确定性。相反，如果指控者看上去是值得结交的潜在盟友，供认不讳，即便属于不实之词，那么他比发誓清白似乎更有好处。不过，对于做人的主张来说，虚假供认和发假誓一样，都构成了欺骗。最好说真话，这样才能把道德回应的责任推向指控者。

无辜誓言的实用原则在于内部一致性。牧羊人的起誓手段仅用于在他看来个人勇气比较受尊敬的对手。懦夫牧羊人是无用的。首先，他作为未来合作者将会是无用的。再者，如果他不敢说真话，他的假誓会让双方都丢脸，这是因为这会造成尴尬问题，涉及指控者的判断力，也涉及被告的社会价值。最后，只要发假誓一直没有被发现，它不会产生明显效果。同样，一个牧羊人如果怀疑对手发假誓，他对此是无能为力的，否则其他人会针对他本人的最初判断提出令其尴尬的问题。由于他承认对手实际上是平等的，后者的假誓意味着他的判断失误，这样他就参与了真正可怕的犯罪。

从圣言到诺言

无论如何，对真正假誓案件的叙述远非罕见。为了理解这种明显的悖论，我们首先要放弃这样一个假设：交互性盗畜所承载的价值一定和基督教道德冲突。对于牧羊人而言，神学真理和社会真理属于彼此密切关联的不同类别。社会制度通过日常经验的分裂性和复杂性，代表和折射神性。社会生活充满神秘和欺诈，所以明显的天启可能会遭到随后证据的否定。社会生活缺乏永恒真理的本质启示；知识随着时间的流动而流动。

人们通过神圣秩序在日常经验中的特别显现，来理解它的运行方式。所以天神对假誓的惩罚，类似于对交互性偷窃准则的违反者进行报复的逻辑。同样道理，逼迫他人发假誓要担当同样罪责，这个观念类似于他受骗上当成为公众笑柄之后蒙受的社会羞辱。同样，在牧羊人眼中，发假誓等于向当局出卖同村人，从他们的做人和我关于文化亲昵资源和形象的更广泛论点出发，尤其重要的是，它等于强暴同村妇女。这些行为都是越界（oria），因而正如我们已经看到，它也属于诸多形式的象征污染（oghoursouza）。无论是神学意义还是社会意义上的罪孽，都侵犯了可在范畴上视为属于自己和属于他人之间的边界："不管做的'活儿'是什么，叫它'偷'还是'atimia'[①]，只要发生在你自己的乡里四邻就不对，你不该做。"例如，在自居社区中强奸妇女，就像偷窃牲畜和暴力，在社会意义上与乱伦大同小异，只是范围大些，任何人都不可以为强奸犯辩护。[②]

因此，一个"纯净的誓言"发自对圣言（Wod of God）的信仰。同样道理，社会关系的"净化"要求一个人笃信对手的话。在社会性既反映也折射神学性，所以指控一个人发假誓，就是说他不是好样的男子汉，同时也谴责他是罪犯，缺乏对上帝的敬畏（theofovia）。这意味着他不仅固化了对受害人的伤害（受害人根本不能指望其他牧羊人的同情），也不耻于人类：这些反圣职（anticlerical）的牧羊人无意中精确回应了涂尔干和莫斯。

缺乏对上帝的敬畏是野兽不同于人类的本质，也是土耳其人不同于希腊人的本质。受害人启动发誓程序，质疑嫌疑人的诚实，但是仍留有和好的余地，表现出"爷们儿"的慷慨大度。不过，要是嫌疑人被指控为发假誓，受害人会把社会可以接受的简单盗畜行为，转变成集体的、不可挽回的绝对化状态下的罪愆和失礼。

这种无法容忍的侮辱只能用以杀人回敬，而发誓的理想目的恰恰是为了防止这种极端暴力。人们知道假誓的存在，它可以是令人信服的指

① 一般翻译为不名誉，这个词尤其暗示性行为不检点或暴力。

② 贝利（Bailey 1971：17）同样在坎贝尔（Campbell 1964）的希腊材料中识别出"信任同心圆"。关于裂分作为关键的组织原则，参见 Herzfeld（1987a：173－179）。

控。做假证这也相对常见，因此它可以用作一种令人信服的指控。它适合一种社会框架，男人们在其中争当真爷们儿，但很难指望有谁能一辈子保持自己的声誉完美无缺。

誓言为消除紧张关系提供了约定俗成的手段。我在介绍本章的评论中表明，被盗小伙子如何通过逐步累加袭盗次数取得比一次性大袭盗更大的效果。另一位格伦迪青年为了报复很久以前袭盗父亲羊群的被告，偷了对方的头羊——从而也是他自己的男子气象征，还有几只母羊。他被指控时同意到村社教堂的圣乔治神像前发誓。他承认偷了一次，承认又偷了一次，然后一次又一次，直到承认最严重的这一次：偷了头羊。这位格伦迪人在商讨策略把握时机，逐渐诱使对方进入欣赏其坦率的心态——此外，在这种情形下他可以直接指控他，说他毁了他的父亲而没有受到惩罚。他的对手一直以为自己的偷窃行为无人知晓，本想让这位格伦迪人发誓——在公平互盗的正常情况下，这原本是一种令人深恶痛绝的行为。①

当下的环境有利于解决问题。因为整个商议都是在深夜秘密进行的，所以不存在维持世仇的外部压力，这场游戏以打成平手结束。只有那位被完全不敬神的格伦迪小伙子索取教堂钥匙的教士肯定有所怀疑（实际上可以随便问他发生了什么，因为他和那位年轻人属于同一个父系家族）。在这种争当纯爷们儿的竞争中，这种微妙细致的安排减少了发生流血事件的风险：“我们当时讲和了。他连钱都没要；就是说，（他本可以有权要，因为）我‘吃掉的’羊要多些，我‘吃’他的牲畜比他吃（我）的多些。”这种克制态度说明解决问题是可能的：“我们立马握了手，我们再也没有，就是说，互相‘袭扰’。”村民们说，没有来自第三者或当事人父系亲属的压力，极大缓和了紧张关系。在一个公开场合的表现既

① 偷盗公羊对羊群的繁殖构成真实威胁，是对牧羊人的另一种象征性阉割。

可以建立也可以毁坏男子汉名声的社会，观众可能是危险的。秘密状态大大有助于建设性协商。这是对真正亲昵性的保障，它构成了一个有可能把互相敌视转化为互敬共谋的空间。因此，它是有关民族国家文化亲昵的完美模式：盗羊贼和政客惬意成交，但是众目睽睽之下，前者佯装不屑，后者拒绝承认。

在此个案中，双方在夜里私下见面，当事人可以悄悄地就如何解释这场事件达成一致，这使他们能够避免由伤面子造成的危险后果。受控方一方面通过坦白表现男子气，另一方面根据道德标准证明自己的行为合理。他与指控者达成道德平等，从而为和解创造了合适条件。比较起来，非对称关系否定了弱者一方的男子气。确实，这种逻辑关系也决定着不同性别者之间会偶尔启用誓词。在克拉米亚的圣尼古拉斯教堂，有时来自其他地区的男人会让妻子发誓表明她们的忠贞。妇女不会像盗贼那样拖延坦白直到最后时刻，她们不能让丈夫起誓。男人的不忠不会受到女人那样的制裁（du Boulay 1974：124）。率先启动誓言程序是占优势的象征。在敌对牧羊人之间不确定的竞争中，这种不对等有时候会反转过来；但是夫妻之间圣神注定的不平等关系从不会出现这样的反转。[①]

誓言：圣道的社会折射

誓言为社会关系注入神性力量。正如在社会和政治世界中反映而非抵触人类与圣徒关系的灵亲纽带，它具有名副其实的宇宙观照。宇宙（*kosmos*）这个词，本义指世界，亦指人寰（如法语的 tout le monde），此处指那些说长论短、传播流言、背后议论和争吵不休的芸芸众生；但它也是盗贼的行为获得意义和力量的舞台。互信关系将所有负面向度转

① 关于希腊社会性别的神学基础，尤其参见 du Boulay（1974：100－120；1986）。

化为正面向度。如果无辜的嫌疑人同意起誓，那就会让“仇恨消失”：“如果我确定不信他，我们根本就不会去教堂！”

誓言让棘手的局面脱俗入圣：将嫌疑人的话当作经过仪式加持的真相，将它重塑为永恒；为了现今和未来的和睦，它让过去的争端平息下来。它以冲突开始，发生暴力冲突的危险不断加大到最后时刻。不过，窃贼通常会在誓言快到嘴边的时候停下来，合乎情理地，他自己对天主的敬畏压倒了对另一位牧羊人的恐惧。

布迪厄（1977：7）讨论过处置时间的两种不同方式：操控行动速率以增加紧张度，以及“旨在迅速中止时间运转并确保人际关系绵延的策略”。当然，这些并不是互相排斥的业内术语。此处，操控速率的目的在于创造去世俗化的绵延，或许我们可以称之为不朽的友谊。根据克里特人的交互性逻辑，借助有时间节点灵活多变的非常规行为[①]来表达敌意，这些策略被用来实现永恒之爱（aghapi）——这样一种社会和谐，它是与天主之间的纯真关系，也是往日的社会状况（参见 Stewart 1991：91；du Boulay 1974：249）[②]。这种语言表达了由起誓最终产生的理想结果，它也是结构性怀旧的语言。总而言之，誓言让当事人回归伊甸园式的纯交互性状态，彼此之间的信任让牧羊人一诺千金。

做假证是对爱及其相关价值感（timi，常译作荣誉）的亵渎[③]。它否

---

① 让传统形式发送变形对“社会互动诗性”是基础性的（Herzfeld 1985a：16；参见第8章）。

② 在英语及其亲属语言中，在“爱”（love）和“信”（belief）之间存在复杂的语源关系。至少有两位人类学者利用了这个关联：尼达姆（Needham 1972：41－44）认为，这些词汇代表了深层的内部心理状态，而哈特（Hart 1988：186－187）把信任概念与“感知证据”联系起来。不管这两种观点产生的影响是什么，最近的写作者（例如 Gambetta 1988b）会同意，仅可以在象征意义上放心地对信任及其近义词进行分析。不过，这可不是小事一桩。

③ *Timi* 也有价格的含义。尽管 *timi* 与 *honor*（荣誉）之间拟测的同义关系存在问题，似乎 *loghos timis* 真的具有英语 *honor* 一词的力量，丝毫不差。

定了产生信任的可能性。相反，荣耀的非正式用词（loghos timis）是对神定逻各斯的世俗折射。诚然，牧羊人将诺言视为最为纯洁的契约形式；它几乎不需要外部调控，所以在观念上最贴近圣道。它直接内嵌于社会关系中，无需宗教和法律的中介，以握手为象征，发誓时变成将手置于圣像上。在后堕落（postlapsarian）世界，誓言不管用了："我不相信你，不相信你的言辞（words）。"注意这里的复数形式（words）：在希腊民众的宇宙观里，复数与邪恶有关（Stewart 1985b：60）——就像对圣像的亵渎折射——它表达社会混乱。（言辞［Words］也属于那种最纷乱的社会现象，即流言蜚语。［参见 du Boulay 1974：206］）因此这成为某种必然，当事人必须向一个圣徒保护神求助，并非普遍意义上的圣乔治或马利亚，而是要经过在地化，被公认具有或许可怕但肯定是奇迹般的力量。从握手到手抚圣像的转变，象征着圣徒的居中调适，实际上体现了直接和普遍的信任感降低。它标记了一次转折——从普遍的泛基督教和睦共生到支离破碎的互相依赖感，再到这样一个世界：居中协调者——教士、僧人、官员——令人遗憾地变得不可或缺。牧羊人会夸耀，对手从来没有能把他带到教堂里，他总是一诺千金，足以让人相信：有讽刺意味的是，此处反宗教情感与上帝亲缘融合一体，就像不守法行为要乞灵于和国家同样用来为自己执法辩护的结构性怀旧原则。在法庭中将手置于《圣经》之上，代表了社会信任的具象进一步和最后衰落：圣徒的物质图像本身是便利石头（handy stone）或神圣诺言的替代物，适应本地化的更高要求；它们现在让位于特化到极致的抽象印刷和外部官僚国家机器的一整套行头。牧羊人瞧不起所有各类"玩儿笔杆子的"，对于他们来说，连《圣经》都不能完全代替直截了当、令人信服的"圣言"。

愤世嫉俗与国家

过去牧羊人把誓言真的更当回事，这个通常说法延续了那些类似的观点。做假证者就像纯粹为钱财行窃的偷羊贼：两者都削弱了既有的交互性乡俗民约。事实上，当今最常见的做假誓形式，即声明撤回当庭宣誓的证词，大多有利于追求钱财的盗贼。村民对这类假誓可能会有批评，但他们把它归咎于司法体系的问题，或归咎于自己不情愿出卖发假誓的具体个人。有一次法官问一位老文盲是否知道什么是假誓，据说他的回答是：“你（就是这样）拿到你该拿到的赏赐！”（to dava sou ĉerdhizis）

对于窃贼而言，基于互信（pisti）的誓词比法庭上的誓词要神圣得多。用一个臭名昭著的格伦迪盗畜贼的话来说：“在法庭里，让某人逃脱（指控），这（假誓）并不重要……在教堂里，你不应这么做。你在教堂里不敢。”法庭代表的是一个有敌意的官僚政府，让牧羊人同伴免于牢狱之灾是行善：村民把宗教优先性等同于社会道德性，而非法律道德性。即使在似乎更守法的低地村庄，男人们情愿去教堂而不是去法庭解决问题。显然，比起国家的法律制度来，理想世界的交互偷窃更接近宗教制度。

怀旧将道德性和尊重圣言等同起来：“往日里，一诺千金。”即便用圣像起誓，加重一个简单诺言的分量，也暗示相对不信任。在格伦迪，有个小男孩对着石头发誓，说不会出卖指使他偷猪的年龄大些的女孩，但是一旦起誓，他就装不下去了；这就是被一个七八岁的孩子内化的义务排序：“我情愿破除誓诫（而不是诺言）；我就是不能说话不算数。”越少正规性，人就越接近上帝的意旨。对于克里特盗畜者来说，官僚的民族国家就像官方教堂，代表道德腐化侵入社会。

过去的个人经历再现着普遍性怀旧。一位先前的牧羊人坚持说，自己年轻时从未让人起誓，因为这些罪犯总是充满自豪，随时愿意坦白。盛怒之下的报复让他能够面对他人的欺骗之辱，而作为潜在同伙的价值，又使其他人真的想让他知道他们的勇敢之举。不过，如我们已经看到，实际价值分神学和道德这两个并行的方面，它们既解释也强化这种实用价值。最纯正的诺言甚至无需大声说明。它比任何现代方案都更接近崇高的圣言。在另一个极端，法庭上的律法形式主义（legalism）——官僚坚持用白纸黑字确定事实——免除了他说出真相的任何道德约束。

试图让牧羊人当庭发假誓的辩护人，几乎不可能让这些无法无天的山民增加对司法程序的尊重，同样也不可能让那些为讨好保护人而代表被判有罪的盗贼干预司法程序的政客增加对司法程序的尊重。

尽管誓言不如诺言纯真，但仍可能用来重建与上帝的联系。然而，在官方语境中，人们当庭手覆《福音书》发假誓，不惧天罚。在法庭中，被国家视为象征上帝与希腊东正教徒合一的《圣经》，不具备已经地方化的具体圣徒所拥有的那种惩罚力量。并没有乡间圣徒的令人畏惧之力。这些圣徒已经卷入地方社团之间无休止的竞争；事实上人类社会已经无可挽回地发生分裂，这个共识让这些社团走到一起。（请再次注意，这个悖论构成文化亲密性的基本条件）。

所以，向和缓而同质的官僚系统屈服，就是否认人类具有的竞争性伙伴关系。为了保护社会承认的事实，说谎是必要的（参见 Gilsenan 1976：208－210）。在现代官僚世界，渎神造假成为人类生活神圣秩序的最后一道防御。

国家穷途多谋与杂语复调国家

阿萨德（Asad，1987）认为，天主教修道院的规训重新引导而非压制了人类情感，总体上说，这个观点对东正教的修道院制度也适用。即使不是完全相同，即便教士和牧羊人不完全生活在同一个世界，但他们的世界在本质是一样的；牧羊人行当为基督和教会的角色提供了强有力的隐喻；① 这是非常清楚的——他们牵涉双重含义的田园实践（如同 kouradhokonomi 的角色）。不过，在修道院生活中，规训战胜了策略，无所不包的一统体制战胜了个人意志。牧羊人对宗教体系的利用逆转了所有这一切。他们对自己道德纯洁性的定义与体制内价值体系对立，互相之间，而不是与中央集权式的权威，保持交互性关系。因此，通过社会生活的分工，他们的实用主义权威折射了圣言，即逻各斯。由这种原子化的微观视角产生了大量还算可靠的允诺之词（loyi）②。“圣言出太古。”今日存留者，不过词语而已，服务于无尽的目的。

但伊甸园总是可望而不可即。不过，这种结构性怀旧具有相当重要的社会意义。吉登斯（Giddens 1984：25－29）所谓“结构两重性”——结构和能动性之间的交互作用，此处分别表现为理想圣言和实用“语词”的交相互动——意味着我们称之为结构的官方意识形态，恰恰是“社会化的能动者”发掘策略资源的原矿。（Bourdieu and Lamaison 1985：94）。信任显然是涉及秩序的概念；持续存在不确定性的境况会产生信任问题（Gambetta 1988a：218）——这种状况没有随现代性消失，实际上还可能由于它的压力及其严管社会生活的企图而有增无减。（参见 Malaby 2003：77－79）。信任开启了一种值得怀疑却又是必要的能力，用来预测和预期他人行为，因此，它代表了控制当下时间的尝试。怀疑不断是日常经验的特征，它是有侵蚀性的；但有时候所有相关者比较容易在互相尊重的

① 关于牧羊人神圣角色的推论，参见坎贝尔（Campbell 1964：26）。

② 古典和通用希腊语（Koinē Greek）转写为 *logos*. 根据我在此处采用的对现代希腊语的转写习惯，这个词在希腊语中的拼写是一样的，以 *loghos* 出现；相应的复数形式为 *logoi* 和 *loyi*。希腊牧羊人在强调一件令人惊讶的消息时，经常使用感叹词 *logho timis*（［用我的］荣誉保证）。

基础上达成和解。在这种情况下，行动者勠力再索永恒真理。他们努力把世俗时间性暂时悬置起来。

因此，拒绝把东正教价值体系和克里特的盗畜贼简单对立起来（从而认为盗贼和教会打交道时，根本不会顾及神学的所虑所急），这样我们就可以反过来把地方化的东正教概念（Stewart 1985a：40）[①] 转译为结构与策略之间更为普遍的辩证关系。可以将这种当地正统宗教概念和教义的认知论转译出来，代之以结构和策略之间更具综合性的认知形式。本地宗教和官方宗教、工具性和精神性或商品和礼物的二元对立，本身就内嵌于结构性怀旧的逻辑当中：如果当时人类坚持真正美德的艰巨道路，那种虽令人难堪却带来心理安慰的亲昵性就是多余的，而我们所知的社会生活也就不存在。确实，什么都不该“发生过”，因为根据这个假设，我们的生命衰败之维——时间本身是不可想象的。我在此试图把布迪厄习见（doxa）概念的结构上和无意识的完美作为一方，把可以说是东正教正统性的理想型教义美德为另一方，将二者作直接类比。我刚才列举的那种简单化二元对立，如果它们仅代表一种霸权想象战胜社会经验，那就丢失了这个至关重要的维度：一个共享而有争议的意识形态世界。就像政客宣称自己并不是政客，这种结构性台词明显是在隐藏权力游戏中的人类动机。这是神授权力的逻辑。

我在分析盗畜贼发誓的行为实践与意识形态时力图表明，盗贼们的观点挑战和逆转了宗教对仪式的垄断，为此他们把礼仪实践重置到真实时间中。（这是地方活用官方话语的一个例子，正如基奥塞夫［Alexander Kiossev，2002：190］正确地指出，它典型地代表了文化亲昵的某些形式；显然它也伴随着——有时还相当不和谐——那种对官方权力甚至知识分子异见声明的狂乱拒绝，基奥塞夫视之为更加典型的巴尔干集体亲

① 关于对此关系的进一步详细探讨，另参见 Stewart（1985a；1991）。

昵形式。）这种“亲昵工作”是抵御国家机器入侵的屏障，它提供条件，用来建立——“回归”（按照结构性怀旧的逻辑）——一个堕落世界难以获取的那种信任，但这只属于暂时，而且一码归一码，因为社会世界的统一性已经永远无可救药地分崩离析了。针对做错事的借口——我们也是人（anthropi）啊，文化亲昵提供了一个有关“普遍人性”（common humanity）的反向视角，它包含在道德上为涉他行为担责的观点。

策略也因此将结构性怀旧转化成一种实践，复原理想化的过去，刚好够避免社会彻底崩溃。它并不是将社会带回到想象的原初统一，而是将原真圣言转译巴别塔式的实用“诺言”；这些诺言从不彻底放弃利益冲突，只是延迟了这些利益可能造成的破坏。根据这个事物秩序，仅当人们需要时，方有信任可言。这是相当乐于承认自己是不信神者的那帮人的实用神学。这种在牧师[①]教会和坦率承认不信教的牧人[②]之间发生的价值观互动，对他们所共享的宇宙观很重要，也对他们所共享的这个不完美宇宙很重要；其社会-文化亲昵的边界，也由此得到确定。

他们也和这个世俗国家共享这些边界。在这方面他们与西班牙无政府主义存在结构性相似，他们也信奉一种严格禁欲的意识形态，与试图摧毁他们的弗朗哥压迫性政权一模一样（Mintz 1982：91－99）。确实，如果说1990年代，官方开始在某种程度上成功管控这些克里特牧羊人的活动，那是因为牧羊人和官方都认为莫斯的典型观点是正确的：现代出于商业利益的盗畜活动代表了原初交互性的败落。我们甚至可以猜测，莫斯进化论的奇妙生命力来自更为广阔的全球影响；这种怀旧为国家权力和世界范围的社会生活带来和解——双方达成共识：社会不再清白。自相矛盾的是，这种共识的基础恰恰是没有能力就如何恢复清白达成

① Pastoral 意为“牧人的”、“牧业的”、“主教的”、“牧师的”、“乡村的”、“田园诗般的”等，作者利用其多义性，达到反讽的修辞效果。——译者

② 请注意“牧人”的原文是 pastoralists，与前面的 pastoral 词根相同。——译者。

共识。

根据这样情景分析，随着金钱到来，所有关于传统和礼俗的观念——经常作为民族国家主义合法性基础民族主义民俗学要素——失去效用。因为这个共同持有的悲观心理，克里特高地山民和警察陷于拉锯式谈判，虽然谈判是可能的，但也必然是悬而未决的。所以，他们的叙述压制了较早形式的袭盗也造成极不公平的后果这样一个事实，显然我最初落入陷阱，如此天真浪漫地描述过去和现在的习俗（参见 Damer 1986）。此外，由于商业和政治的因素变得更加明显，用一种古朴传统的修辞来突出这样的不平等就不那么令人信服了——尽管这个过程，同样自相矛盾地，也许解释了牧羊人为何至少会坚持赞美道德尚纯的旧时光。

类似的民族志也表明，这种辞令或许总比我们想象的要更加脆弱（参见 Hill 1992：274）。如果属实，也可将其视为结构性怀旧的例子，就像每一代人都可以将堕落状态——其文化亲昵的基础——追溯到在说不清楚的过去发生的事件，这是一个令人绝望地可望而不可即的过去；但它却是为现在辩解的极其便利的通用道德托辞。在牧羊人和莫斯的世界观中，直接利益的暴露，破坏了礼物的质量，所以牧羊人只能不管如何都是如此，牧羊人只能继承国家的革命历史传统，辅之以有关现代性腐败现状的类似模糊说法。但是牧羊人和国家就此分道扬镳。国家声称牧羊人违反了他们作为公民的道德立场，同时背叛了寻衅滋事的革命前辈留下的光荣道德遗产，从而阻碍了注定要走向完美现代性的前进步伐；比较而言，牧羊人声称，恰恰是腐败堕落、贪赃枉法的国家破坏了永恒条约；他们同样把贪腐和现代性联系起来，将其作为昔日共同体价值的背叛标志。但是牧羊人和国家就此分手。国家指责牧羊人的贪婪，只承认外来势力要为这些传统希腊英雄主义楷模的败落承担部分责任。牧羊人反过来把国家和伴随国际资本主义的罪恶联系起来。各把对方看作是外来有害影响的牺牲品。就此而言，正是外来影响破坏了和谐交互道德的腐蚀剂。性与永恒的结构均衡，启动了时间——这个肉身和道德的腐蚀剂。

国家及其无法无天者共享道德空间，这个证据有助于我们理解为何作为官方话语和官僚策略的亲昵性挥之不去。没有那些坐班的公务员的填充，国家就不存在。这些人知道他们在说什么。没有人比那些议员更明白：他们正是通过自己谴责的那些做法上台的。难怪人类学家对这些事务的兴趣，给精英们对"欧洲"的现代主义断代解说带来麻烦。

尤其不值得奇怪，人类学者自己表现出对贯穿整个历史本学科一直存在进化主义血脉的说法比较不买账。有种一以贯之的进化论力量。或许费边（Johannes Fabian 1983）是第一个系统指出这点的人——尤其通过对结构主义的批判；列维-斯特劳斯（1962）区分"冷"社会和"热"社会，尤其表现了这个立场的特点。人类学者会辩称这并非本意，列维-斯特劳斯尤其积极倡导人类学在反对种族主义和不宽容方面的作用。同样，他们也会希望免除对埃文斯-普里查德非历史、殖民主义视角的谴责（参见 Rosaldo 1986），作为对功能主义痴迷于捕捉系统和无视临场细节的反拨，他推动人类学的再历史化；此外，他们可能会指出，以马林诺斯基为代表的功能主义者献身于田野工作，尽管存在严重的缺陷和偏见，致命打击了进化论者的维多利亚式自信。人类学者没有理由不像其他人类那样保护自己特殊形式的文化亲昵空间。

在这些空间中，他们常常错误地沉湎于浪漫主义、族群与种族笑话、刻板印象在这些空间中，更不用说对自己的研究对象直接发火，其中的共同主题是，唯有他们有资格从理论上研究他们的"对象"，后者缺乏比较视野和专业知识分子的经验，不能或者不去从理论上研究他们自己的状况。在对这些进行反对时，如果我们抗议说这些不是在有意表达轻蔑，那就没有说到点上。如果我们的研究对象只具备"半理论特质"（semi-theoretical dispositions，Bourdieu 1977：18)[①]，如果他们没有充分显露出个人主义“现代性”的特点（Giddens 1992）——注意实践理论者不比任何被他们也同时归入“前现代”式人类学思想流派的前辈，能更多避免这类根本的进化论式表述——毫无疑问，人类学者也同样不能避免布迪厄（1977：5—6）所说的那种形式的“误识”（misrecognition）。误识并不一定就是不具备识别能力；那些误识者并不一定就是虚假意识的受骗者。毋宁说，我们的研究对象和我们自己一样，或多或少在同等程度上和出于同样的原因，有时不太愿意直接应对社会生活的含蓄状况。[②]

对于高尚野蛮人的浪漫化想象在人类学早期历史中有详细记载它不断重现，让我们难堪，但是我们不应该对它的出现感到惊奇。我们和我们的研究对象一样，也许在犹太-基督教世界比其他地方更加如此，容易将社会的复杂性看作是腐败影响的证据，用同样的宗教隐喻来说，就是失去天恩的堕落。在此，希腊的官方话语同样提供了人类学者和研究对象之间的中间立场：1453 年君士坦丁堡落入土耳其人之手，和人类被逐出伊甸园的原罪一模一样，就像用较大“堕落”（Fall）解释人类状况中的细小罪过，它解释了希腊文化中的亲昵性污点。（Herzfeld 1992a：41－42）。在人类学思想舞台上频频再现的高尚野蛮人就是那个伊甸园他者的代表，这些礼物给予者在“成功者”的奢华消费主义行为中，只能在小乡村和“落后的”贫民窟“存活”。还有其他的表现形式，例如坚定的牧人，他们信守诺言，慷慨待客，今天的主题公园令人怀旧地给旅游业贴

① 关于对布迪厄的批评——表明他显然忽视了自己研究的历史蕴含，“无意识中”将一个殖民地属民含蓄地置于积极思考和反思的学者的对立面，参见 Reed-Danahay (1995)。

② 我根据自己研究工匠对带学徒的态度时记录的民族志细节探讨了这个问题 (Herzfeld 2004)。除非被迫，工匠们拒绝承认这个过程中的几个方面；他们当时能够说清楚它们，这个事实表明从来就不存在对有关过程的真正的认知无能，只是他们不便于直截了当地承认这些。

上“好客业”（hospitality industry）这种矛盾修辞的标签。当我们发现他们并不真的生活在我们的田野点时，就容易失望；当我们意识到我们多么想找到他们时，就对自己变得恼怒起来。

正是我们对这种浪漫化想象进行抵制时，解构的冲动出现了。有时候，我们会挑战现今表现为简单族群认同的有关土著人过去的观念，这种形式的挑战对我们的研究对象构成政治风险，至少从伦理角度考虑需要有一个深思熟虑的暂停（参见 Jackson 1995）。有时候，我们或者同事会对自己锲而不舍地探索感到最好不涉及的浪漫主义形象，产生厌恶或厌倦的反应。事实上，没有什么理由把上述考虑当回事；似乎我们和调查合作人共享的异化故事——我们在克里特盗畜贼和莫斯思想中都发现的悲观的进化主义——不容易消失。人类学理论确实不断地在复制我们和研究对象的共同无意识直觉（a happy unconscious）中延续的确信说法：我们自己的介入破坏了昔日一座平衡交互性、道德和谐、结构完美的天堂。从遗存到结构再到信习（doxa），这种浪漫主义残留从未彻底消失。

但这是结构性怀旧吗？它同时满足了两个标准：完美交互性的基础模式（也许是涂尔干式机械团结的一种形式?），代代相传时间维度。不过，自本书初版，我已经看到结构性怀旧概念被引用，但没有任何证据表明它满足了第二项要求。我不太愿意卷入术语正名，但是我关心自己在本书中原意使用的结构性怀旧，有别于简单意义上的怀旧。高尚野蛮人的形象代表了怀旧。它变成结构性怀旧的个殊例子，因为我们在此处不单可以找到社会交互性参与的假设，还可以发现这个基本观念的代际复制。人类学家没有能够逃脱对土著社会形式的关注；同样，随着时间的过去，他们的理论建构也再现了类似于克里特盗羊贼所展现的结构性怀旧。恰恰是这种令人尴尬的相似性——不管是和官僚国家体制相似，还是和无法无天者相似——向我们指明，为什么要坚决反对读者甚至我们自己的同事越来越不愿意过多纠缠时而模糊不清的民族志细节。秉持我在本书中提倡的激进中间立场的精神，我认为从某些人类学者的学科核心意识中去除民族志，会造成他们真反思压力减轻的怪异后果。

至于国家对上古纯真无邪的怀旧，是否像许多人类学者或其研究对象的那般有结构性，这要根据档案文献逐一研究；这是一个经验问题。如果国家话语在每代人中都复制对一种可望（always-already，又引出阿尔都塞）而不可即的理想过去的深度渴望，那么国家官僚们的行为就和普通公民一样有人性。引用我将用来更好说明问题的美国俗语，他们——至少有时候——也是人（regular guys）呐。即便在他们极其拘泥法律的时候，也在试图利用他们所扮演的角色为我所用，他们的怀古是一种可塑工具，用于在日常努力中维持他们的个人合法性——体现绝对而不可即的道德。他们借助过去形象提供的支持，指责所有稍稍违反规则的人。

同样道理，针对当下文化亲昵空间中的生活，它既为官僚本身提供了便利的伦理根据，他们与之冲突和共谋的盗羊贼和逃税者也得到同样保护。他们摊开双手，戏剧化地表达无可奈何的同情心，要求和请求受害者理解，除此而外，还能做什么呢？他们的所作所为属于接合的社会诗性——涉及公民和国家的接合。根据法律，他们必须迎合上级，同时也要接待服务对象的日常来访；这种双重职责使他们面对乱局不断做出调整，应付对于本质化的过去和现在的各种挑战，它们代表了文化亲昵："我们也是人呐。"结构性怀旧、社会诗性和文化亲昵等概念可以有效阐明相互之间的运行和脉络，表明官方的权威话语如何可以和社会生活的无序现实共存。

或许我们可以说，国家的怀旧是缺乏结构的，因为它没有时间深度。不过，这些官僚和其他公民一样被禁锢在时间中，无能为力，每一代人和前一代一样借助大致相同的手段。克里斯·肖（Cris Shore）从欧盟官僚那里得知创造性掌握规则的必要，它在形成中的欧洲超级国家——一个极不同于希腊学者想象的欧洲，这些学者试图将有关盗畜贼和政治庇护人的故事边缘化，因为它与希腊崭新而又古老的欧洲认同不和谐——层面复制了某种国家类型的文化亲昵。如果欧盟预示了民族国家的衰弱甚至死亡，结构性怀旧辞令是否会随之消失？这一点并不明确。或许它会在更为广阔的层面上继续存在，远远超乎不足二十年前任何克里特盗羊贼的想象。

第八章　社会诗性的理论与实践：常规人与非常规实践[①]

（纳日碧力戈，周雷　译）

修辞现象与社会关系的构成

社会诗性的核心是将本质主义视为一种社会策略。这在某种程度上有意反转了大多数本质主义的目标；本质主义要将偶发事实变成永恒和必然。我在本章将关注修辞现象研究所产生思想的应用。我不把范围局限在词语，而是遵从已经被艺术史及相关领域广泛接受的传统，将用作信仰工具的任何符号系统——或者我们现在可以说，用来产生施为效果（performative effect）——纳入这个标题加以研究。加之，社会诗性的"零假设"描述了一种情境：一个人的行动是如此普通和常见，以至于完全被忽视。这段评论整体上有一种诗性目的——旨在强调这种随意性：我们随意地认为，贴上诗性标签的任何东西必定充满戏剧性，有特殊的审美性，也许还放肆。事实上，我认为要真正测试一个社会分析模型，就要看它是否能用来理解寻常的社会生活，只有极平常之象显露超非常

① 本章一部分的一个版本于 1987 年 10 月 24 日在佛罗里达 Pensacola 举行的美洲指号学会年会上宣读过。我感谢 Eric Schwimmer 帮我审读那个版本。位于芝加哥的心理-社会研究中心散发了新版本——工作论文/会议论文集系列第 22 号，题目是《修辞与社会关系的构成》（1988），我从随后对本人论点的许多讨论中受益。

之观，社会互动中显见寻常的特征才被留心。不然的话，我们甚至不会觉得人们有什么普通。我们根本没有注意他们的行动。

涉及这个立场的语言大多携带令人遗憾的联想，因此有必要做一些澄清。尤其修辞学一词引发了一大堆误解——如我们所知，恰恰就是这些误解给隐喻带来恶名。它的用法暗示着修辞和真实之间存在明显的界线：从某种本体论意义出发，比喻手段比平实语言较少真实性。我们立刻会发现，特别是从社会语境的角度来看，这个说法有误导性。语言平实性（literality）概念是一个真值判断，用它来说服人。它本身就属于修辞现象。

出于这个原因，它与象似性有相近之处。象似性寻求遮掩它是一种意指关系这个事实；同样，平实性声称代表——就是——赤裸的真相。我们已经看到象似性如何为民族主义利益服务：将民族主义的偶然主张从社会实践领域迁移到文化本质领域，由此将这些偶然主张渲染成为永恒现实。平实性也是各类所谓原教旨主义-宗教信条的核心特征。我们的确可以说，平实性是象似性的特殊一例：把民谚反过来说，事情就是它们看上去那样。

这种平实性策略成功的例子随处可见，而使它成为可能的现象本身却遭到贬值：修辞。我已经提到过罗伊德（Lloyd 1990）的论点：隐喻贬值本身就是一种修辞策略，其根源可追溯到雅典法庭上的社会惯例，它作为一种特殊心智类型被进一步具休化（reification），服务于将异域民族和时代的非理性从西方理性区分开来的意识形态目标。虽然人类学者也尽力卸除这个意识形态包袱，① 罗伊德的贡献尤其重要，因为他将这种思维习惯的起源置于具有特殊历史和文化背景的社会实践脉络之

① 参见 Carrier（1995a，1995c）多种著述；Fabian（1983）；Kuper（1988）；Sahlins（1976）；Tambiah（1990）；以及我本人对西方宣称在官僚主义实践中拥有理性的说法进行的讨论（Herfeld 1992a）。

中——即置于民族志脉络中，这是有重要意义的。

将他人的实践说成是修辞的，是否定它的真实性。因此，它带有一种强烈的道德贬低的意味——有关其策略性质（及其本质化处理含蓄现实的能力）的进一步证据——如果我们仍需要被说服。该词在日常表达中隐含假装、浮夸甚至故意欺瞒的意思。出于这个缘故，社会科学一般将修辞现象真实世界的副现象（epiphenomenal），它阻挡我们接近这个真实世界。[①] 但是，人们继而拒绝认真对待修辞现象，这恰恰是修辞学最拿手的典型表现：它遮掩了自身的修辞性。所以，社会科学应该拒绝华丽词藻和不要唱高调之类的各种说法，可能恰恰就是这些说法所要反对的修辞和高调。他们掉入自我欺骗的认知论陷阱中不能自拔，沉湎于纯粹、直接、无中介知识的幻觉。

社会科学只是从特殊角度说明了一个较广泛的社会通则，即日常社会行动中修辞的作用。社会诗学在研究所有社会互动的时候，不仅把它作为对修辞的使用，而且把它看成修辞本身。人们早已认识到言语修辞对于沟通和塑造社会关系的重要作用并加以讨论（参见 Bauman 1977，1986，1987；Bauman and Briggs 1990）。我想提出一个更加激进的观点：整个社会互动——不仅仅是语言和准语言方面——都是修辞性的。走出这一步，我们就能够利用已由言语行动理论提出的洞见，在建立社会关系的过程中，追溯社会能动性的实际运作。

我在本章计划对必要的预设框架做一个勾勒，用来对普遍社会关系做修辞性描述；在这个描述之后，简要讨论如何用这个立场来考察那类特殊社会关系——根据传统的修辞学意义，这些社会关系似乎根本不包

---

① 业已证明，历史编纂学对此问题比其他许多社会认识论更加敏感。关于历史的修辞存在几种不同的叙述（例如 Goldstein 1976）。Richard Harvey Brown（1977，1991）在社会学和整个社会科学中做了大量工作推动这项事业；另参见克利福德（Clifford）和马尔库斯（Marcus）主编文集中的论文。

含修辞因素。这后一种做法有双重用意：首先展示修辞现象的综合性，以区别于将它和社会现实分离的某种分类安排；其次提出论点，反对社会关系本身内部的类似划分，即修辞和非修辞行动之间的划分。除非我们能够将这个方法运用到整个社会实践范围，包括学术实践和制度实践，否则它没有太大用处。

这种阐释属于布迪厄（1977）所说的“（社会）实践理论”,① 要用来分析文化形式、操演、结构和规范形式的创造性变通之间的关系。它应当具体描述和揭示有感知力的人类如何可以通过日常互动，创造性地形塑和探索新出现的结构。对于这些因素的分析需要有特殊的描述形式，尤其是要分析各种现实的社会结构可以如何被创造性改造，并通过有感知力的人类的日常互动来揭示。通过这种方式，我们摈弃了把修辞现象一定要附属于社会组织的副现象观点。相反，我们把社会组织看成一种修辞性的（当然它也可以有其他许多性质）。这种方式可以把我们从村社和宗族分支的父系亲族带到民族国家和大型裂分式政治体系，打破地方层面亲属制的“现实”及其较大扩展形式的“模拟”性质之间同样错误的区分，将这些规模差异视为程度差异，而非种类差异。

作为某种新兴分支学科的“修辞人类学”没有对这些问题提供有效

① 在这样的脉络中引用布迪厄具有讽刺性，这是因为布迪厄（1977：18）本人认为本土人的解释不过是“半”理论的，而且只有依赖外来人提出的问题才能产生这样的解释。这样就把社会理论概念限制在这样一个层次上：土著行动者的智力创造性遭到否定，从而恰恰在本应承认能动特性的时刻破坏了它。关于对此问题更加详细的讨论，参见 Herzfeld（1987a：82－87）；另参见 Karp（1986：133－134）。关于希腊本土人的意义概念，参见 Herzfeld（1981 和 1985a）的讨论，以及 Caraveli（1982）对相关概念的研究。关于“显露”（emergence），参见 Bauman（1977）；Giddens（1984）；Karp（1980）。尽管人类学者认识到将象征主义附属于社会结构不合逻辑（例如 Needham 1963），但他们对于无所不包的修辞范畴（the encompassing category of rhetoric）并不那么包容。在过去 20 年中，追随肯尼斯·伯克（Kenneth Burke）传统的人类学者（如 Sapir and Crocker 1977；Fernandez 1986）聚焦于社会生活中语言的诸多施为方面（performative aspects），他们把比喻（trope）的运用看作是文化生活的构成部分。

研究。首先，这个标签仍然带有浓重言语中心主义的假设。第二，修辞现象不是一个惰性的文化现象，而是社会生活方方面面的社会延续和变迁的根源。第三，因此重要的是不要将修辞现象与物质世界区别开来——具有因果能动作用的修辞现象属于该物质世界。在某种程度上说，对于社会生活的修辞视角，比起那些强调（从字义本身出发）在物质对象、经济关系和表达形式之间加以区分的方法来，更加关注唯物主义者传统上关心的因果关系。

因此，我更喜欢社会诗学（social poetics）这个词汇。"诗学"一词本身会自然引发种种误解。我认为这些误解可以以某种好玩的方式转化为分析优势。《纽约时报书评》的一位评论人注意到"诗学"一词突然在社会科学作品名（包括我自己的 *The Poetics of Manhood*）中时髦起来，深有感触地评论道，虽然这种现象无疑是好的，有它自己的特点，但社会生活也同样充满了令人不快的东西，所以我们不应该只强调它的"诗学"而不及其余：

> 对于诗学的热情似乎表达了对于感情尤其是非理性感情的欢迎——治疗专家教我们去欲求的东西……我们希望关于我们生活的分析性书籍是浪漫的、敏感的、深情的。我们真希望当真正的诗人。这固然没有什么坏处，但是我们一定要小心。正如罗兰·巴特所说：为了诗化而错误命名，这不够。（Broyard 1986：15）

确实不够。但这恰恰是布鲁瓦亚尔（Broyard）所为：把学术上的诗学范畴和浪漫主义诗学变体——也许是诗性原则最为人知的体现，但并不是唯一——混淆起来。

此外，这种傲慢的回应培养和利用了流行版本的实证主义（positivism）。"诗学"一词源于希腊语表示行动（action）的动词（*poieō*），它是针对修辞形式用法的分析手段，完全不是一个令人倾倒的迷人词汇，其使用范围也不限于语言（即便在语言范围，也不限于诗歌）。一位著名的文学批评家如此轻易地落入（或跳入）语义陷阱，混淆了诗学和诗歌，这很说明问题：其作用就是以讽刺的方式表明这个现象本身的捉摸不定。这是因为我所描述的对象有超常能力隐入潜意识。娴熟的社会操演者不一定有戏剧性，甚至不一定特别吸引眼球；相反，有些效果最好的操演反而是最低调的。引用高大典型——如特纳（Turner 1974）描述的贝克特（Becket）和伊达尔戈（Hidalgo）的最佳方式是不显山水，当然这不涉及戏剧性自我呈现明确符合道德规范的那些文化。

不过，先让我分析社会诗学和语言的关系。有些立场与我接近的作者认为“诗学”一词造成了太多混乱（Brenneis 1987：248，n. 3；参见 Bauman 1986：1，n. 1；1987：9），他们呼吁一步予以厘清。他们尤其担心类似于诗学这样的词汇或许是张冠李戴，这是因为它们暗示了语言优先性（语言类比[①]）。无论这个提醒如何有道理（问题在于术语而非概念），也属于自设陷阱。例如，鲍曼（1986：2，7）具有典型意义地呼吁把诗学和社会理论重新结合起来，即便如此，他还是用前一个术语专指纯粹的语言修辞表达。固然这真的有利于在语言文本中凸显雅各布森（Waugh 1980）意指的排比，但它同样有遮蔽叙事和社会结构化之间外部排比的危险。这就降低了此类模型的整合能力。

再者，其他可用来替代诗学的词汇比诗学本身好不到哪里去，其中最有希望的是美学（aesthetics）和指号学（semiotics）。“社会生活美学”（Brenneis 1987）当然和我在此提出的诗学模式差不多；从历史线索来看，俄罗斯的形式主义者（formalist）和布拉格学派的美学陌生化（aesthetic defamiliarization）概念，直接预示了雅各布森的诗学功能。困难在于，美学这个词汇难以摆脱给诗学造成麻烦的浪漫主义误呈（misrepresentation），而它在语源上聚焦感觉经验（aisthēsis）而非形式

① 即用语言类比其他现象。——译者

与行动（poiein）的关系，这就把行动的社会场景推到后台。指号学研究经常把社会场景完全排除掉，也因此缺少诗学在词源上表达的行动取向。

拒绝语言派生模式（language-derived）和拒绝把语言视为社会行动和经验的自主领域而太过青睐，不过是同一枚锃亮伪币的两面而已。具有讽刺意味的是，以上行文在一定程度上准确反映了其他类似现象——它存在于科学主义和论点无限回归的更加极端的观点之间。于是这里就有了支持“激进中间立场”的另一个论点，这个立场要求提高警惕，避免语言来衡量所有符号性事物，或以言语中心主义的指控将其驱逐；这种批评忽视了语言在社会生活中的关键作用，就像对本质主义的笼统批判忽视了本质主义对于任何能动性概念的策略必要性。（确实，只有通过为其赋予形式的本质主义化实践，能动性才能显示其存在。）

对语言充满敌意和倾向于对它顶礼膜拜，两者具有讽刺意味的合流历史上属于奇怪的欧洲主义现象，其根源可以追溯到印刷语言的权力（另参见，具有不同程度的史料价值，Aarsleff 1975；Anderson 1983；Goody 1977；Harris 1980；Ong 1982）。它通过循序渐进和不断重复的方式，将诗学冰封在令人窒息的语言程式中，将自己暗含的运作取向表征为文学结构的共时性研究。行动从语言分离，它折射了对语言社会性质的更为普遍的压制。学者们非常成功地看到“文字主义”（scriptism，Bauman 1977）带给口头艺术研究的偏见。可是，如果我们忽视语言和其他形式的行动之间的共同基础——非正式的土著概念系统（例如 Herzfeld 1981，1985a；Rosaldo 1982）比学术话语（它倾向于否认这些表述，似乎认为它们根本不具备充分的理论性）更充分地认识到这一点，就一定会陷入另一半实证主义和相对主义的讽刺性组合。

因此，对语言类比的担忧让我们面临类似于多数社会科学让语言扮演配角的讽刺性逻辑难题：让语言与行动分离，而这正是言语行动理论提出要逆转的。诗学是从社会角度理解文化形式的组织隐喻，放弃它就只能强化那种分离。确实，奥斯汀（Austin [1956 - 1957] 1971：99 - 100）对社会生活中语源学作用的认识，罕见地承认语言形式在社会互动中的重要性，现在应该被运用到人类学研究中来。诗学意味着行动，恢复这种语源学觉知，也会在理解修辞形塑甚至创造社会关系的角色时，更有效地把语言研究整合进来。①

语言基础模型还是语言派生模型？

鉴于上述讨论中推出的理由，澄清语言基础模型和非语言表达模式的语言派生模型之间的区别是重要的。语言基础模式将语言形式视为基础，将模式的成分（如建筑或音乐的“语法”）与语言相对应的方面完全等同；语言派生模式根据意识形态语境和实践行动之间可能存在的共性来研究语言的使用。语言派生模式比较好接受些，因为它们不会预先裁定不同指号模式运用的结构特征。

这类模式常用于区域语言使用研究。我们虽然利用这些模型研究其他指号现象，但这并非必然决定我们的理解。它们不提供“语言类比”（language analogy），但是提供“语用类比”（analogy of language use），换句话说，这种模式关注结构、行动、形式之间的互动，而非仅关注形式本身。所以，对某些把语用模型扩展到其他指号领域的可能性做一个概述是有所裨益的。这种方法并不生成语言基础模型；它通过探索性地使用语言示例来生成指号模型，属于非常不同类型的处理方法。把修辞现象扩展到非言语甚至相当静态的文化生产领域，这对艺术史学者来说，会是易如反掌。例如，贡布里奇（Gombrich，1979）记录了文艺复兴时

① 考虑到乔治（George 1996：136）对雅各布森模型会造成过分静止的形式分析的担心，这应该让人放心了。

期修辞以及后来建筑装饰修辞的词源。

可以按照同样的逻辑引入其他语言派生模型。例如，德拉蒙德（Drummond 1980a）曾经强调一种更为灵活的社会语言学克里奥尔化模型可以解释更为普遍的文化过程（另见 Hannerz 1987）。我们不把文化具体化到具有民族国家的固定边界——这个习惯显然来源于文化研究和民族国家意识形态的结合（Handler 1985），而是把它们看作嵌入政治竞争模式和不平等模式的形式变化过程。佩尔斯（Pels 1996）有一个和概念有关的举动——不过是在政治行动的领域，具有建设性地提出“洋泾浜化”（pidginization）语言派生模式，用来描述奇特的共生现象——部分上通过彼此听不懂；这种共生现象是被称为“间接统治”的英国殖民管理方法的基础。他指出，英国人如此拘泥于对语言意义的狭隘文字主义理解，以至于从未意识到地方领袖能够如此有创造性地让殖民酋长的官方性质发生“变形”。最后，正如我们已经知晓的，双言（diglossia）模式可以在指号意义上扩展，覆盖了与文化矛盾有关的广阔领域，本质上涉及集体自我呈现和自我知识之间的紧张关系。它来源于行动取向理论而非意义指称理论，这个区别相应于我在此处提出的语言派生模式和语言基础模式之间的区别；它可以灵活描述反讽和颠覆正统文化的潜在可能，也因此消除了通向文化亲昵的障碍。

这些模式描述了借助形式安排、形式变通和形式转型的身份协商。这就是布恩（Boon 1982）戏称的“文化夸张”（exaggeration of culture）。博加特廖夫（Bogatyrev［1937］1971）对摩拉维亚民族服饰的研究让人看到了服饰作为一种文化形式具有标示社会身份的作用，但是他既没有聚焦人们建构社会关系的主动能力，也没有关注传统形式变异并由此影响可观察到的物质世界的能力。同样，斯泰西（Stacy 1977）追随什克洛夫斯基（Shklovsky），认识到去熟化概念对于讨论集体社会风格的潜力，但是他没有扩展分析个体能动者去熟化策略的建构力。

这些困难问题也让我们重新回到奥斯汀（Austin［1962］1975）语言行动观可能存在的一个弱点——语言的建构属性仍然预设了一个预制文化事实：判决某人有罪的法官说出了完全适切的施为话语（performatie utterance），因为这是在公认法官阶级中每个成员的可预知特权。对社会关系的诗性描述不应该仅仅解释个体技能（它本身是一个没有意义的浪漫概念，与诗歌和个人天才观的诗学合并有密切关系），同时还应该致力于解释在集体表征层面上的文化变迁。

现在让我举例简述一下从扩展雅各布森的诗性观使之超越纯语言学可以争取到的一些优势。雅各布森认为“诗性功能是指向信息本身的定势（Einstellung）”（1960：356）。举一个最浅显的例子，在诗歌中言语形式的超乎寻常和图解属性构成“感觉”（feel）的基础。于是，内容把自己转换成为一种更明显的蕴含模式，因此也丰富起来。

在社会生活中，这类方法使人们在相当程度上强调互动行为更加仪式化的那些方面，这在欧文·戈夫曼的著作中表现最明显。但是，对“框架”（frames）强调以及对戏剧隐喻的频繁使用会带来物化（reification）的危险，最终会使既有互动诗性的流动性被悬置起来，变成可以分别分析的日常施为言语活动的诸方面。我们把这些维度重新聚合到单一社会互动诗学的框架中，由此希望在本领域可以领会雅各布森在语言领域取得的进展：日常现象和悬置区分是同一个连续统的特征，他们之所以是其所是，主要是因为他们把注意力集中在他们的存在本身——换句话说，因为社会行动者就是这样设计“指向信息的定势”的。

论普通人、坏脾气人和纯粹常人

也许这是心智活动中最清楚不过的事实——我们无时无刻不在表演；它代表了嵌入日常言语和行动中的司空见惯的理论观念。我们可以举出现代美国俚语中类似于“正常人”和“驴脾气杂种”（ornery bastard）的用词为例，思考这些说法各自暗含的语源学意义。“正常人”是引人注目的，因为他如此非同寻常，确实值得一提。此处语言有启示：理论上说，例如他可能是很普通的水手或教授，除非他的行为突显怪异，违反这些职业的常规，他的普通人性质不涉及创造性的变通（creative deformation）。另一方面，他作为一个“正常人”表现出对为人之道的熟练掌握；他可靠而友好，甚至在事实上还很突出——但还不至于显得做作。他们在平淡无奇和愚蠢无知之间精细调适，寻找平衡，既非平淡无奇，亦非愚蠢无知：他掌握了规则，而不是让规则掌握他。

同样，“驴脾气杂种”也不真是；如果他真的“普通”，人们也不会发现他的日常活动有什么特别之处。这类隐喻为洞见象征边界的制造过程提供了丰富资源，因为它们在打社会构成表面规则的擦边球。（Douglas 1975：90－114，249－318）。这尤其适合“驴脾气杂种”的情况，因为后者与“普通人”一样被公认属于一种刻板象征，是真正美国产，可以从他在西部片和间谍惊险片中的出镜率看得明白。他的驴脾气确实属于普通性的一种形式。事实上，正是因为它太普通，反而引起评论。此处，历史过程为语言嵌入了明显的扭曲用法（俚语），其目的就是强调这类普通性的非凡性。所有这些用法都适合更大范围的比喻修辞，让平实性（literalness）明显变得似是而非或虚张声势，言说的隐喻性因此得到突显：“这辆车真的是次品（this car is a real lemon）”，“我们真的怒火中烧”，等等。与之相似的英国版本俚语——对“He's a right fool”中 right（正确）一词的使用——以一种非常直截了当的方式把平实性变成社会规范性。

注意，这个话语大都涉及男人的社会性。这并不意味着不可以存在类似的女人行为诗性；相反，如我所做的那样（Herzfeld 1986，1991b），将两者分开可以分析和暴露这种用法揭示的区别性意识形态。对于那些男性在公共空间享有较大言论自由的文化，识别“男子汉诗学”可能比较容易些；不过，言语和静默都不是男女两性的特性，关于言语表达的性别化概念可以让反讽和其他讽刺手段的作用发挥得淋漓尽致。至于这类手段是否能够为弱者赋权，那是另一个问题——落到使用这些手段的地步，这本身可能就凸显了弱势——但是我们至少要承认这些从内部拆除权力结构的努力。对于我称之为文化亲昵的政治资源的认知，并不是一个小收获。

民族志比较

当我们从英语社会转向现代希腊，并非所有社会互动的结构化原则都是截然不同的；但是对于这些规则的运用却常有不同。希腊男性的咄咄逼人态度以传统化的差异模式为特征。这恰恰是因为男性希腊村民的互动是如此高度程式化，以至于一个表现出较高天资的男人，可以赢得相应较高程度的欢迎和敬慕。但其中的风险也高。他很容易变得滑稽可笑；在实际活动中，许多东西取决于他和同村人过去建立的老关系。如果这些关系保持得好，其操演的胜算就比较大。当然，好的表现也会增进那个好关系。

罗得斯（Rhodian）村是我在 1970 年代做过田野的一个社区，其主要特点是外表极其矜持和理性，在希腊人看来都属于非同寻常，那里却有一个以举止夸张闻名的人。此处不对他的肢体动作进行仔细描述，当然，按照有争议的说法，不予以如此重现，民族志记述似乎就不完整（参见 Farnell 1994，1995a，1995b）①。有一次，他走进自己常去的咖啡

① Cowan（1990）根据有关具身化修辞（rhetoric of embodiment）的几篇论文，对意识形态具身化的分析做出了显著贡献，发展了布迪厄和葛兰西（Gramsci）的研究。关于也运用布迪厄的惯习（habitus）和身体习性（bodilyhexis）的另一个例子，参见 Jackson（1983）。关于具身化、服装、节制、二义（disemia），参见 Herzfeld（1987a：96－101）。

屋，迈着小舞步，充分按照当地的一整套习惯操演，直视所有已经就座的顾客。他喧闹地打招呼，其自我呈现与其他人安静的举止形成奇怪的对比。但是大家还是接受了他，按规矩他的卑微出身本可能会让他们比通常的自我要求更加拘谨些。

这个人是成功的企业家。正如他详详细细向我解释的那样，他或许是村子里唯一充分利用政府植树造林重分土地政策的农民；当政府提供贷款改善农村硬件时，他是唯一争取些贷款用来修建灌溉系统的居民。

在他的古怪的一套舞蹈动作中，我认为他在孤注一掷：他在行使自己权力，要求同类接受他加入。除此之外，这种表演既是戏剧意义上的技巧炫耀，也是奥斯汀（［1962］1975）所指构成社会环境的一种行动。他的舞步和张扬是基于他的自知自信，如果比起勤奋（尤其是本社会的至高美德）来，头冠非他莫属。事实上，其他村民对他的勤劳也破例大加吹捧。他的做派与其说是挑战了村社秩序，不如说暗示了他的道德资本可以让他变通规矩。他在展示一种社会能力，不仅仅限于复制传统，而是加以超越，在较大环境里表达他自己的个人特点。

仅凭他的个人勤劳不足以在社区里获得如此热情的接纳。另一位是咖啡馆的老板，其他多数村民由衷地厌恶他，恰恰因为他成功地把整车游客从旅游路线吸引到一个风景如画的景点村寨吃午饭，赚了大钱。但是这个人靠亲戚关系和位于社区正中心的地产获得较高社会地位。显然，他不觉得自己需要承认——确实有些像隐士——所以从未达到舞者那种受欢迎的程度。

我并不想说他们之间的差别可以仅仅用他们各自的公共表现来解释。显然有其他机制在起作用，包括人们坚定地认为这个咖啡馆老板在赚像舞者这类人——这位舞者起家时的底子要薄得多——在他这家店花的钱。在一个任何不按照礼尚往来行事的暗示都会引起非议的村社，这两位男性得到的不同社会声誉形成了对照。 但是，这位舞者用他的微妙和古怪测试其他人是否愿意不排外地接纳他。我认为他之所以成功，是因为他的老一套做法提醒他们，他无所畏惧。

他的行动和“正常人”现象相反：它不是突显一种反常之正常性，而是它强调一种内部接合且符合社会习俗的个体化。这在另外一层含义上还和齐美尔（Georg Simmel [1908] 1971）的陌生人意象相反，要求在某种程度上进入内部的外来人因此也就变成了潜在威胁。这个村民战胜了自己略嫌不爽的社会出身，以至于能够（也做到）大谈社会道德、勤劳的重要和真正 Pefkiot 的权利和特权。他的自我呈现模仿了这个成就。例如，他一进门就近乎滑稽地长时间凝视屋里的所有人，由此他以牺牲其他解释为代价，突出社会正常性的讯息：也许他就有那么点怪。他既不完全算内部人，也不明显是外来人（他的成年生活主要是在这个村子度过，在事实上也是村社精英）；同样，他的行为方式虽然不算很循规蹈矩，却也八九不离十，还算说得过去。对于社会互动的诗性分析恰恰可以让我们认识到这种差不多（approximation）和模棱两可之感，而更倾向于实证主义的分析模式会在某种程度上抑制它。

这种社会互动观和研究人类指号活动的行动取向方法完全吻合。科恩（Jonathan Cohen 1975）简明扼要地敦促人们把基本上属于奥斯汀式的语言视角扩展到非语言编码系统。例如，在这位 Pefkiot 人进入咖啡馆这一个案中，我们可以看到对于社会关系的诗性（或概略式）形塑在适切地发生作用。为了更充分理解这一点，让我们简单分析一下在该情景中起作用的社会价值。

希腊民族志文献涉及对“斐洛提摩”概念[①]的广泛讨论（ilotimo，尤其参见 Campbell 1964；du Boulay 1974；Friedl 1962；Herzfeld 1980b）。对于这个社会价值概念的理解分歧很大，其共同的语义基础似乎表示拥

---

① 做人的尊严和荣耀。——译者

有斐洛提摩的人要按照社区对他的期待行事。因此，一个穷人的斐洛提摩不要求他像较富有的个人那样慷慨大方。也存在与性别、年龄和当事人之间关系的亲疏有关的差异；这种千差万别的情况似乎也存在于各地区之间，甚至或多或少地存在于相邻村落之间。我们对其行为进行分析的这位舞者大概可以算是这个内婚社群的闯入者；他是一个被领养的孩子，所以属于被 Pefkiots 与出卖双亲的警示传言相联系的类别（传说有一个被领养的儿子，在没有其他人愿意的时候，自告奋勇，把继父给吊死了）；他起初是个穷人。不过，他奋发进取（常常精明过人），努力脱贫，预示了他的某种自我经营的天分。他有能力表现出稍许古怪，但是做得恰到好处，其行为既给人留下社会可接受的印象，又以不惹人讨厌也足够引人注目的方式加以夸张，这也再现了同样的天分。

换句话说，他的行动呈现了自己与他人关系的虚拟图解，象似地模仿了他的社会地位：一个人在环境条件本可以将表现最差的行动者边缘化的情况下，还是牢牢附着于村民社会核心。他通过创新与传统相结合，在行动中操控界定社群成员身份的象似性，这样——再次利用象似性原理——也就生动再现了社会实力地位和个人边缘化历史之间的紧张关系。

寻找内嵌的规约性

或许我在此简略呈现的两组例子，可以在经验基础上加以阐发。这两个民族志背景相互反转：希腊的案例显示出高度个人化的传统性（表明个人主义“地中海农民”的形象变得何等陈腐）；而美国的例子表明，显然传统的东西（或“常规”）实际上只有在变得古怪不同时才真起作用。在这两种情况下，行动者都在测试一个概括象似性——“民族性格”——的可能性和有限性，只是从知识角度看各自的方式不同。

这两种制度形成的对照出现在社会价值层面；而涉及的结构原则对

于两者来说都是一样的。在希腊社会中，尽管程度不一，关注自己被认为是男人应有的态度；相比之下，在英语国家适度低调通常更可取。然而，这个结构性规则似乎没有改变。在这两种情况下，日常态度的鲜明化将个体表演者区分开来。尤其引人注目的相关例子出现在许多文化的习惯中，知名的表演家否认他们自己唱歌或讲故事的能力（参见 Bauman 1977：21－22）；在今天的表演艺术世界，这样的假谦虚远非少见。这种方法起到的作用和希腊人说这个一样："我不想自夸，不过……"——把艺术表演"降低"到平凡水平，因为这些艺术家就像齐美尔所说的陌生人（［1908］1971：146）既是内部人，也是外部人。这些懂得自我呈现的人都是艺术家，因为他们为了更好地服务于自己的目标，能够调动社会互动中必要的模糊性。

为了让"正常人"和"驴脾气杂种"这两种刻板成见不仅存在，而且在社会关系的运作中提供用于协商的模型，就需要预先有一个关于正常性的嵌入式概念。但悖论在于，鉴于即时临场，除非通过某种扭曲，这样的正常性是不能实现的。在此时刻，不仅这个在场主体的身份被突显，而且该行动者可以扭曲正常模型的原则本身变成了探究嵌入式意义理论是什么的平台。此外，这些男性模型的存在只能依赖和女性模型之间暗中形成的对照。在像希腊（美国和英国在比偶尔承认的要更大些的程度上也是如此）这样的文化中，两性的理想的典型形象互成对照，而对照本身是可供同性别的个人在自己群内随机对照以产生戏剧化效果的一种资源。有关两性的理想范式都是相互映衬的，只不过在希腊这种映衬和对比本身就是一种资源，同性之间可以用它来在群体之中展现戏剧化之用（在美国和英国，这种很大程度上只是有时可以）。男性戏仿女性说话，女性谐仿男性虚张声势的言谈——这些预设和表达了共同规范的手法，必须作为操演呈现，发挥作用。因此，如果一个女人不假思索地冲进一个希腊咖啡馆，以违反其理想型角色的态度叱责聚集在那里的男人，就会被嘲笑为“男人婆”，她的装腔作势被讽刺地描述成宣“战”，因此显得荒诞可笑（Herzfeld 1985a：71）。不过，另一个女人笑着讲述了一个偷猪贼的故事——在这个故事中，一个高嗓门儿的快嘴女人细说在光天化日之下偷盗非羊类牲口的事情——无论从行动还是语言，都完全颠倒了男人竞争的规矩，促进了男人自尊越来越多的丧失，因为她清楚地说自己真的不大在乎后果；她没有明说她如何为自己辩解（Herzfeld 1991b：86－88）。

在美国和希腊的社会诗学中男性模型明显占上风的另一个原因，用另一个雅各布森的术语说，在于这两个社会中我们可称之为“非标记”（关于这个术语，参见 Waugh 1980：74）特点的男性优势；男人规定作为人类意味着什么（在希腊语境里是 *anthropi*），甚至规定作为体面的人类意味着什么，直到最近这都是如此司空见惯的不平等，实际上已经被遮蔽起来。有关司空见惯的概念建立在不证自明之上，而这种不证自明又受到文化和社会的限定。娴熟的社会行动者，无论男女，不管他们是否逐渐改变了较大的价值结构，都可以让这种不证自明变通，为自己的目的服务。

换句话说，不言自明是构建出来的，不是天然的。它不依赖“自明之理”的存在，而是依赖将偶然境遇的呈现作为自明之理。在这个意义上，平实性（literality）本身就是一种修辞，它是所有社会存在之有条件性的讽刺性比喻。因此不言自明的修辞本身包含自我消解的手段；借助对平凡性词汇——手势和口语——的反讽把玩，它使行动者得以探索他们可用来根据各种临场情况重构常规性的文化规则。“正常人”极其正常是罕见的：更多的时候，他的正常性在于主动挑战诸如其同侪嵌入其中的民族国家之类较大社会的习俗规则。但是，对于纳入性和调节性的实体来说是不正常的东西，在纳入性群体的成员眼中却变成具有积极价值的反常——正常之反常，从而借助一个标新立异的象似性把它统合起来。

所以，有关俗常的诗学归根结底是要探究社会群体的成员如何形塑和重塑他们所想象的象似性。但这可不是一场随便玩玩的游戏：对于规则的变通需要掌握技艺，领会他人心目中的规范。创造有限度，那些无端反常的人也会落入陷阱。如果那位 Rhodian“舞者”是一个穷人，他的举动就只能是拙劣表演：社会诗学在认识到修辞（最广义）构成权力的某些方面的同时，也必须解释那些更多物质性的维度，它在这个维度中既是一个嵌入因素，也是一个构成因素。虽然镇定自若可以让一个处境不利的金融家重新拥有偿还债务的能力，但过长时间地稳如泰山或者表现出不善于把握分寸，也会带来灾难。所有金融丑闻似乎都表明了这一点。

我关注了相对显而易见的例子。但是还有许多诗性原则的运作远非那么容易把握的例子。例如，我作为一个身在希腊的男性民族志学者，花费了相当大的力气来觉察后来自己确定是属于女性用于自我呈现的反讽用法。不过，这种谦卑低调的行为和那些强势高调的行为一样，都构成了观察者所推断的主流社会秩序的一部分。社会诗学不仅在显而易见的社会性别领域面临挑战，在我们转向世界上正在发生的政治变迁的时候，它也面临挑战。这些本土层面的操演如何逐步影响政治走向的变化？选民们为何有时候响应来自首都的民族主义鼓噪？有时候又加以嘲笑？他们何时及为何决定加以响应？显然，他们的动机部分上基于直接的经济私利。但是我们也看到声称认同“欧洲”特征的象征资本，在国家层面拥有自身具有的物质吸引力，即便在个体行动者对此认同的内容讨价还价的时候也是如此。

这也就是为什么被恰当理解的社会诗学必须研究社会方方面面的行动。我出于自己的学术训练和早期取向，在相当正统的民族志背景下部分推出了这些想法。既然民族志已经扩展到跨越精英和非精英之间的象征边界，把学术政治和艺术政治包括进来，一个广泛综合的社会诗学模式可以为各类行动者的互动互交——响应 Bakalaki（1993）的及时呼吁——并为我们认识所有这些行动者都参与了原本仅限于某部分人群的潜在模型探索活动，提供了更加灵活的研究路径。例如，读写能力最差的希腊人可能会求助于有关“欧洲”雅致的观念，其复杂性远超人类学者所能够记述的残留异国情调（尤其参见 Bakalaki 1994）。[①] 这反过来可以形成对于传统的某种概念创新和运用。我在下一章会简要描述有关后者的一个案例——不过请注意，速成教育使他过去的观众能够和现在本书的读者一样对该主角的策略一目了然。

① Bakalaki 批评了早些时候的那些表述，包括我自己的一些表述；他的批评是公允的，较好地得到了接受。她提出了一个至关重要的问题：固然，“西方-东方”之类的二元对立在希腊社会话语中确实起到了突出作用，但它们与形成对照的固定意识形态的图式化关联具有还原论性质，因为它们忽视某种形式的社会能动性——例如妇女的社会能动性，她们内化了“欧洲”模型，而公共话语大概是将她们排除在这个模型之外的。她也认为，早些时候表述中的机械性质，部分建立在多数民族志工作非常局限于社群层面研究的取向之上（应该说，从坎贝尔［1964］开始，许多民族志学者检视了以村社研究倒逼政府治理的有时成功的尝试）。鉴于她在批评中号召更加有弹性地理解对此形式主义意识形态的利用——用我的话说是激活它们的本质化策略——我要提出，超越了我在《人之诗性》首次尝试运用的范围从而得到相当扩展的社会生活诗性，与她提议的微妙且基于历史的分析方法，完全一致，相互强化。关于具有相当普遍性和重要性的严肃批评，另参见 Handelman（1994：370－372）；本书从二义到文化亲昵的分析焦点转向应该可以回应某些关键问题。

第九章　刻板化运作

（纳日碧力戈　译）

现实存在中的刻板偏见

我们已经看到，人类学者有时因为对文化和社会的现实作夸讽式描述而被指责。固然，类似于班菲尔德（Banfield 1958）臭名昭著的“无道德家族主义”或福斯特（Foster）的“有限善形象”（1965），远远超乎任何可以接受的界限；而法比安（Fabian 1983）指出，冷战时期对美国国民性的研究，使人联想到意识形态化的特殊论点。这些批评之所以伤人，恰恰由于人类学者通常把他们的学科视为致力于反对任何形式的文化歧视和种族歧视的学科。这让他们难以看到，他们自己的工作不经意间传递了偏见——尤其是，他们的工作常常与民族主义意识形态共同持有这些偏见。确实，一项有关吉卜赛人在英国社会官僚体系中倒霉遭遇的无畏不敬的研究（Okely 1994），揭示了官方思维和人类学思维之间尴尬的姻缘关系。不过，人类学者总体上并不情愿搭上自己的职业声誉来玩这种危险游戏。

不过，考虑到这些责难——有些我已经在本书中记述——出自民族主义自我管见和尤其让本学科感兴趣的那类文化表征之间滑稽合流的那些责难，人类学者难以避免这样的游戏。没有必要为了研究他们，带着某种痛苦的自我意识，来背书刻板偏见；而这样做也许能比世界上所有反种族主义宣言更好地让人确信诚心所在。确实，这样的策略似乎能让我们有可能从内部了解刻板印象的社会生活——即人类学的文化亲昵。

也许这算不上什么重大背离。从某种意义上说，人类学多涉及分析他者和自我的偏见。这在很大程度上就是族群和民族主义研究的根本内容，而在阶级、社会性别和冲突的职业形式的缝隙间，可以找到相似点。根据定义，刻板化行为是还原性的（reductive），因而它总是标明其对象中某些可欲特质（some presumably desirable property）的缺失。因此它是权力的话语武器。它为此行事且极其隐秘：它积极地剥夺“他者”的某个特质，行恶者为自己的道德清白辩护，称所涉特质是象征性的，不是物质性的，行刻板印象之事“不过是”一种言语习惯（a manner of speech），又称“言辞从不伤人”。不过，这属于对流言蜚语的自我辩解。有趣的是，希腊农民和都市打工仔似乎对此持更为实用和更为以言行事化（performative）的看法：“［恶］语无骨，［但］它碎骨”（另参见 Hirschon 1989：176－179）。

本地社群的范畴体系吸收（或被迫吞下）愈加严格管控的“他者”分类体系，它出自上层，被授权成为工具，服务于由地方再生产的权力形式。当我们达到这样一个点——那些“他者”以这种方式（“我们是热情好客的地中海类型，我们还能怎么办?”）对游客行事的时候，强势似乎尽显无遗。借助反讽的抵抗并不真的为弱者赋权。它可能会帮助他们“球容”（englobe）（Ardener 1975）他们的压迫者，但是，如许多女性主义（例如 Ferguson 1984；Fletcher 1980；Showalter 1986）所指出的那样，它提供了更多的道德满足，而非改变被权贵赋予价值的物质条件。确实，颠覆活动有它自己的风险。如汉德尔曼（Handelman 1990）所表明的那样，正是制定反规则的可能性本身，可以产生“乐子”——及其片刻间的边缘化。这是因为权贵决定“游戏规则”（参见 Appadurai

1981）。

诉诸刻板印象不能对那些被刻板印象化的人立即产生多大作用，除非在此反讽意义上——如肖克（Chock 1987）和诺曼（Norman 1994）所注意到的那样。因为刻板印象确实为权势利益服务，它们具有颠覆的可能性，有时被用来完成颠覆；如纳粹德国这样的极权主义政权更常使用它们，煽动多数国民，让他们成为国家压制少数人群体的工具。在此意义上，刻板印象确实代表了“以词行事”（Austin［1962］1975）的残酷方式，而且造成实际后果。我只补充一句，要紧的不仅仅是词语。白人中产阶级个体仔细琢磨，避免被认为不与黑人（或穷人，或残疾人）有身体接触，也许是在回应后者夸张的“他者”操演，或者在回应他们自己心中夸张的刻板印象。

诗性与实践

这个立场是政治面向的批判社会诗性的基础——这个诗性可以在宣传性冗长文本和在戈夫曼世界（尤其参见 Goffman 1959）中构成互动讯号的创造性非言语活动之间提供链接。在分析现代状况的时候，几乎没有必要忽视“实践意识”（practical consciousness）（Giddens 1984），社会活动者让人们意识到或许有一度不大通过自反加以理解和认知的社会-文化差异。

在希腊，我们看到的是一个将欧洲和东方的刻板印象同时加以内化的国度；希腊当然是二者兼用。问题在于使用。我们在他们的实践东方学（practical orientalism）中，发现了有关再生性霸权威胁的最佳证据。我要提出，它也可以为弱者提供一堵实践话语的防护墙，对成俗的扭曲和夸张成为试验场——按照 Handelman 的说法，以事件为模型——用于有可能是革命性的或至少是安慰性的观念。就此再社会化的雅各布森式诗性而言，无论非语言为主亦非刻意避开政治的“他者”诗性，应当被看作是压迫谋略还是抵抗策略（de Certeau 1984），它显然是能“做点什么”（do something）的。正是在日常经验和明显影响日常经验的权力结构之间的这个交汇点上，构成了社会诗性的基底。在今日世界，缺少有形主体的霸权文本和来自区隔性部落与农村的社会活动者，都同样无足轻重。他们相遇的空间构成了政治行动的交汇点；刻板印象构成了为赋权或剥夺公民权服务的典型可视物。

一个官员的追忆

雷瑟姆诺斯（Rethemnos）镇里一位年老退休的税务官员，其祖先来自传奇性的克里特西南部斯法季亚（Sfakia）山中要塞，他为自己的出身倍感骄傲，不失时机地吹嘘 Sfakian 男人的男子气，根据他的观点讲述斯法季亚民俗和人民的历史渊源，对其他政治联盟的本地成员表示不屑（他本人曾经是当时执政的社会主义政党 PASOK 的积极支持者），说他们缺乏这些男子气特征。

肖恩・戴默（Seán Damer 1988）记述了该斯法季亚“传奇”的创生——尽管我还是愿意使用刻板印象这个词。他论辩说，越来越边缘化的经济闭塞区开始超乎寻常地拼命依靠有关男性自豪的辞令，而这种男性自豪变得愈发空洞，没有任何实用价值。他的论点颇有见地。它表明，这种克里特山区性格的男子气已经商品化，也许对希腊民族主义者和克里特旅游业有用，当然也表明了这样一种境况：这些民众不能掌控自己的经济命运的架构，而他们自己也确实已经商品化。

但是也存在另外一面的图景，即在地方权力构成中男性自我呈现的角色。在很大程度上，男人的地位取决于他所能吹嘘的保护人种类，而这是长期以来外部利益得以主宰地方经济和政治生活的主要渠道之一。

这个过程已经被纳入日益自觉的传统主义框架之中。确实，“传统”特性的增长很显然与地方行动者与地方社会架构疏离有关。所以这不仅仅是附带现象。如果这样看，那就是和国家同谋，贬低边缘群体——显然相似的情况包括将非裔美国人看作无非是“能歌善舞者”，或者把“农民”或“贤妻”捧上虽然光荣却形单影只的雕像基座的国家话语（参见 Herzfeld 1986，2004；Rogers 1987）。这些是边缘化手段：它们把他们的主题标识为祖先或原型，更接近自然，但受到限制，不能发出自己的声音。如果说埃里克·霍布斯鲍姆（Erik Hobsbawm，1983b）把传统看作是精英造假的观点有见地的话，它不在于否认另类草根意识形态（在 Hobsbawm 1959：23 中已见端倪），而在于提出精英们鼓励刻板印象的建构。但是，霍布斯鲍姆和其他人基本忽略了这个必然结论：官方的刻板印象——无论是民族自我或是某些被鄙视的“他者”——提供了在地方层面角逐和再生权力关系的基础。

这位退休税官公开声称自己是社会主义者，支持斯法季亚人的观点，说他们是古代多利安人（Dorians）的后裔，这不仅赋予他自己的祖先无比古老的地方谱系，也让斯法季亚的无法无天作为内部自相矛盾的希腊建国神话的一部分而获得合法性。他声称，Ida 山的人们（包括我研究过的那些人）曾经是米诺斯（Minoan）的后裔。这样说来，他们是更古老的居民。此处要注意，更为古老这个前提并不一定带来更大权威。时至我们讨论，斯法季亚已经从政治舞台消失，不再深度卷入盗畜活动，而在本地区更占据优势的 Ida 山人政治强大，劫掠频繁。把 Ida 山居民说成是 Minoans 人，这虽然承认了他们历史上的卓越地位，却奇怪地让他们的男子汉气概打了折扣：比起好战的多利安人来，Minoans 人相对柔弱，据称在克里特（尤其是斯法季亚）的口音中仍然可以发现这个特征。所以，用基于社会性别的习惯用语把国家描述成斯法季亚人，暗含对当下地方权力场位的批评。他提到最强大的经济中心 Iraklio 时说：“他们都是杂交品”（*mighadhes*）——显然在贬低城市，也合乎牧羊人的辞令，也是对民族主义者的纯正和更大范围的欧洲中心主义的反都市传统意识形态，都提出引人注目的要求（参见如 Mosse 1985：46）。

人们现在可以争辩，说这与真正的政治毫无关系。不过，这个男人事实上积极参与即将举行的市议会选举，努力败坏保守党（新民主党）候选人之一的声誉。我们可以看到，他对历史的编排，看到他对作为一场大游戏组成部分的刻板印象的调动；其他几位男性玩家也以同样的方式玩这场大游戏，而其他几个男活动家也玩同样的游戏。他把自己标榜为一个文化群体的成员，这个文化虽然被边缘化，却也被看作是现代克里特价值尤其是克里特男子汉价值的储存库。所以重要的是提醒人们，他本人是一位 Sfakian 人，他也懂得那些所谓古老的原初克里特人，他们仍然从事盗羊之类的非法活动，但不如他所属于的“米诺斯”人那样做得好。

他对新民主党候选人的攻击充满男子汉词句：“他没有父系”。“他属于 kakosiri［属于不良阶层或 sira 的那些人，自觉‘生动地’蔑视弱小父系群］”。“他没有大丈夫气概”。希腊政治辞令产生作用的方式，是把人们希望将真实发生的东西说成是未来会发生，因此他坚称那位候选人肯定要失败。此外，他辩称，该候选人自己的自然选区，即真正的保守派，将会支持其他候选人，因为实际上这位是从左翼叛逃出来的人，所以永远不会是他们的人。这套辞令也使用了有关父系身份的说法。简言之，我的调查合作人显然是在利用使他能够贬损这位保守派候选人合法性的说辞，努力同化他的敌人和选民让任何要选他的人都在道义上说不过去。

这个策略看来是成功了。这位候选人确实得到一些选票——我的调查合作人酸溜溜地预测说，因为他作为一个地位不高但身处中心的部落成员，可以威胁其相当数量的债主，逼迫他们支持他，作为他在这方面继续宽容他们的代价。这样一来，该候选人的王牌也有意无意地中了这个辞令的圈套：按照这个逻辑，店主们不是纯爷们儿。但他也利用债务上更为明显的物质必需胜出。这位税官利用刻板印象阻止人们把选票投给反对党：尤其男人们变得越来越害怕，怕因为没有坚持克里特男子汉传统而被人笑话，它本身在这里巧妙地结合了对民族主义历史的地方化解读。

我们也要注意，这整个策略的基础是反对这位活动者政治党派的政策的一套表面辞令。社会主义者曾谴责选举赞助和造势宣传，也确实颇有进展：攻击大父系群据称借以绕开警察监视、互换选区投票的保护主义制度，获取袭畜（animal-raiding）村社小父系群的支持；不过，这里却有一位激昂地自称为社会主义者的人，乞灵于对立面喜用赞助方式的最典型语言。

无论如何，他的策略是成功的。它把他的出生地与在国家大景观中被边缘化、但在地方层面上被给予高道德价值的传统认同起来，同时它把这个传统与在意识形态上拒斥该传统任何所奉所行的政党认同起来。他于是能够利用这个象征组合（symbolic formation）攻击对方党的候选人，让他的邻居和同道选民可以明白无误地领会。他的策略展示了一种“实用浪漫主义”，很像“实用东方学”（practical orientalism），雷瑟姆诺斯店主鼓励外国游客讨价还价，诱惑他们支付高昂离谱的价钱。这是一种处理社会关系的方法，行动者采纳优势话语中的刻板印象，用来追求个人利益。

难以知晓，这种马基雅维利式（Machiavellian）搅局是否意在反讽。我个人并没有直接参与这场政治运作过程，而是依靠主要角色的叙述来获取我需要的信息。所以，向我呈现的这个刻板印象，可能要比一般镇民的更加夸张：我被告知我的调查合作人是何等出色的克里特人。操控使用自我刻板印象在克里特岛绝非少见，那里有难以谢绝的盛情款待。任何回请的企图都会遭到正式的拒绝：你们是在克里特岛，克里特人不能让客人请客，那是不合规矩的。

刻板印象和抵抗

这类对刻板印象的使用，可以借多种反讽行事（另参见 Chock 1987）。评论者经常注意到，身处从属地位的人会夸大对其刻板印象酿成的行为期待。揪扯额发或行额首礼，尽表谦卑和敬意，这是不可回敬的策略，是黑格尔（Hegel 1977：522；参见 Scott 1985：288 - 289）有关主子依赖奴仆之洞见的以言行事维度。不十分清楚的问题是，在这些具有社会模糊性的遭遇中，相关人如何决定在何种程度上运用夸张和低调。

不仅显然位居从属的人使用这类手段，例如官僚们也常借助某些潜规制度来为自己无端的出尔反尔辩护；德赛都（de Certeau 1984）所讨论的法国假发（perruque）典型地表现了这个过程的另一面。官僚们从来就不是自主的行动者，他们在和依附者打交道时，不过是再生产了他们自己所从属的那些权力关系，有时会感到屈辱。这里没有必要求助于某种宣泄或补偿的心理学概念；官僚们利用象征资本和自己的同僚竞争微调升迁和蝇头小利，被迫依附者为此提供了这些象征资本。与此同时，依附者必须要做到心知肚明，正是在这一点上，这个所谓的“制度”允许官僚们躲藏在无自我面孔的刻板印象后面，否则它会体现被依附者认为是行政阶层最可憎的所有一切。

抵抗像权力一样是弥漫四散的，难以确定。不过，诉诸权力刻板印象的那些人确实可以进入一个生产刻板印象的重要场域：媒体。举一个相对直接的例子，报纸对官僚膨胀和无责任感的报道——这个话题之所以受希腊新闻记者的青睐，我以为这是由于它如此吸引眼球——提供了无尽的故事。这些报道通过多重但可预料的变换，让同样的要素不断出现：官僚拒绝承担任何责任；居高临下的官僚语言和在使用“权力和团结的代词”（Brown and Gilman 1960）时在官僚和依附者之间体现的几乎是制度化的不平等，官僚行为的武断随意。

武断任意是问题的核心。对权力武断任意——即朝令夕改——的使用和脱离物质现实的话语在这里合流。一位依附者抗议说官僚卑鄙可笑；官僚却笑了。官僚的卑鄙就是目的本身：就此而言，它是那个被揭露出来的任意性权力的对象化肖像——l'arbitraire du signe politique。它是一幅自认荒谬的讽刺画，它把自己用作武器，用作以言行事的话语——如同灵媒、经济学家、气象学家以及其他现代社会不测未来的奇才——把不能提供明确答案炫耀为其政治影响的免责证据：不管怎么说，它还在掌权。不存在对这种官僚刻板印象使用的有效抵抗。刻板印象本身是官僚抵抗的场域，同时应对纠缠不休、蜂拥而至的依附者和一小撮苛刻的上司。

刻板印象与现代境况

为什么要研究刻板印象？我曾提出，它们构成了人类学者传统上研究的范畴的相当大一部分。随着本学科的聚焦由范畴转向实践，刻板印象仍然是这项任务的核心。族群笑话、种族诋毁、避免接触“他者”（或避免看上去要避开他们）、到哪里可以找到好吃好喝或好音乐的推测、慎之又慎地保护自己的钱财或自己的贞洁——所有这些都是基于刻板印象的行为，有关的主体反应会多种多样，机缘应变，具有民族志趣味。

在当今时代，随着人们接受教育，对文化和其他集体的敏感性有了自觉，刻板印象的恢复力似乎需要比前一个世纪自信的进化学派和公然推行种族主义的精英社会所提供的还要多的解释。令人惊讶的不是刻板印象得到批判性地详尽研究，而是它们活灵活现，依然故我。在人类学思考的中间阶段，对于刻板印象，或者仅当作偏见从而违反学科伦理而不予考虑，或者被当作过于常见，因为它们是我们自己这个世界的一部分。但是，剥夺“他者”制造刻板印象的能力，拒绝承认所有人类群体都会借助的这种本质化草根策略，等于以盛气凌人的态度复原高贵野蛮人的他者性。

后记　面向激进中间立场？

（纳日碧力戈，卢芳芳　译）

我的这些反思针对的是一系列常见主题，通过指明民族国家的貌似固定之物恰恰是这些固定之物所否定之物（行动、能动性和活用）的产物，我力图对民族国家有某种批判性把握。认识到本质主义和能动作用，就像国家和人民，是同一事物的两个方面，我想在人类学难以去除的这些极端立场之间取“激进的中间立场”。这个中间立场瓦解了所谓的认识论两极对立：实证与臆测，无限的回归[①]与最粗糙形式的科学主义，视语言无足轻重而加以拒绝与把它吹捧到天上，说它是所有人类意义生产方式的决定性编码。

两极对立是便宜手段。它们的用处在于对问题分门别类。不过，和所有分类手段相同，它们也可以变成思考的替代品：它们被本质化，变成事实。它们无视自身的道德特性，成为道德天下的一部分：科学-道德之争，尤其当它反过来导致同样有害的二元对立时，较好地说明了这个问题——面对涉及对象社会的道德议题时，人类学者在政治上参与适度的有关伦理规定。

---

① 指脱离现实的文字游戏——我的解释可以无穷无尽，最后你会意识到我所谈论的内容与现实无关，我认为它有什么意义，它就有什么意义。——译者

② 现在精英们和其他群体一样成为人类学感兴趣的话题；参见 de Pina-Cabral and Pedroso de Lima（2000）；Marcus（1992）；Shore and Nugent（2002）。

这种争论的定调深深嵌入文化相对论的历史以及由此产生的歧义之中。时至20世纪中叶，对人类学田野伦理的初期关注导致一种坚定的中立立场，与尊重地方文化、避免任何直接政治参与的态度合流。这个立场也导致产生规定性的补救措施——作为常见形式，强烈推荐人类学者避免实质性参与“内部”政治——用来应对民族志学者在田野中不断遇到的多种道德问题。与消极的伦理规范相反，人类学确实有积极的道义使命，仅就此来说，它涉及将域外学到的东西运用到本土来。就像文学分析家所知晓的“去熟悉化”过程，我们在社会诗性中借助同样过程，通过创造性变形演绎和意外比拟来认知文化形式。例如，玛格丽特·米德那样的学者会寻求给自家社会带来震撼，让它把萨摩亚或新几内亚作为一面镜子来认识自己。但是，这种早期反思形式，就如同欧洲功能主义坚持认为存在着严密封闭、内部平衡之社会实体，必然导致我刚才提到的冷漠而超然的姿态：一个长期禁令——从不干涉自己研究对象的文化或绝不批评他们的规范活动。

虽然这个立场背后的动机是良好的，但它有两个并非全然如此的预料之外的结果。首先，我们回顾起来会突然意识到，它对于今天的含义通常是居高临下：它表达了监护的权力，要保护异族文化，因为据推测“他们”没有这样的能力。它也暗示了一种强大推动，指向以保存为形式的结构性怀旧（structural nostalgia）——实际上就像民族学博物馆试图要做的那样。据说腐蚀性的现代性力量，如金钱、纯洁无私之互惠关系的堕落以及帮助法理社会（Gesellschaft）摧毁礼俗社会（Gemeinschaft）的所有邪恶，尚未染指这种社会完美。如果受到人类学者长远影响的那个社会的公民为自己是“本土人”而感觉受到贬低，难道这种用意良好的不干涉立场，不对此问题承担相当一部分责任吗?

不过，从那个抱怨可以引出一个必然结果。我们一旦同意消解贬义的“本土人”类别，同时也消解类似于由殖民主义产生之各种政治论点的要求知识保护地的论点，我们实际上就为人类学者留出成为文化批评家的空间。于是，他们也会提出类似于社会性别平等或少数民族权利的问题。关于少数民族问题，他们必须在彼此竞争的本质主义之间协调，因为如我们所见国民国家的本质主义可以大规模激发回应式的本质主义化。相反，一些群体可能会同时拒绝单一制的国民国家以及由此国民国家以默认形式赋予他们的少数民族地位。不管是哪一种情况，自我辩解并抵制国外批评，说它们是“干涉我们的内部事务”——或者用更加时髦的话说，是“文化帝国主义”——就把多数民族（或较强民族）人口的视角，等同于“国家”的视角。

确实，人类学者在发表可能让少数民族生存策略引起官方注意的调查结果之前，会犹豫不决，因为出版物有时会造成从小骚扰到种族灭绝的灾难性后果。在此意义上，揭露人口较少或被剥夺权利的群体的隐秘性文化和社会的亲昵，可能不是一个善行。但如果这样的报道配以对国民国家同样尖锐的批评，就可以避免最糟糕的结果。关于避免与我们所研究的国民国家做政治交手的第二个负面结果，它会使我们不为难地缘政治上较弱国家的愿望，压倒我们对于内部弱势群体的关注。此外，如果我们认真对待研究对象要求在道德上平等的愿望，而我们也确实应该这样去做，那么这种对批评的回避就不仅是傲慢，而且是前后矛盾。不管在哪一个层面遇到滥用权力，我们都应该同等自由地予以抗议。

还有，在我们工作的地方，常会有性格开朗的个人能够也愿意向我们表达官方和多数人的立场。拒绝与这些人争辩肯定是非礼的。我们期待他们向我们公开表达他们的观点；我们为什么要隐瞒自己的？显然，考虑周到，举止得体，这不是小事；同样明显的是，我们能够让我们的本土朋友感到难堪的能力，也经常被大大夸张了——的确，更为常见的是，鞋也适合穿到另一只脚上！这不是因为我们更明白事理，就像有时出于地缘政治需要，对人权话语的愤世嫉俗用法所暗示的那样。但是，显而易见，当我们已经暗知研究对象的文化亲昵时，佯装不知或无视这种知识的后果，那是虚伪的。此外，不同意见不针对国家而是针对具体人；希腊人并不以同样方式想问题。例如，尽管他们谈论“心性”（*noötropia*），可是，一旦提到他们这样说过时，他们就会深深被冒犯，而这是有道理的。这类事情不能立法处理，因为它们之间的个案差异巨大。这就是对于伦理所持的不断遭到诟病的文化警察式立场的软肋，这个立场不能包容人类学者在被研究社群内的利益冲突中或其宣称可能具有同样说服力的竞争实体之间，必须做出的有时是令人痛苦的选择。

不过，在其他情境下，这种必要性看似清晰得多。人类学者更倾向于为被压迫的少数群体的利益辩护，而非为压迫他们因而遭到谴责的政府的利益辩护——尽管如我在讨论希腊与“欧洲”关系时表明的那样，当我们意识到自己的国家在权力相对不平等中暗示了什么的时候，这种判断的片面性将会得到调整。监听有关对象社会的文化亲昵言谈，不仅仅是出于好奇心；它也是评估情境的有效手段。于是，被官方诠释者系统化省略的那些东西，不仅构成绝佳的民族志话题，也成为严肃但却常常是有成效的焦虑的源头：人类学者应该揭露谁的家丑和哪一部分家丑——如果人人都有家丑的话。

最终，这类判断肯定是个人独自做出的。它们也可以带来巨大愉悦和深度担当。在我对曼谷 Rom Mahakan 社区的研究中，我曾经对是否站在社区一边感到犹豫不决，直到我确信无疑居民们对那个场地确实拥有权利，他们受到隐形殖民主义“动力学”在地方重演的压迫。所以，一旦确信无疑，我就高兴地尽自己所能得到的任何象征资本来支持他们的事业（参见 Herzfeld 2003c，2003d）。官方嘟嘟囔囔，说居民们实际上在生产自己的文化认同，对此我要回答：他们恰恰是在模仿官方做出的榜样。从这个意义上说，所有的文化都是“制造的”。只要这一点在我的内心得到确定，剩下的就是我所关心的人权和尊严问题。这里的居民要求我介入的积极性，是对我们那边官僚伦理的良好回应。官僚体制对感情深处的东西，不会有令人信服的答案。

于是，我们的伦理担当就是要为我们感觉能够做出的实用判断负责，而且在出现意图之外的结果时，要负责到底。例如，是否以及在何处出版我们的洞见，有时成为困难的选择。在这一点上，人类学者个人无论如何要愿意为自己的行动直接负责——常常是在与其他利益相关方面慎重协商之后。这是他们为知情优享（privilege of access）所付出的代价，如果他们的研究对象反过来批评他们，他们不应该抱怨。他们自觉不自觉地投入文化和政治的批评，选择权在于他们自己。他们如果愿意接受这些责任，他们对司空见惯的“干涉我们内部事务”的指控，就有现成的答案。因为不再有任何纯粹的内部事务——如果确实真有过的话。

与此相关，1967—1974 年希腊军政府尤其深谙利用这套辞令，回忆一下可能有帮助。与此相配合，它慷慨激昂地抱怨外国干涉国内政治，也同样尖锐地谴责所有那些在反独裁斗争中敢于呼吁外部帮助的公民，说他们“不是希腊人”。确实，上校们无理地剥夺了那些激进分子的希腊公民身份，当时一些人——尤其是已故演员（后来成为文化部长）梅莲娜·梅尔库丽（Melina Mercouri）——用这种行为的本质主义逻辑使他们陷入困境，质问道：一小撮上校军官何以能够褫夺他们的生来具有的权力（Mercouri 1971）。不过要注意，这个冲突的措辞为未来铺下一条危险的道路。即便现在，许多相对开明的公民并不情愿用更加多元文化的公民定义来取代血统论。为了公允，必须而且肯定要补充一句，其他欧洲国家，尤其是德国（Soysal 1994）以及南斯拉夫联邦解体之后产生的那些国家，一直不情愿放弃他们自己自然民族体（natural nationhood）的模型。这只能使问题复杂化，它会让推动改变的激励机制打折扣。

血统隐喻的用处主要在于防卫文化亲昵。根据这个论点，如果一个人不是生在这个国家，这个人不可能了解这个国家的文化；这个人容易把实际上完全属于外来的各种特征归于这个文化。例如，那些希腊上校军官发动文化之战，反对一系列引人注目的自我暴露形式：据说是包含政治颠覆性歌词的土耳其调的音乐、少数民族语言、男人的胡须和女人的迷你裙（各表达失序与道德窘境的身体换喻），甚至公元前 5 世纪雅典戏剧作家阿里斯托芬剧本中的黄段子，他们以此来支持自己对于外部干涉“国内事务”的愤恨。作为国家出生权的保护者，他们毫无商量地给自己赋予权力，决定谁是希腊人；他们努力保护希腊作为欧洲之源的尊严地位。这种努力最后失败了，这是因为这些上校军官们缺乏文化能力，不仅没有引起尊敬，反而招来嘲弄，国内国外都是如此。尽管如此，关键是要记住他们的才能有民众基础；即便是在更为民主的时代，这些惯用语言仍然不时冒出来，例如在马其顿危机的高峰期，记者塔基斯·米恰斯（Takis Michas）把马其顿的英雄国王亚历山大大帝描写成“各族人民的屠杀者”并为此面临审判。

不过，“家里的事儿”不能总是避开公共或国际的空间——不能总是避开广场，用拉美版本的同一俗语说。它也可以适得其反：隐秘导致怀疑，其程度远超真正所遮掩的东西，而且可能使整个国家沦为国际社会的笑柄。有人可以争辩说，这证明了权力的不平等，的确如此；但这并不能减轻如此隐秘性造成的实际影响。此外，“家里的事儿”是局内人自己国家认同的不可分割的一部分。他们不仅知道国家文化的官方表征常常是何等不真实，但如我在本书辩说的那样，自相矛盾的是，不服从的价值观和实践反倒使爱国主义日复一日地有吸引力。家屋保护隐匿的秘密，而这些秘密本身是家庭凝聚的基础，从内部来说，它们完全不一定是负面的。大量的希腊人自称祖先来自斯拉夫人、库措弗拉奇（Koutsovlach）或阿尔巴尼亚人，承认他们熟悉和喜爱的文化大多来自土耳其，听到自己的亲朋好友的高明骗术会咯咯笑；甚至一方面为某些盗畜贼的狂野故事摇头，另一方面也会在逃税时唤起完全相同的高傲独立性的刻板化民族形象。逃税是国家凝聚的基础？奇怪的很，我怀疑全世界的“普遍人”在隐匿的条件下都会承认的确如此。但保卫王国的责任典型地落在同样这些普遍家伙的头上。

甚至官方辞令也会求助于已经腐败的完美结构的怀旧模型，盗畜者利用同样的模型为自己求助于诅咒发誓和继续蔑视腐败国家本身辩护，以便为这个模型对日常生活的干涉作用辩护。当科济里斯（Kozyris）说希腊人必须在更高程度上培养对法律的尊重，他进入了同样的逻辑，此处可表述为回归欧洲美德原型。作为认识到不服从的民族秉性的局内人说话，他就会承认这种据说是非主流行为的理想型性格，其中盗畜者是极端（也恰恰因此而有效）的例子。

一句话，无法无天的倾向和其他形式的不端行为，是爱国主义松散基础的一部分——对于这个美德来说，盗畜者并非巧合地独占鳌头。尽管通常对民族主义有讽刺，爱国主义常常让文化批评大展身手。但这种发挥是在局内人中间发生的，而人类学者优享地位在此处尤其说不清楚。虽然“家里的事儿不能拿到外面去说”，这没有什么可惊讶的，但国家文化秘密显然从一开始就败局已定。甚至在佐巴之前，旅游业已经向世界“开放了”希腊——“开放”，不管是个人身体还是身体政治（参见Hirschon 1978），就是跨国交流的全部目的。

部分上作为对文化亲昵的辩护，一些希腊人辩解说他们在所谓文化亲昵的任何负面特征方面并非独有：其他民族也有同样的问题，也犯同样的罪。这个论点的滑稽一面是例外论（exceptionalism），宣称没有人可以理解这个文化，因为它是独特的。不过，说到其他国家会有同样的回应，包括同样混合性的例外论和被点名批评的愤懑，这时他们这些内部空间的辩护者确实是对的。尽管我们有时觉得希腊人对文化亲昵的辩护看似极端，但它可作为一个明晰的说明而有所助益。它有助于明确指出在其他地方尽管同样存在但可能是更多弥散的东西，它精细地表明地缘政治力量和引发那种辩护的全球文化阶序。所以，它可以帮助我们在全球政治压迫的相关性中定位文化认同的诗性所在。它重点回应了那些认为社会诗性属于某些以阐释学划定边界的“象征人类学”的争辩者——回应了一种知识浪漫国（Ruritania），它不再反映意图中的方法认识论，而是反映了一种与民族国家社会真实生活实践相应的完美文化和人口孤岛的观念。所以就有了激进中间立场的重要性：激进是因为我们要求封闭性严密定义的渴望总是威胁它；中间是因为它奋争逃避二元对立的过度决定性；立场是因为它确实立足于民族志经验的直接证据。

我也把此立场置于选择的困难及其后果之中，其中包括人类学者在卷入政治问题并与调查合作者发生激烈争论时，选择什么样的立场。它们也包括二元选择——官方的和隐匿的，规范的和操演的，“真实的”和“辞令的”——形塑了承认社会生活尤其是（但不仅限于此）民族国家社会中，二元对立和其他形式合作者的日常生活，而民族志记述必须对此有所认识。这个立场承认现实的本质主义的重要性；但它也拒绝本质主义分类对于分析和描述工作的必要性——这是一个困难的平衡——拒绝将本质主义本质化，也许这是最好的表述。

这个立场记录了官方视角和社会视角的差异，但是它这种差异被视作两种对话的共同产物——这两种话语实际上属于社群、家庭甚至身体同一辞令，因此二者非常紧密地相互蕴含。我们出于分析的目的加以区别对待，但也有危险忘记那个基本共性。不过，这是囊括多种可能性的共性——简单地说就是多元性。不存在单一的“民族观”；似乎认为这种东西超越了对于文化亲昵的策略辩护而存在，那就等于不假思索地接受民族国家的本质主义，同时拒绝其公民们的生活经验。

在我早期的作品中——有些内容在本书中有所呈现，我重点聚集了我认为形成对照的国家话语和普通人话语之间的关系。这种对照使我的作品大多强调二元性：所以称之为二义。不过我描述的二元性属于文化和历史上的特殊现象，社会能动者经常利用它来为多种多样的个人利益和目的服务。

对于坚持认为这些论点在理论方面强调了二元对立的人，我有两点建议。

第一，就像我在《镜窥人类学》（*Anthropology through the Looking-Glass* 1987a）所做的那样，考虑孕育人类学和民族主义二元强调的共同基础。多数民族主义，特别是恰好处于东西方文化劳动分工断层线上的民族主义，确实表现出鲜明的内外二元划分；但是，即便这种辞令自称建立在普适性原则之上，也不能让分析者始终坚持认知结构的普世理论。然而在另一个方面，即便坚信这种结构是学术想象的虚构，也没有理由把观察用民族志方法在官僚机构象征主义中记录到的二元对立婴儿和回避了所有重要问题因而被抛弃的结构主义理论（在我看来与前者同源）洗澡水一起倒掉。虽然我在本书初版中相当倚重希腊个案，由于希腊对于欧洲建构具有奇特的二元象征上的必要关联，的确仍然感到希腊个案揭示了欧洲二元对立论的历史起源，但我得以从用来比较的意大利和泰国带来的新材料加强这个证据：某些象征对立——摩尼教当下转世，满是关于邪恶、恐怖主义和狂热帝国的辞令——令人不安地继续广受优遇。我们通过从怪异的视角而非从阐释性后殖民话语或顽固不化的欧洲高文化学术精英主义的角度来检视西方，可以定位和分析二元主义——根据民族志、历史及其在现代性文化地缘政治中扮演的详细角色。

我在《文化亲昵》初版中给出的第二个建议让我猛然感到了无比的迫切性。这个建议就是要问，在经过这么长时间之后，为何批评家们面对明显的证据——即二元对立是某些自觉的西方或西方化政体的文化特征，似乎仍坚持把它仅看作是一种理想工具，是结构主义的别出心裁之作？由此推出的结论过去和现在都令人焦虑：不能够接受这种区分，它表明至少这些批评家中的一部分人，本身可能比他们愿意承认的要更容易陷入对于世界的结构主义思维模式。(这可能是恰当——在此处提醒我们自己，在日常话语和人类学理论中进化论思想同样挥之不去——在本书靠前一些的地方讨论过，提醒自己，结构主义仍然保持着强烈的进化论味道。) 把二元对立看作文化地缘政治的可见方面而随意加以拒绝，这种做法源于理论和理论家与民族志及其“研究对象”之间根深蒂固的笛卡儿式分离。从这个角度看，坚持截然区分物质和象征、商品和礼品、科学和道德是一条捷径。我们在日常语言和写作中使用这些二元对立，因为它们便于我们描写我们亲历世界的方方面面，而不是它的本质。这是我们自己文化的一个方面。把这种观察和抽象的理论二元对立混为一谈，就是对我们自己的思维模式完全缺乏反思。对于一些从业者来说，尤其是对二十多年来人类学对自己有时毫不留情的批评加以斥责——认为这是制造难堪——的那些人来说，承认我们自己的政治经验和意识形态需要和二元对立思维模式有关联，只能曝光本学科版本的文化亲昵。

出于这种考虑，与二元对立的方面化 (aspectual) 运用恰恰相反的是我所提倡的激进中间立场——一定要激进，因为和如此之多的中间立场一样，比起极端立场来说，保持中立是不大容易的，要坚持自己的思想或许也不大容易。存在这样的时刻：强调言语和符号的物质性是有助益的；或者，必须从现代性脉络恢复经济活动的象征方面——这样的现代性脉络中，主要的社会行动者自己“误识了”这些方面的重要性，因为一种叫做“理性”的程序包构成了他们的象征资本。即使最灵活的理论家，也时常陷入这个模式，就像布迪厄 (1977) 一方面斥责他所说的社会理论中的“经济主义”，但另一方面不断退回到他所偏爱的资本、象征与文化的隐喻中。

我也将这种激进中间立场置于在极端形式主义和极端虚无主义之间的概念空间中。站在这类极端立场上的那些人极少在他们自己的工作中说到做到。不过，他们和民族主义者一样，难以承认其本质化做法的策略性质，因而也经常不情愿承认在地方和国家对全球价值层级的回应中持续存在的这种二元对立的政治性质。例如，他们太过轻易地同意把世界划分为奇异的或后殖民的（依据他们具体的意识形态偏好）和熟悉的或殖民的。让我来重复一遍在新的第二章里简略描述的主题：有多少后殖民主义理论家愿意从民族志详尽阅读欧洲社会或者愿意引用那些缺乏公知地位甚至有可能缺乏正规教育的当地人的观点？他们像我们所有的人一样始终努力地建构概念框架，用来理解如他们亲身体验的这个世界。

我在本书中主要讨论不同场景下的行动者在处理自己与民族国家的关系时如何运用各种二元对立；但是我现在也尝试超越民族国家，把这个论点的范围扩大到其他集群实体。关键点依旧简单，互相矛盾，而且难以细究：有关民族国家、地方社群或国际团体的实体观念在这个意义上是成功的：它的正规意识形态封装（或者吸纳）了所有在公开场合原本要克服的内部瑕疵和缺点。显然，民族国家可能是这类实体中最易于体验的了；它当然不是唯一的。它常常依赖家的隐喻，表明它并非独一无二——尽管它作为世界多数地方的相对新近的发明，会依赖这种亲昵隐喻的暗示性亲近，把它作为自己吸引力的基础。不过它本身意味着国家不是唯一需要维护集体亲昵的实体，我们发现其他许多实体——从“我们都是一家人”的地方社群到常挂在嘴边的“各民族家庭”——表现了类似的特色。此处我怀疑民族国家获得首要地位要归功于我在本书开头提到的某种东西：如果文化亲昵观念本身似乎有内在矛盾性，那么这个词暗示的动力在这个无血无肉的奇怪结构——但它又乞灵于把自己表征为家庭之抽象的鲜血象征——中直观可见。即便我们现在把讨论转向其他实体，民族国家也仍然不失为供人类学者“思考的好材料”。

所以，国家的成功显然取决于它应对这种悖论的能力。如果国族可以有信度地被呈现为一个家庭，人民将会忠于它，因为他们知道家庭是有缺陷的。随着人类学者告别对于理想型家庭的描述——例如可以比较

J·K·坎贝尔1964年对希腊隐秘牧业社群家庭价值观的描述和内尼·帕努尔亚（Neni Panourgiá 1995）对她自己矛盾冲突的资产阶级雅典家庭内部尔虞我诈的揭露——让我们得以更好地了解不完善激发忠诚和热爱的力量。的确，坎贝尔观察到若干违犯现象，但他的敏锐观察提出的巨大挑战没有被马上理解。同样，其他人也的确揭开了文化亲昵的盖子，表明村民们如何劲头十足地议论彼此的邪恶，同时又积极地为他们自己和他们的家庭进行免责辩解（尤其参见du Boulay 1974）。如果说坎贝尔对于希腊乡民人类有罪观（因此根据神学他们的小罪是可以原谅的）的分析揭示了不完善在人类学分析中作为一个主题的意义，那么可以说，直到帕努尔亚勇敢地迈出这一步——揭露家庭亲昵和文化亲昵——他的原创洞见（对于我在文化亲昵讨论中努力阐发的观点如此至关重要）的重要性才变得清晰起来。我们毕竟（再次重复希腊俗语）是人。这些希腊俗语适用于我们所有人，尤其适用于我们作为有关人类状况的理论家的能力。

我们不完善的征象在于我们生产的所有一切都会衰败：时间带来衰败，个人缺点带来衰败，他人的误解带来衰败。学术话语也不例外；我们一旦推出一个新术语，它就会发生扭曲难测，有时变幻无常，进入有时转型的新语境中。像文化亲昵和结构性怀旧之类的术语似乎已经进入专业词库。它们并不总是遵循我为它们精确设计的意韵，这反而会在某些情况下成为相当的优势——尤其是考虑在其他作者帮助下这些概念被历史化和多元化的程度。的确，存在一个准确性的问题，它解释了（就像在此处）我为什么总是努力在人类学中保持在皮尔士意义上使用“象似”（icon）一词，而非在日常用语中的“徽章”（emblem；尤其是因为这两种现象交集的时候——就像它们如此频繁地交集在民族主义象征系统中的那样）意义上使用它。此外，略微浏览一下因特网，就会发现“文化亲昵”常常用来简单地意指“有关他者文化的深厚知识”，类似于我们从海外学习计划或甚至从近些年来盛行的文化快速入门读物之一可能得到的那种知识，而“结构性怀旧”可以表示所有一切：从制作精细的纪念品到与建筑修复有关的怀旧。这永远是人类学者的宿命：使用这样一些术语词汇，听上去既不足够科学以逃避和真实世界的蕴含关系，又不足够通俗以躲避仇视学究者的讨伐。不过那也没关系，因为它表明激进（可以激进地防卫）中间立场一直是本学科的恰当位置。我们不是鱼，也不是鸡；我们为此感到骄傲。这就是我们的隐秘。

我们也投身于具有复杂伦理干系的工作，我们有时在这样的工作中让自己身处实证主义和新自由主义世界的强烈边缘意识遮蔽了我们自身力量的现实；我们有时也在伦理恐慌的时刻倾向于认为我们的力量可能真的足以造成危害影响。的确，我们应该提高警惕，防止无意带来的伤害；这是毋庸置疑的。但是，我们在不断调适自己在某种意义上几乎总是作为“外来”观察者的地位之时，已经牵连其中。亲昵性本身要求我们承担义务，在政府对伦理的控制作用下，这种义务不容易处理——确实有可能背离它。无论造成这些新情况出现的背后意图如何温良，它们只能在一个对所有这类官方措施进行激烈批判的背景下才有意义。

人类学具备良好的资质来提供这样的批判，与此同时——部分上因为——它的从业者必须不断思考他们自己良心的决定性影响。承认我们自身有需要保护的文化亲昵，这是保持中间立场的一个重要方面；如果不把针对我们所研究的社会提出的分析性质疑同样用于自己的假设，那么比较就是没有意义的。人类学者防卫他们的学科亲昵完全符合人性，也标志了我们和那些社会中的熟人所共享的东西。所以不存在为了学科、民族国家或任何社会实体的利益而自绝于此——有时它本身就是在防卫文化亲昵——的理由。例如，我们不应该轻蔑地拒绝新伦理规定的挑战，而相反应该以同样的批评姿态回应，质问施行这些规定实际上为何种利益服务。

这与我用这些文字中描述的人类学是一致的。它首先是一种有担当的人类学。它研究社会和文化的生活，但它也置身于那种生活之中。那些学科以外的人有时认为人类学者痴迷于民族志细节，而这恰恰是他们对于这样一种理念的献身精神：没有什么东西必然是无足轻重的；无论如何，我们的工作就是要询问为什么这样认为，谁这样认为。这些问题让掌权者感到麻烦和难堪，这是人类学者尚未——除了学术界本身之外的罕见例外——找到有效方法揭开精英文化亲昵的一个原因。但社会批评家的角色从不简单，拒绝这个角色的人类学者从这个世界走开，进入理论、结构和纯粹理性的安全无菌状态。我提供最近更新的本书，用来破除这个阴险的诱惑。

参 考 资 料

Aarsleff, Hans

1975 *From Locke to Saussure*. Madison: University of Wisconsin Press.

Abélès, Marc

1989 *Jours tranquilles en 89: Ethnologie politique d'un département français*. Paris: Odile Jacob.

1990 *Anthropologie de l'état*. Paris: A. Colin.

Abu-Lughod, Lila

1990 The Romance of Resistance: Tracing Transformations of Power Through Bedouin Women. *American Ethnologist* 17:41–55.

Alexakis, Elefth P.

1980 *Ta yeni ke i ikoyenia stin paradhosiaki kinonia tis Manis*. Athens: privately published.

Alexiou, Margaret B.

1974 *The Ritual Lament in Greek Tradition*. Cambridge: Cambridge University Press.

Almeida, Miguel Vale de

1995 *Senhores de si: Uma interpretação antropologica da masculinidade*. Lisbõa: Fim de Século.

Althusser, Louis

1971 Ideology and Ideological State Apparatuses, Notes Toward an Investigation. In *Lenin and Philosophy and the Other Essays*. Trans. Ben Brewster, 121–73. London: New Left Books.

Anderson, Benedict

1983 *Imagined Communities: Reflections on the Origin and Spread of Nationalism*. London: Verso.

Andromedas, John N.

1976 Maniat Folk Culture and the Ethnic Mosaic in the Southeast Peloponnese. In *Regional Variation in Modern Greece and Cyprus: Toward a Perspective on the Ethnography of Greece*. Ed. Muriel Dimen and Ernestine Friedl, 99–206. *Annals of the New York Academy of Sciences* 268:1–465.

Appadurai, Arjun
1981 The Past as a Scarce Resource. *Man*, n.s., 16:201–19.
1988 How to Make a National Cuisine: Cookbooks in Contemporary India. *Comparative Studies in Society and History* 30:3–24.

Ardener, Edwin W.
1971a Introductory Essay. In *Social Anthropology and Language*. Ed. Edwin Ardener, ix–cii. A.S.A. Monographs. Vol. 10. London: Tavistock.
1971b Social Anthropology and the Historicity of Historical Linguistics. In *Social Anthropology and Language*. Ed. Edwin Ardener, 209–41. A.S.A. Monographs. Vol. 10. London: Tavistock.
1975 The Problem Revisited. In *Perceiving Women*. Ed. Shirley Ardener, 19–27. London: J. M. Dent.
1978 Some Outstanding Problems in the Analysis of Events. *The Yearbook of Symbolic Anthropology* 1:103–21.

Aretxaga, Begoña
1997 *Shattering Silence: Women, Nationalism, and Subjectivity in Northern Ireland*. Princeton, N.J.: Princeton University Press.

Asad, Talal
1973 *Anthropology and the Colonial Encounter*. London: Ithaca Press.
1979 Anthropology and the Analysis of Ideology. *Man*, n.s., 14:607–27.
1987 On Ritual and Discipline in Medieval Christian Monasticism. *Economy and Society* 16:159–203.
1994 *Genealogies of Religion: Discipline and Reasons of Power in Christianity and Islam*. Baltimore: Johns Hopkins University Press.

Askew, Kelly M.
2002 *Performing the Nation: Swahili Music and Cultural Politics in Tanzania*. Chicago: University of Chicago Press.

Askew, Marc
1996 The Rise of *Moradok* and the Decline of the *Yarn:* Heritage and Cultural Construction in Urban Bangkok. *Sojourn* 11(2):183–210.

Austin, J. L.
[1956–57] 1971. A Plea for Excuses. In *Philosophy and Linguistics*. Ed. Colin Lyas, 79–101. London: Macmillan.
[1962] 1975. *How to Do Things With Words*. Ed. J. O. Urmson and Marina Sbisà, Cambridge, Mass.: Harvard University Press.

Babcock, Barbara A., ed.
1978 *The Reversible World*. Ithaca, N.Y.: Cornell University Press.

Badone, Ellen
1991 Ethnography, Fiction, and the Meanings of the Past in Brittany. *American Ethnologist* 18:518–45.

Bailey, F. G.
1971 Gifts and Poison. In *Gifts and Poison: the Politics of Reputation*. Ed. F. G. Bailey, Oxford: Blackwell.
1973 Losa. In *Debate and Compromise*. Ed. F. G. Bailey, 164–99. Oxford: Basil Blackwell.

Bakalaki, Alexandra
1993 Anthropoloyikes prosengisis tis sinkhronis ellinikis kinonias. *Dhiavazo* 323:52–58.
1994 Gender-Related Discourses and Representations of Cultural Specificity in Nineteenth-Century and Twentieth-Century Greece. *Journal of Modern Greek Studies* 12:75–112.

Bakhtin, Mikhail
1981 *The Dialogic Imagination*. Trans. Carol Emerson and J. Michael Holmquist, Austin: University of Texas Press.

Baloglou, George
1995 Just Anthropology. Internet messages in MGSA-List. 8 June and 15 June.

Banfield, E. C.
1958 *The Moral Basis of a Backward Society*. Glencoe, Ill.: Free Press.

Barth, Fredrik
1969 Introduction. In *Ethnic Groups and Boundaries*. Ed. Fredrik Barth, 9–38. Oslo: Universitets Forlaget.

Barthes, Roland
1964 *Eléments de sémiologie*. Paris: Seuil.

Battaglia, Debbora
1995 On Practical Nostalgia: Self-Prospecting Among Urban Trobrianders. In *Rhetorics of Self-Making*. Ed. Debbora Battaglia, 77–96. Berkeley: University of California Press.

Battistini, Andrea
1975 *La degnità della retorica: studi su G. B. Vico*. Pisa: Pacini.

Baudrillard, Jean
1988 *Selected Writings*. Ed. M. Poster. Stanford, Calif.: Stanford University Press.

Bauman, Richard
1977 *Verbal Art as Performance*. Rowley, Mass.: Newbury House.
1986 *Story, Performance, and Event: Contextual Studies of Oral Narrative*. Cambridge Studies in Oral and Literate Culture, 10. Cambridge: Cambridge University Press.
1987 The Role of Performance in the Ethnography of Speaking. In *Performance, Speech Community, and Genre, Working Papers and Proceedings of the Center for Psychosocial Studies*, no. 11, 3–12. Chicago: Center for Psychosocial Studies.

Bauman, Richard, and Charles L. Briggs
1990 Poetics and Performance as Critical Perspectives on Language and Social Life. *Annual Review of Anthropology* 19:59–88.

Beidelman, Thomas O.
1980 The Moral Imagination of the Kaguru: Some Thoughts on Tricksters, Translation, and Comparative Analysis. *American Ethnologist* 7:27–42.
1981 The Nuer Concept of *Thek* and the Meaning of Sin: Explanation, Translation, and Social Structure. *History of Religions* 21:126–55.
1995 Bureaucracy and the Public: Accenting the Negative. *Current Anthropology* 36:533–34.

Bellier, Irène
1993 *L'ENA comme si vous y étiez*. Paris: Seuil.

Berdahl, Daphne
1999 *Where the World Ended: Re-Unification and Identity in the German Borderland*. Berkeley: University of California Press.

Bernal, Martin
1987 *Black Athena: The Afroasiatic Roots of Classical Civilization*. Vol. 1, *The Fabrication of Ancient Greece 1785–1985*. New Brunswick, N.J.: Rutgers University Press.

Bertarelli, Achille
1938 L'iconografia popolare italiana: sue caratteristiche: come deve essere studiata. *Lares* 9:28–32.

Black-Michaud, J.
1975 *Cohesive Force: Feud in the Mediterranean and the Middle East.* Oxford: Blackwell.

Blok, Anton
1974 *The Mafia of a Sicilian Village, 1860–1960: A Study of Violent Peasant Entrepreneurs.* Oxford: Basil Blackwell.
1981 Rams and Billy-Goats: A Key to the Mediterranean Code of Honour. *Man*, n.s., 16:427–40.
2001 *Honour and Violence.* Cambridge: Polity Press.

Boehm, Christopher
1984 *Blood Revenge: The Enactment and Management of Conflict in Montenegro and Other Tribal Societies.* Lawrence: University Press of Kansas.

Bogatyrev, Petr G.
[1937] 1971. *The Functions of Folk Costume in Moravian Slovakia.* Trans. Richard G. Crum. The Hague: Mouton.

Bolinger, Dwight
1975 *Aspects of Language.* 2nd ed. New York: Harcourt Brace Jovanovich.

Bona, Emma
1940 Arti popolari e artigianato. *Lares* 11:475–77.

Bond, George C., and Angela Gilliam, eds.
1994 *Social Construction of the Past: Representation as Power.* London: Routledge.

Boon, James
1982 *Other Tribes, Other Scribes: Symbolic Anthropology in the Comparative Study of Cultures, Histories, Religions, and Texts.* Cambridge: Cambridge University Press.

Borneman, John
1992 *Belonging in the Two Berlins: Kin, State, Nation.* Cambridge: Cambridge University Press.

Bot, Ioana
2003 L'immagine della Roma antica nella poesia patriottica di Mihai Eminescu. In *La ricerca antropologica in Romania: Prospettive storiche ed etnografiche.* Ed. Cristina Papa, Giovanni Pizza, and Filippo M. Zerilli, 67–80. Napoli: Edizione Scientifiche Italiane.

Bottomley, Gill, and John Lechte
1990 Nation and Diversity in France. *Journal of Intercultural Studies* 11:49–63.

Bourdieu, Pierre
1977 *Outline of a Theory of Practice.* Trans. Richard Nice. Cambridge: Cambridge University Press.
1984 *Distinction: Critique of the Judgement of Taste.* Trans. Richard Nice. Cambridge, Mass.: Harvard University Press.

Bourdieu, Pierre, and P. Lamaison
1985 De la règle aux stratégies: entretiens avec Pierre Bourdieu. *Terrain* 4:93–100.

Boyer, Dominic C.
2000 On the Sedimentation and Accreditation of Social Knowledges of Difference: Mass Media, Journalism, and the Representation of East/West Alterities in Unified Germany. *Cultural Anthropology* 15:459–91.

Brandes, Stanley E.
1980 Metaphors of Masculinity: Sex and Status in Andalusian Folklore. *Publications of the American Folklore Society*, n.s., 1. Philadelphia: University of Pennsylvania Press.

Brenneis, Donald
1987 Performing Passions Aesthetics and Politics in an Occasionally Egalitarian Community. *American Ethnologist* 14:236–50.

Bringa, Tone
1995 *Being Muslim the Bosnian Way: Identity and Community in a Central Bosnian Village*. Princeton, N.J.: Princeton University Press.

Broccolini, Alessandra Maria Paola
1999 Poetiche della Napoletanità: Turismo, folklore e politiche dell'identità al borgo di Santa Lucia. Doctoral thesis, Ricerca in Scienze Etnoantropologiche. Rome: Università degli Studi di Roma "La Sapienza."

Brown, Peter
1971 The Rise and Function of the Holy Man in Late Antiquity. *Journal of Roman Studies* 61:80–101.

Brown, Richard Harvey
1977 *A Poetic for Sociology: Towards a Logic of Discovery for the Human Sciences*. Cambridge: Cambridge University Press.
1991 (Ed.). *Writing the Social Text: Poetics and Politics in Social Science Discourse*. New York: Aldine de Gruyter.

Brown, Roger, and Albert Gilman
1960 The Pronouns of Power and Solidarity. In *Style in Language*. Ed. Thomas A. Sebeok, 253–76. Cambridge, Mass.: MIT Press.

Broyard, Anatole
1986 Sadder Music and Stronger Poetics. *New York Review of Books* (April 27):14–15.

Bruner, Edward M., and Phyllis Gorfain
1984 Dialogic Narration and the Paradoxes of Masada. In *Text, Play, and Story: The Construction and Reconstruction of Self and Society*. Ed. Edward M. Bruner, 56–79. Washington, D.C.: American Ethnological Society.

Buttitta, Antonio
1971 *Ideologie e folklore*. Palermo: Flaccovio.

Byrnes, Robert F., ed.
1976 *Communal Families in the Balkans: The Zadruga*. Notre Dame, Ind.: University of Notre Dame Press.

Campbell, J. K.
1964 *Honour, Family, and Patronage: A Study of Institutions and Moral Values in a Greek Mountain Community*. Oxford: Clarendon Press.
1976 Regionalism and Local Community. In *Regional Variation in Modern Greece and Cyprus: Toward a Perspective on the Ethnography of Greece*. Ed. Muriel Dimen and Ernestine Friedl, 18–27. *Annals of the New York Academy of Sciences* 268:1–465.

Caraveli, Anna
1982 The Song Beyond the Song: Aesthetics and Social Interaction in Greek Folksong. *Journal of American Folklore* 95:129–58.

Carrier, James
1992 Occidentalism: The World Turned Upside-Down. *American Ethnologist* 19:195–212.
1995a (Ed.). *Occidentalism: Images of the West.* Oxford: Clarendon Press.
1995b Maussian Occidentalism: Gift and Commodity Systems. In *Occidentalism: Images of the West.* Ed. James Carrier, 85–108. Oxford: Clarendon Press.
1995c *Gifts and Commodities: Exchange and Western Capitalism since 1700.* London: Routledge.

Carter, Donald Martin
1997 *States of Grace: Senegalese in Italy and the New European Immigration.* Minneapolis: University of Minnesota Press.

Cartledge, Paul
1994 The Greeks and Anthropology. *Anthropology Today* 10(3):3–6.

Ceram, C. W.
1957–58 *A Picture History of Archaeology.* London: Thames & Hudson.

Chakrabarty, Dipesh
2000 *Provincializing Europe: Postcolonial Thought and Historical Difference.* Princeton, N.J.: Princeton University Press.

Chock, Phyllis Pease
1987 The Irony of Stereotypes: Toward an Anthropology of Ethnicity. *Cultural Anthropology* 2:347–68.

Chun, Allen
2000 From Text to Context: How Anthropology Makes Its Subject. *Cultural Anthropology* 15:570–95.

Clark, Grahame
1939 *Archaeology and Society.* London: Methuen.
1966 The Invasion Hypothesis in British Archaeology. *Antiquity* 40:172–89.

Clarke, David L.
1962 Matrix Analysis and Archaeology with Particular Reference to British Beaker Pottery. *Proceedings of the Prehistoric Society*, n.s., 28:371–83.
1968 *Analytical Archaeology.* London: Methuen.

Classen, Constance
1993 *Worlds of Sense: Exploring the Senses in History and Across Cultures.* London: Routledge.

Clifford, James
1983 On Ethnographic Authority. *Representations* 2 (Spring):118–46.

Clifford, James, and George Marcus, eds.
1986 *Writing Culture: The Poetics and Politics of Ethnography.* Berkeley: University of California Press.

Clogg, Richard
1987 *Parties and Elections in Greece: The Search for Legitimacy.* London: C. Hurst.
1993 *Greece 1981–93: The Populist Decade.* New York: St. Martin's Press.

Cocchiara, Giuseppe
1952 *Storia del foklore in Europa*. Torino: Einaudi.

Cohen, Colleen Ballerino, Richard Wilk, and Beverly Stoeltje
1996 Introduction. In *Beauty Queens on the Global Stage: With Gender, Contests, and Power*. Ed. Colleen Ballerino Cohen, Beverly Stoeltje, and Richard Wilk, 1–11. New York: Routledge.

Cohen, Erik
1971 Arab Boys and Tourist Girls in a Mixed Jewish-Arab Community. *International Journal of Comparative Sociology* 12:217–33.

Cohen, Jonathan
1975 *Spoken and Unspoken Meanings*. Lisse, Belgium: Peter de Ridder Press.

Collard, Anna
1989 Investigating "Social Memory" in a Greek Context. In *History and Ethnicity*. Ed. Elizabeth Tonkin, Maryon McDonald, and Malcolm Chapman, 89–103. London: Routledge.

Collier, Jane Fishburne
1997 *From Duty to Desire: Remaking Families in a Spanish Village*. Princeton, N.J.: Princeton University Press.

Collingwood, R. G.
1939 *An Autobiography*. London: Oxford University Press.
1965 *Essays in the Philosophy of History*. Ed. William Debbins. Austin: University of Texas Press.

Comaroff, Jean, and John L. Comaroff
1989 The Colonization of Consciousness in South Africa. *Economy and Society* 18:267–95.

Connor, Walker
1993 Beyond Reason: The Nature of the Ethnonational Bond. *Ethnic and Racial Studies* 16:373–89.

Coufoudakis, Evangelos
1985 Greek-Turkish Relations, 1973–1983: The View from Athens. *International Security* 9:185–217.

Couloumbis, T. A., John A. Petropulos, and H. J. Psomiades, eds.
1976 *Foreign Interference in Greek Politics: An Historical Perspective*. New York: Pella.

Couroucli, Maria
1985 *Les oliviers du lignage*. Paris: Maisonneuve et Larose.

Cowan, Jane K.
1990 *Dance and the Body Politic in Northern Greece*. Princeton, N.J.: Princeton University Press.

Crick, Malcolm
1976 *Explorations in Language and Meaning: Towards a Semantic Anthropology*. London: Malaby.

Dakin, Douglas
1973 *The Greek Struggle for Independence, 1821–1833*. London: Batsford.

Damer, Seán
1986 Poetics or Posturing? *Critique of Anthropology* 7(1):71–75.
1988 Legless in Sfakia: Drinking and Social Practice in Western Crete. *Journal of Modern Greek Studies* 6:291–310.

D'Andrade, Roy
1995 Moral Models in Anthropology (and Reply). *Current Anthropology* 36:399–408, 433–38.

Danforth, Loring M.
1982 *The Death Rituals of Rural Greece*. Princeton, N.J.: Princeton University Press.

de Certeau, Michel
1984 *The Practice of Everyday Life*. Trans. Steven F. Rendall. Berkeley: University of California Press.

Deely, John
1982 *Introducing Semiotic: Its History and Doctrine*. Bloomington: Indiana University Press.
1990 *Basics of Semiotics*. Bloomington: Indiana University Press.

Delaney, Carol
1995 Father State, Motherland, and the Birth of Turkey. In *Naturalizing Power: Essays in Feminist Cultural Analysis*. Ed. Sylvia Yanagisako and Carol Delaney, 177–99. New York: Routledge.

de Pina-Cabral, João, and Antónia Pedroso de Lima, eds.
2000 *Elites: Choice, Leadership and Succession*. Oxford: Berg.

Detienne, Marcel
1986 *The Creation of Mythology*. Trans. Margaret Cook. Chicago: University of Chicago Press.

Diamandouros, P. Nikiforos
1994 *Cultural Dualism and Political Change in Postauthoritarian Greece*. Madrid: Centro Juan March de Estudios Avanzados en Ciencias Sociales, Estudio no. 50.

Dorn, Paméla
1991 Change and Ideology: The Ethnomusicology of Turkish Jewry. Ph.D. diss., Indiana University.

Douglas, Mary
1966 *Purity and Danger: An Analysis of Concepts of Pollution and Taboo*. London: Routledge & Kegan Paul.
[1970] 1973. *Natural Symbols: Explorations in Cosmology*. Harmondsworth, U.K.: Penguin.
1975 *Implicit Meanings: Essays in Anthropology*. London: Routledge & Kegan Paul.

Douglass, Carrie B.
1995 "Europe," "Spain," and the Bulls. *Journal of Mediterranean Studies* 2:69–79.

Doxiadis, Constantinos
1968 *Ekistics: An Introduction to the Science of Human Settlements*. London: Hutchinson.

Dresch, Paul
1986 The Significance of the Course Events Take in Segmentary Systems. *American Ethnologist* 13:309–32.

Drummond, Lee
1980a The Cultural Continuum: A Theory of Intersystems. *Man*, n.s., 15:352–74.
1980b The Analysis of Ideology. *Man*, n.s., 15:738.
1981 The Serpent's Children: Semiotics of Cultural Genesis in Arawak and Trobriand Myth. *American Ethnologist* 8:633–60.

1996 *American Dreamtime: A Cultural Analysis of Popular Movies and Their Implications for a Science of Humanity.* Lanham, Md.: Rowman & Littlefield.

Dubisch, Jill
1988 Golden Oranges and Silver Ships: An Interpretive Approach to a Greek Holy Shrine. *Journal of Modern Greek Studies* 6:117–34.
1995 *In a Different Place: Pilgrimage, Gender, and Politics at a Greek Island Shrine.* Princeton, N.J.: Princeton University Press.

Dube, Saurabh
2002 Introduction: Enchantments of Modernity. *South Atlantic Quarterly* 101: 729–55.

du Boulay, Juliet
1974 *Portrait of a Greek Mountain Village.* Oxford: Clarendon Press.
1986 Women—Images of their Nature and Destiny in Rural Greece. In *Gender and Power in Rural Greece.* Ed. J. Dubisch, 139–68. Princeton, N.J.: Princeton University Press.

Dundes, Alan
1985 Nationalistic Inferiority Complexes and the Fabrication of Fakelore: A Reconsideration of Ossian, the *Kinder und Hausmarchen*, the *Kalevala*, and Paul Bunyan. *Journal of Folklore Research* 22:5–18.

Eco, Umberto
1976 *A Theory of Semiotics.* Bloomington: Indiana University Press.

Elias, Norbert
1978 *The History of Manners. The Civilizing Process.* Vol. 1. Trans. Edmund Jephcott. New York: Pantheon.

Eriksen, Thomas Hylland
1993 *Ethnicity and Nationalism: Anthropological Perspectives.* London: Pluto Press.

Evans-Pritchard, E. E.
1940 *The Nuer: A Description of the Modes of Livelihood and Political Institutions of a Nilotic People.* Oxford: Clarendon Press.
1956 *Nuer Religion.* Oxford: Clarendon Press.

Fabian, Johannes
1983 *Time and the Other: How Anthropology Makes Its Object.* New York: Columbia University Press.

Fardon, Richard
1985 Introduction: A Sense of Relevance. In *Power and Knowledge: Anthropological and Sociological Approaches.* Ed. Richard Fardon, 1–20. Edinburgh: Scottish Academic Press.

Farnell, Brenda
1994 Ethno-graphics and the Moving Body. *Man*, n.s., 29:930–74.
1995a Introduction. In *Action Sign Systems in Cultural Context: The Visible and the Invisible in Movement and Dance.* Ed. Brenda Farnell, 1–28. Edinburgh: Scottish Academic Press.
1995b *Do You See What I Mean? Plains Indians Sign Talk and the Embodiment of Action.* Austin: University of Texas Press.

Faubion, James
1993 *Modern Greek Lessons: A Primer in Historical Constructivism.* Princeton, N.J.: Princeton University Press.

Feely-Harnik, Gillian
1978 Divine Kingship and the Meaning of History Among the Sakalava of Madagascar. *Man*, n.s., 13:402–17.

Feld, Steven
1982 *Sound and Sentiment: Birds, Weeping, Poetics, and Song in Kaluli Expression*. Philadelphia: University of Pennsylvania Press.

Femia, Joseph V.
1981 *Gramsci's Political Thought: Hegemony, Consciousness and the Revolutionary Process*. Oxford: Clarendon Press.

Fentress, James, and Chris Wickham
1992 *Social Memory*. Oxford: Blackwell.

Ferguson, Charles A.
1959 Diglossia. *Word* 15:325–40.

Ferguson, Kathy E.
1984 *The Feminist Case Against Bureaucracy*. Philadelphia: Temple University Press.

Fernandez, James W.
1974 The Mission of Metaphor in Expressive Culture. *Current Anthropology* 15:119–45.
1986 *Persuasions and Performances*. Bloomington: Indiana University Press.
1988 Andalusia on Our Minds: Two Contrasting Places in Spain as Seen in a Vernacular Poetic Duel of the Late 19th Century. *Cultural Anthropology* 3:21–35.

Fletcher, Sheila
1980 *Feminists and Bureaucrats*. Cambridge: Cambridge University Press.

Forge, Anthony
1968 Learning to See in New Guinea. In *Socialization: The Approach from Social Anthropology*. Ed. Philip Mayer. A.S.A. Monographs. Vol. 8, 269–91. London: Tavistock.

Fortes, M., and E. E. Evans-Pritchard, eds.
1940 *African Political Systems*. Milford Haven: Oxford University Press/International Institute of African Languages and Cultures.

Foster, George M.
1965 Peasant Society and the Image of Limited Good. *American Anthropologist* 67:293–315.

Foster, Robert J.
2000 *Materializing the Nation: Commodities, Consumption, and Media in Papua New Guinea*. Bloomington: Indiana University Press.

Foucault, Michel
1966 *Les mots et les choses: une archéologie des sciences humaines*. Paris: Gallimard.

Freedberg, David
1989 *The Power of Images: Studies in History and Theory of Response*. Chicago: University of Chicago Press.

Friedl, Ernestine
1962 *Vasilika: A Village in Modern Greece*. New York: Holt, Rinehart & Winston.
1964 Lagging Emulation in Post-Peasant Society. *American Anthropologist* 66:569–85.

Furth, Charlotte
1995 Theory and Local Knowledge in the History and Anthropology of the Body. *American Ethnologist* 22:997–99.

Gable, Eric, Richard Handler, and Anna Lawson
1992 On the Uses of Relativism: Fact, Conjecture, and Black and White Histories of Colonial Williamsburg. *American Ethnologist* 19:791–805.

Gajek, Esther
1990 Christmas Under the Third Reich. *Anthropology Today* 6(4):4–9.

Galaty, John G.
1982 Being "Maasai": Being "People-of-Cattle": Ethnic Shifters in East Africa. *American Ethnologist* 9:1–20.

Gambetta, Diego
1988a Can We Trust Trust? In *Trust: Making and Breaking Cooperative Relations*. Ed. D. Gambetta, 213–37. Oxford: Blackwell.
1988b (Ed.). *Trust: Making and Breaking Cooperative Relations*. Oxford: Blackwell.

Gardin, Jean-Claude
1980 *Archaeological Constructs: An Aspect of Theoretical Archaeology*. Cambridge: Cambridge University Press.

Geertz, Clifford
1973 *The Interpretation of Cultures*. New York: Basic Books.
1983 *Local Knowledge: Further Essays in Interpretive Anthropology*. New York: Basic Books.

Gefou-Madianou, Dimitra
1993a Mirroring Ourselves Through Western Texts: The Limits of an Indigenous Anthropology. In *The Politics of Ethnographic Reading and Writing: Confrontation of Western and Indigenous Views*. Ed. Henk Driessen, 160–81. Saarbrucken and Fort Lauderdale: Breitenbach.
1993b Anthropoloyiki Iki: Ya mia kritiki tis "Yiyenous Anthropoloyias." *Dhiavazo* 323:44–51.
1999 Cultural Polyphony and Identity Formation: Negotiating Tradition in Attica. *American Ethnologist* 26:412–39.

Gelles, Paul
1995 Equilibrium and Extraction: Dual Organization in the Andes. *American Ethnologist* 22:710–42.

Gellner, Ernest
1983 *Nations and Nationalism*. Ithaca, N.Y.: Cornell University Press.
1988 Trust, Cohesion and the Social Order. In *Trust: Making and Breaking Cooperative Relations*. Ed. D. Gambetta. Oxford: Blackwell.

Georgakas, Dan
1996 Don't Believe the Hype, Please. *Odyssey* (March/April):49–51.

George, Kenneth M.
1996 *Showing Signs of Violence: The Cultural Politics of a Twentieth-Century Headhunting Ritual*. Berkeley: University of California Press.

Gewertz, Deborah B., and Frederick K. Errington
1995 Duelling Currencies in East New Britain: The Construction of Shell Money as National Cultural Property. In *Occidentalism: Images of the West*. Ed. James Carrier, 161–91. Oxford: Clarendon Press.

Giannuli, Dimitra
1995 Greeks or "Strangers at Home": The Experience of Ottoman Greek Refugees During Their Exodus to Greece, 1922–1923. *Journal of Modern Greek Studies* 13:271–87.

Giddens, Anthony
1984 *The Constitution of Society: Introduction to the Theory of Structuration*. Berkeley: University of California Press.
1992 *The Transformation of Intimacy: Sexuality, Love and Eroticism in Modern Societies*. Stanford, Calif.: Stanford University Press.

Gilsenan, Michael
1976 Lying, Honor, and Contradiction. In *Transaction and Meaning: Directions in the Anthropology of Exchange and Symbolic Behavior*. Ed. B. Kapferer. A.S.A. Essays. Vol. 1, 191–219. Philadelphia: Institute for the Study of Human Issues.
1986 Review of Herzfeld 1985a. *American Ethnologist* 14:393–94.

Gluckman, Max
1955 *Custom and Conflict in Africa*. Oxford: Basil Blackwell.

Goffman, Erving
1959 *The Presentation of Self in Everyday Life*. Garden City, N.Y.: Doubleday.

Goldschläger, Alain
1982 Towards a Semiotics of Authoritarian Discourse. *Poetics Today* 3:11–20.

Goldstein, Leon J.
1976 *Historical Knowing*. Austin: University of Texas Press.

Gombrich, Ernst H.
1961 *Art and Illusion: A Study in the Psychology of Pictorial Representation*. 2nd ed. Princeton, N.J.: Princeton University Press.
1979 *The Sense of Order: A Study in the Psychology of Decorative Art*. Ithaca, N.Y.: Cornell University Press.

Goody, Jack
1977 *The Domestication of the Savage Mind*. Cambridge: Cambridge University Press.

Greenwood, Davydd J.
1977 Culture by the Pound: An Anthropological Perspective on Tourism as Commoditization. In *Hosts and Guests: The Anthropology of Tourism*. Ed. Valene L. Smith, 129–38. Philadelphia: University of Pennsylvania Press.
1984 *The Taming of Evolution: The Persistence of Nonevolutionary Views in the Study of Humans*. Ithaca, N.Y.: Cornell University Press.

Grillo, R. D., ed.
1980 *"Nation" and "State" in Europe: Anthropological Perspectives*. London: Academic Press.

Gudeman, Stephen, and Michael Herzfeld
1996 When an Academic Press Bows to a Threat. *Chronicle of Higher Education* (12 April):A56.

Gupta, Akhil
1995 Blurred Boundaries: The Discourse of Corruption, the Culture of Politics, and the Imagined State. *American Ethnologist* 22:375–402.

Gutmann, Matthew C.
1993 Rituals of Resistance: A Critique of the Theory of Everyday Forms of Resistance. *Latin American Perspectives* 20(2):74–92.

Halpern, Joel
1967 *A Serbian Village: Social and Cultural Change in a Yugoslav Community.* Rev. ed. New York: Harper.

Halpern, Joel M., and David A. Kideckel, eds.
2000 Introduction: The End of Yugoslavia Observed. In *Neighbors at War: Anthropological Perspectives on Yugoslav Ethnicity, Culture, and History*. University Park: Pennsylvania State University Press.

Hamilakis, Yannis, and Eleana Yalouri
1995 Antiquities as Symbolic Capital in Modern Greek Society. *Antiquity* 70:117–29.

Hammel, Eugene A.
1968 *Alternative Social Structures and Ritual Relations in the Balkans.* Englewood Cliffs, N.J.: Prentice-Hall.

Hamnett, Ian
1967 Ambiguity, Classification and Change: The Function of Riddles. *Man*, n.s., 2:379–92.

Handelman, Don
1990 *Models and Mirrors: Towards an Anthropology of Public Events.* Cambridge: Cambridge University Press.
1994 Critiques of Anthropology: Literary Turns, Slippery Bends. *Poetics Today* 15:341–81.

Handler, Richard
1985 On Dialogue and Destructive Analysis: Problems in Narrating Nationalism and Ethnicity. *Journal of Anthropological Research* 41:171–82.
1988 *Nationalism and the Politics of Culture in Quebec.* Madison: University of Wisconsin Press.

Handler, Richard, and Jocelyn Linnekin
1984 Tradition, Genuine or Spurious. *Journal of American Folklore* 97:273–90.

Hannerz, Ulf
1987 The World in Creolisation. *Africa* 57:546–59.

Hanson, F. Allan
1979 Does God Have a Body? Truth, Reality and Cultural Relativism. *Man*, n.s., 14:515–29.

Harris, Roy
1980 *The Language-Makers.* Ithaca, N.Y.: Cornell University Press.

Hart, Janet
1996 *New Voices in the Nation: Women and the Greek Resistance, 1941–1964.* Ithaca, N.Y.: Cornell University Press.

Hart, Keith
1988 Kinship, Contract, and Trust: The Economic Organization of Migrants in an African City Slum. In *Trust: Making and Breaking Cooperative Relations.* Ed. Diego Gambetta, 176–93. Oxford: Blackwell.

Hasluck, Margaret M.
1954 *The Unwritten Law in Albania.* Cambridge: Cambridge University Press.

Hayden, Robert M.
1996 Imagined Communities and Real Victims: Self-Determination and Ethnic Cleansing in Yugoslavia. *American Ethnologist* 23: 783–801.

Hawkes, Terence
1977 *Structuralism and Semiotics*. Berkeley: University of California Press.

Hegel, G. W. F.
1977 *Phenomenology of the Spirit*. Trans. by A. V. Miller. Oxford: Clarendon Press.

Herzfeld, Michael
1980a The Dowry in Greece: Terminological Usage and Historical Reconstruction. *Ethnohistory* 27:225–41.
1980b Honour and Shame: Some Problems in the Comparative Analysis of Moral Systems. *Man*, n.s., 15:339–51.
1980c On the Ethnography of "Prejudice" in an Exclusive Community. *Ethnic Groups* 2:283–305.
1981 An Indigenous Theory of Meaning and Its Elicitation in Performative Context. *Semiotica* 34:113–41.
1982a *Ours Once More: Folklore, Ideology, and the Making of Modern Greece*. Austin: University of Texas Press.
1982b When Exceptions Define the Rules: Greek Baptismal Names and the Negotiation of Identity. *Journal of Anthropological Research* 38:288–302.
1983a Interpreting Kinship Terminology: The Problem of Patriliny in Rural Greece. *Anthropological Quarterly* 56:157–66.
1983b Semantic Slippage and Moral Fall: The Rhetoric of Chastity in Rural Greece. *Journal of Modern Greek Studies* 1:161–72.
1984a The Significance of the Insignificant: Blasphemy as Ideology. *Man*, n.s., 19:653–64.
1984b The Horns of the Mediterraneanist Dilemma. *American Ethnologist* 11:439–54.
1985a *The Poetics of Manhood: Contest and Identity in a Cretan Mountain Village*. Princeton, N.J.: Princeton University Press.
1985b Lévi-Strauss in the Nation-State. *Journal of American Folklore* 98:191–208.
1985c "Law" and "Custom": Ethnography *in* and *of* Greek National Identity. *Journal of Modern Greek Studies* 3:167–85.
1986 Within and Without: The Category of "Female" in the Ethnography of Rural Greece. In *Gender and Power in Rural Greece*. Ed. Jill Dubisch, 215–33. Princeton, N.J.: Princeton University Press.
1987a *Anthropology Through the Looking-Glass: Critical Ethnography in the Margins of Europe*. Cambridge: Cambridge University Press.
1987b "As in Your Own House": Hospitality, Ethnography, and the Stereotypes of Mediterranean Society. In *Honour and Shame and the Unity of the Mediterranean*. Ed. David D. Gilmore, 75–89. Washington, D.C.: American Anthropological Association (Special Publication no. 22).
1990 Pride and Perjury: Time and the Oath in the Mountain Villages of Crete. *Man*, n.s., 25:305–22.
1991a *A Place in History: Social and Monumental Time in a Cretan Town*. Princeton, N.J.: Princeton University Press.
1991b Silence, Submission, and Subversion: Towards a Poetics of Womanhood. In *Contested Identities: Gender and Kinship in Modern Greece*. Ed. Peter Loizos and Evthymios Papataxiarchis, 79–97. Princeton, N.J.: Princeton University Press.

1991c Textual Form and Social Formation in Evans-Pritchard and Lévi-Strauss. In *Writing the Social Text: Poetics and Politics in Social Science Discourse*. Ed. Richard Harvey Brown, 53–70. New York: Aldine de Gruyter.

1992a *The Social Production of Indifference: Exploring the Symbolic Roots of Western Bureaucracy*. Oxford: Berg.

1992b On Mediterraneanist Performances. *Journal of Mediterranean Studies* 2:141–47.

1992c History in the Making: National and International Politics in a Rural Cretan Community. In *Europe Observed*. Ed. João de Pina-Cabral and John Campbell, 93–122. London: Macmillan.

1993 Erevnitiko kathikon ke mistikopathia. *Ikonomikos Takhidhromos* (12 August):42–43.

1995 It Takes One to Know One: Collective Resentment and Mutual Recognition Among Greeks in Local and Global Contexts. In *Counterworks*. Ed. Richard Fardon, 124–42. London: Routledge.

1996 Les enjeux du sang: La production officielle des stéréotypes dans les Balkans. Le cas de la Grèce. *Anthropologie et Sociétés* 19(3):37–51.

2002 The Absent Presence: Discourses of Crypto-Colonialism. *South Atlantic Quarterly* 101:899–926.

2003a *Intimità culturale: Antropologia e nazionalismo*. Napoli: L'Ancora.

2003b Le molteplici avventure del "gran nome romano." In *La ricerca antropologica in Romania: Prospettive storiche ed etnografiche*. Ed. Cristina Papa, Giovanni Pizza, and Filippo M. Zerilli, 51–65. Napoli: Edizione Scientifiche Italiane.

2003c Khwwam samkhan khong chumchon lek. *Krungthep Thurakit*, Chud prakaai (13 August):2.

2003d Pom Mahakan: Humanity and Order in the Historic Center of Bangkok. *Thailand Human Rights Journal* 1:101–19.

2004 *The Body Impolitic: Artisans and Artifice in the Global Hierarchy of Value*. Chicago: University of Chicago Press.

Heyman, Josiah McC.

1994 Putting Power in the Anthropology of Bureaucracy: The Immigration and Naturalization Service at the Mexico-United States Border. *Current Anthropology* 36:261–87.

Hill, Jane H.

1992 "Today There Is No Respect": Nostalgia, 'Respect.', and Oppositional Discourse in Mexicano (Nahuatl) Language Ideology. *Pragmatics* 2:263–80.

Hill, Jonathan D.

1988 Introduction: Myth and History. In *Rethinking History and Myth: Indigenous South American Perspectives on the Past*. Ed. Jonathan D. Hill, 1–18. Chicago: University of Illinois Press.

1990 Poetic Transformations of Narrative Discourse in an Amazonian Society. In *Native Latin American Culture Through Their Discourse*. Ed. Ellen B. Basso, 115–31. Bloomington, Ind.: Special Publications of the Folklore Institute, no. 1.

1993 *Keepers of the Sacred Chants: The Poetics of Ritual Power in an Amazonian Society*. Tucson: University of Arizona Press.

Hirschon, Renée

1978 Open Body/Closed Space: The Transformation of Female Sexuality. In *Defining Females*. Ed. Shirley Ardener, 66–88. London: Croom Helm.

1989 *Heirs of the Greek Catastrophe: The Social Life of Asia Minor Refugees in Paris*. Oxford: Clarendon Press.

Hobsbawm, Eric
1959 *Primitive Rebels: Studies in Archaic Forms of Social Movement in the 19th and 20th Centuries*. Manchester, U.K.: Manchester University Press.
1969 *Bandits*. London: Weidenfeld & Nicolson.
1983 Introduction: Inventing Traditions. In *The Invention of Tradition*. Ed. Eric Hobsbawm and Terence Ranger. Cambridge: Cambridge University Press, 1–14.
1990 *Nations and Nationalism Since 1780: Programme, Myth, Reality*. Cambridge: Cambridge University Press.

Hochschild, Arlie Russell
1983 *The Managed Heart: Commercialization of Human Feeling*. Berkeley: University of California Press.

Hodgen, Margaret T.
1936 *The Doctrine of Survivals: A Chapter in the History of Scientific Method in the Study of Man*. London: Allenson.

Holden, David
1972 *Greece Without Columns: The Making of the Modern Greeks*. London: Faber & Faber.

Horn, David G.
1994 *Social Bodies: Science, Reproduction, and Italian Modernity*. Princeton, N.J.: Princeton University Press.

Humphreys, S. C.
1978 *Anthropology and the Greeks*. London: Henley; Boston: Routledge & Kegan Paul.

Huntington, Samuel P.
1993 The Clash of Civilizations? *Foreign Affairs* 72(3):22–50.

Jackson, Jean E.
1995 Culture, Genuine and Spurious: The Politics of Indianness in the Vaupés, Colombia. *American Ethnologist* 22: 3–27.

Jackson, Michael
1983 Thinking Through the Body: An Essay on Understanding Metaphor. *Social Analysis* 14:127–49.

Jakobson, Roman
1960 Linguistics and Poetics. In *Style in Language*. Ed. Thomas A. Sebeok, 350–77. Cambridge, Mass.: MIT Press.

Jervis, Robert
1970 *The Logic of Images in International Relations*. Princeton, N.J.: Princeton University Press.

Joseph, Brian D.
1992 Intellectual Awareness as a Reflex of Linguistic Dimensions of Power: Evidence from Greek. *Journal of Modern Greek Studies* 10:71–85.

Just, Roger
1989 Triumph of the Ethnos. In *History and Ethnicity*. Ed. Elizabeth Tonkin, Malcolm Chapman, and Maryon McDonald, 71–88. A.S.A. Monographs. Vol. 27. London: Routledge.

Kamenetsky, Christa
1977 Folktale and Ideology in the Third Reich. *Journal of American Folklore* 90:168–78.

Kapferer, Bruce
1988 *Legends of People, Myths of State: Violence, Intolerance, and Political Culture in Sri Lanka and Australia*. Washington, D.C.: Smithsonian Institution Press.

Karakasidou, Anastasia
1993 Politicizing Culture: Negating Ethnic Identity in Greek Macedonia. *Journal of Modern Greek Studies* 11:1–28.
1994 Reply to Zahariadis. *Journal of Modern Greek Studies* 12:168–70.

Kargakos, Sarandos
1993 Ellinismos ke kanivalismos. *Ikonomikos Takhidhromos* (1 July):44–45.

Karp, Ivan
1978 *Fields of Change Among the Iteso of Kenya*. London: Routledge & Kegan Paul.
1980 Beer Drinking and Social Experience in an African Society: An Essay in Formal Sociology. In *Exploration in African Systems of Thought*. Ed. Ivan Karp and Charles S. Bird, 83–119. Bloomington: Indiana University Press.
1986a Agency and Social Theory: A Review of Giddens. *American Ethnologist* 13:131–37.
1986b Anthropology. In *Encyclopaedic Dictionary of Semiotics*. Ed. Thomas A. Sebeok, 30–35. New York: Plenum.

Keane, Webb
1997 *Signs of Recognition: Powers and Hazards of Representation in an Indonesian Society*. Berkeley: University of California Press.
2003 Self-Interpretation, Agency, and the Objects of Anthropology: Reflections on a Genealogy. *Comparative Studies in Society and History* 45:222–48.

Kendon, Adam
1995 Sociality, Social Interaction, and Sign Language in Aboriginal Australia. In *Action Sign Systems in Cultural Context: The Visible and the Invisible in Movement and Dance*. Ed. Brenda Farnell, 112–23. Metuchen, N.J.: Scarecrow Press.

Kenna, Margaret
1976 Houses, Fields, and Graves: Property and Ritual Obligation on a Greek Island. *Ethnology* 15:21–34.
1992 An Ironic Mirror: Michael Herzfeld on Greece, Anthropology and the Anthropology of Greece. *Journal of Mediterranean Studies* 2:135–40.

Kharalambis, Dimitrios
1989 *Pelatiakes skhesis ke laïkismos: I eksothesmiki sinenesi sto elliniko politiko sistima*. Athens: Eksandas.

Kiossev, Alexander
2002 The Dark Intimacy: Maps, Identifications, Acts of Identifications. In *Balkan as Metaphor: Between Globalization and Fragmentation*. Ed. Dušan I. Bjelić and Obrad Savić, 165–90. Cambridge, Mass.: MIT Press.

Kleinman, Arthur M.
1995 *Writing at the Margin: Discourse Between Anthropology and Medicine.* Berkeley: University of California Press.

Kligman, Gail
1981 *Căluş: Symbolic Transformation in Romanian Ritual.* Chicago: University of Chicago Press.
1989 *The Wedding of the Dead: Ritual, Poetics, and Popular Culture in Transylvania.* Berkeley: University of California Press.
1990 Reclaiming the Public: A Reflection on Creating Civil Society in Romania. *East European Politics and Societies* 4:393–438.

Koliopoulos, Yannis
1979 *Listes: I kendriki Elladha sta mesa tou 19ou eona.* Athens: Ermis.

Konstantinov, Yulian
1996 Patterns of Reinterpretation: Trader-Tourism in the Balkans (Bulgaria) as a Picaresque Metaphorical Enactment of Post-Totalitarianism. *American Ethnologist* 1923:762–82.

Kozyris, P. John
1993 Reflections on the Impact of Membership in the European Economic Community on Greek Legal Culture. *Journal of Modern Greek Studies* 11:29–49.

Kuper, Adam
1988 *The Invention of Primitive Society: Transformations of an Illusion.* London: Routledge.

Kyriakidis, Stilpon P.
1955 *The Northern Ethnological Boundaries of Hellenism.* Thessaloniki: Institute for Balkan Studies.

Lane, Eugene N.
1975 The Italian Connection: An Aspect of the Cult of Men. *Numen* 22:235–39.

Lawson, John Cuthbert
[1910] 1964. *Modern Greek Folklore and Ancient Greek Religion: A Study of Survivals.* Foreword by Al. N. Oikonomides. New Hyde Park, N.Y.: University Books.

Leach, E. R.
1962 *Rethinking Anthropology.* London: Athlone Press.

Legg, Keith R.
1969 *Politics in Modern Greece.* Stanford, Calif.: Stanford University Press.

Legrand, Emile
1881 *Bibliothèque grecque vulgaire.* Vol. 2. Paris: Maisonneuve.

Lehmann, W. P.
1975 Saussure's Dichotomy Between Descriptive and Historical Linguistics. In *Directions for Historical Linguistics.* Ed. W. P. Lehmann and Yacov Malkiel, 3–20. Austin: University of Texas Press.

Lévi-Strauss, Claude
1962 *La pensée sauvage.* Paris: Plon.
1963 *Structural Anthropology.* Vol. 1. Trans. C. Jacobson and B. G. Schoepf. New York: Basic Books.

Li, Tania Murray
1999 Compromising Power: Development, Culture, and Rule in Indonesia. *Cultural Anthropology* 14: 295–322.

Li Causi, Luciano
1995 Ridimensionare l'etnia? Note metodologiche sul fenomeno etnico (*with* interventi). *Ossimori* 6:13–28.

Lincoln, Bruce
1989 *Discourse and the Construction of Society: Comparative Studies of Myth, Ritual, and Classification*. Oxford: Oxford University Press.

Linke, Uli
1985 Blood as Metaphor in Proto-Indo-European. *Journal of Indo-European Studies* 13:333–76.

Lloyd, G. E. R.
1990 *Demystifying Mentalities*. Cambridge: Cambridge University Press.

Loizos, Peter
1975 *The Greek Gift: Politics in a Cypriot Village*. Oxford: Blackwell.
1988 Intercommunal Killing in Cyprus. *Man*, n.s., 23:639–53.

Loizos, Peter, and Evthymios Papataxiarchis, eds.
1991a *Contested Identities: Gender and Kinship in Modern Greece*. Princeton, N.J.: Princeton University Press.
1991b Introduction: Gender and Kinship in Marriage and Alternative Contexts. In *Contested Identities: Gender and Kinship in Modern Greece*. Ed. Peter Loizos and Evthymios Papataxiarchis, 5–25. Princeton, N.J.: Princeton University Press.

Lotman, Iurii M., and Boris A. Uspenskii
1985 Binary Models in the Dynamics of Russian Culture. In *The Semiotics of Russian Cultural History*. Ed. and Trans. Alexander D. Nakhimovsky and Alice Stone Nakhimovsky, 30–66. Ithaca, N.Y.: Cornell University Press.

Luhrmann, T. M.
1996 *The Good Parsi: The Fate of a Colonial Elite in a Postcolonial Society*. Cambridge, Mass.: Harvard University Press.

Machin, Barrie
1983 Cultural Codes, Religion and Attitudes to the Body in a Cretan Mountain Village. *Social Analysis* 14:107–62.

Mackridge, Peter
1985 *The Modern Greek Language: A Descriptive Analysis of Standard Modern Greek*. Oxford: Clarendon Press.

Maddox, Richard F.
1993 *El Castillo: The Politics of Tradition in an Andalusian Town*. Urbana: University of Illinois Press.
2004 Intimacy and Hegemony in the New Europe: The Politics of Culture at Seville's Universal Exposition. In *Off Stage/On Display: Intimacy and Ethnography in the Age of Public Culture*. Ed. Andrew Shryock. Stanford, Calif.: Stanford University Press, 131–54.

Malaby, Thomas M.
2003 *Gambling Life: Dealing in Contingency in a Greek City*. Urbana: University of Illinois Press.

Malarney, Shaun Kingsley
1996 The Limits of "State Functionalism" and the Reconstruction of Funerary Ritual in Contemporary Northern Viet Nam. *American Ethnologist* 25:540–60.

Marcus, George E.
1992 *Lives in Trust: The Fortunes of Dynastic Families in Late Twentieth-Century America.* With Peter Dobkin Hall. Boulder, Colo.: Westview Press.

Mauss, Marcel
1968 *Sociologie et anthropologie.* Paris: P.U.F.

Mbembe, Achille
1991 Domaines de la nuit et autorité onirique: dans les maquis du Sud-Cameroun (1955–1958). *Journal of African History* 31:89–121.
1992 Provisional Notes on the Postcolony. *Africa* 62:3–37.

McDonald, Maryon
1996 "Unity in Diversity": Some Tensions in the Construction of Europe. *Social Anthropology* 4:47–60.

Meeker, Michael E.
1979 *Literature and Violence in North Arabia.* Cambridge: Cambridge University Press.

Megas, Georgios A.
1946 *I Voulghari ekhoun ethnikon epos?* Athens: Society of the Propagation of Hellenic Letters.
1951 *The Greek House: Its Evolution and Its Relation to the Houses of the Other Balkan Peoples.* Publication no. 37. Athens: Ministry of Reconstruction.

Mercouri, Melina
1971 *I Was Born Greek.* Garden City, N.Y.: Doubleday.

Mintz, Jerome R.
1982 *The Anarchists of Casa Viejas.* Chicago: University of Chicago Press.

Mitchell, Jon P.
2002 *Ambivalent Europeans: Ritual, Memory and the Public Sphere in Malta.* London: Routledge.

Miyazaki, Hirokazu
2000 Faith and its Fulfillment: Agency, Exchange, and the Fijian Aesthetics of Completion. *American Ethnologist* 27:31–50.

Moore, Sally Falk
1993 *Introduction: Moralizing States and the Ethnography of the Present.* Ed. Sally Falk Moore, 1–16. American Ethnological Society Monograph Series. No. 5. Arlington, Va.: American Anthropological Association.

Morison, Stanley
1972 *Politics and Script.* Ed. N. Barker. Oxford: Clarendon Press.

Morris, Rosalind
2004 Intimacy and Corruption in Thailand's Age of Transparency. In *Off Stage/On Display: Intimacy and Ethnography in the Age of Public Culture.* Ed. Andrew Shryock. Stanford, Calif.: Stanford University Press, 225–43.

Moss, David
1979 Bandits and Boundaries in Sardinia. *Man*, n.s., 14:477–96.

Mosse, George L.
1985 *Nationalism and Sexuality.* New York: Basic Books.

Myrsiades, Linda S., and Kostas Myrsiades
1992 *Karagiozis: Culture and Comedy in Greek Puppet Theater*. Lexington: University Press of Kentucky.

Nadel-Klein, Jane
1991 Reweaving the Fringe: Localism, Tradition, and Representation in British Ethnography. *American Ethnologist* 18:500–17.

Needham, Rodney
1963 Introduction. In *Primitive Classification*. By Emile Durkheim and Marcel Mauss. London: Cohen & West, vii–xlviii.
1972 *Belief, Language, and Experience*. Chicago: University of Chicago Press.

Nisbet, Robert A.
1969 *Social Change and History: Aspects of the Western Theory of Development*. London: Oxford University Press.

Norman, Karin
1994 The Ironic Body: Obscene Joking Among Swedish Working-Class Women. *Ethnos* 59:187–211.

Okely, Judith
1994 Thinking Through Fieldwork. In *Analyzing Qualitative Data*. Ed. Alan Bryman and Robert G. Burgess, 18–34. London: Routledge.

Ong, Walter J.
1982 *Orality and Literacy: The Technologizing of the Word*. London: Methuen.

Orlove, Benjamin S., and Arnold J. Bauer
1996 Giving Importance to Imports. In *The Allure of the Foreign: Imported Goods in Post-Colonial Latin America*. Ed. Benjamin S. Orlove. Ann Arbor: University of Michigan Press.

Orta, Andrew
2002 Burying the Past: Locality, Lived History, and Death in an Aymara Ritual of Remembrance. *Cultural Anthropology* 17:471–511.

Ortner, S. B.
1984 Theory in Anthropology Since the Sixties. *Comparative Studies in Social History* 26:126–66.

Özyürek, Esra
2004 Wedded to the Republic: Public Intellectuals and Intimacy Oriented Publics in Turkey. In *Off Stage/On Display: Intimacy and Ethnography in the Age of Public Culture*. Ed. Andrew Shryock. Stanford, Calif.: Stanford University Press, 101–30.

Panourgiá, E. Neni K.
1995 *Fragments of Death, Fables of Identity: An Athenian Anthropography*. Madison: University of Wisconsin Press.

Paparrhegopoulos, Konstantinos
1932 *Istoria tou ellinikou ethnous apo ton arkheoteron khronon mekhri tou 1930*. Ed. and updated by Pavlos Karolidis. Athens: Eleftheroudakeis.

Papataxiarchis, Evthymios
1991 Friends of the Heart: Male Commensal Solidarity, Gender, and Kinship in Aegean Greece. In *Contested Identities: Gender and Kinship in Modern Greece*. Ed. Peter Loizos and Evthymios Papataxiarchis, 156–79. Princeton, N.J.: Princeton University Press.

1993 Isaghoyi: To parelthon sto paron: Anthropoloyia, istoria ke i meleti tis neoellinikis kinonias. In *Anthropoloyia ke parelthon: Simvoles stin kinoniki istoria tis neoteris Elladhas*. Ed. Evthymios Papataxiarchis and Theodoros Paradellis, 12–74. Athens: Alexandria.

Parmentier, Richard
1994 *Signs in Society: Studies in Semiotic Anthropology*. Bloomington: Indiana University Press.

Peirce, Charles Sanders
1960–66 *Collected Papers*. Ed. Charles Hartshorne and Paul Weiss. Cambridge, Mass.: Belknap Press of Harvard University Press.

Pels, Peter
1996 The Pidginization of Luguru Politics: Administrative Ethnography and the Paradoxes of Indirect Rule. *American Ethnologist* 23:738–61.

Peradotto, John
1983 Texts and Unrefracted Facts: Philology. Hermeneutics and Semiotics. *Arethusa* 16:15–33.

Peristiany, J. C.
1965 *Honour and Shame: The Values of Mediterranean Society*. London: Weidenfeld & Nicolson.

Pollis, Adamantia
1987 The State, the Law, and Human Rights in Modern Greece. *Human Rights Quarterly* 9:587–614.
1992 Greek National Identity: Religious Minorities, Rights, and European Norms. *Journal of Modern Greek Studies* 10:171–95.

Preziosi, Donald
1979 *The Semiotics of the Built Environment: An Introduction to Architectonic Analysis*. Bloomington: Indiana University Press.

Rabinow, Paul
1989 *French Modern: Norms and Forms of the Social Environment*. Cambridge, Mass.: MIT Press.

Raj, Dhooleka S.
2003 *Where Are You From? Middle-Class Migrants in the Modern World*. Berkeley: University of California Press.

Reed, Susan A.
2002 Performing Respectability: The *Beravā*, Middle-Class Nationalism, and the Classicization of Kandyan Dance in Sri Lanka. *Cultural Anthropology* 17:246–77.

Reed-Danahay, Deborah
1993 Talking about Resistance: Ethnography and Theory in Rural France. *Anthropological Quarterly* 66:221–29.
1995 The Kabyle and the French: Occidentalism in Bourdieu's Theory of Practice. In *Occidentalism: Images of the West*. Ed. James G. Carrier, 85–108. Oxford: Clarendon Press

Richards, I. A.
1936 *The Philosophy of Rhetoric*. London: Oxford University Press.

Rogers, Susan Carol
1987 Good to Think: The "Peasant" in Contemporary France. *Anthropological Quarterly* 60:56–63.

Rohatynskyj, Marta
1997 Culture, Secrets, and Ömie History: A Consideration of the Politics of Cultural Identity. *American Ethnologist* 24:438–56.

Rosaldo, Michelle Z.
1982 The Things We Do With Words: Ilongot Speech Acts and Speech Act Theory in Philosophy. *Language in Society* 11:203–37.

Rosaldo, Renato
1986 From the Door of His Tent: The Fieldworker and the Inquisitor. In *Writing Culture: The Poetics and Politics of Ethnography*. Ed. James Clifford and George E. Marcus, 77–97. Berkeley: University of California Press.
1989 *Culture and Truth: The Remaking of Social Analysis*. Boston: Beacon Press.

Roseman, Sharon
1996 "How We Built the Road": The Politics of Memory in Rural Galicia. *American Ethnologist* 23(4).

Royce, Anya Peterson
1982 *Ethnic Identity: Strategies of Diversity*. Bloomington: Indiana University Press.

Safilios-Rothschild, Constantina
1969 Honour Crimes in Contemporary Greece. *British Journal of Sociology* 20:205–18.

Sahlins, Marshall
1976 *Culture and Practical Reason*. Chicago: University of Chicago Press.

Said, Edward
1978 *Orientalism*. New York: Basic Books.
1989 Representing the Colonized: Anthropology's Interlocutors. *Critical Inquiry* 15:205–26.

Sapir, J. David, and J. Christopher Crocker, eds.
1977 *The Social Use of Metaphor: Essays in the Anthropology of Rhetoric*. Philadelphia: University of Pennsylvania Press.

Sassoon, Jean
1994 *Princess Sultana's Daughters*. New York: Doubleday.

Schein, Louisa
1999 Performing Modernity. *Cultural Anthropology* 14:361–95.

Schein, Muriel Dimen
1975 When Is an Ethnic Group? Ecology and Class Structure in Northern Greece. *Ethnology* 14:83–97.

Schneider, David M.
1968 *American Kinship: A Cultural Account*. Englewood Cliffs, N.J.: Prentice-Hall.

Schneider, Jane, and Peter Schneider
1994 Mafia, Antimafia, and the Question of Sicilian Culture. *Politics and Society* 22:237–58.

Schwimmer, Eric
1990 La genèse du discours nationaliste chez les Maoris. *Culture* 10:23–34.
1992 La spirale dédoublée et l'identité nationale : L'art abstrait traditionnel maori a-t-il une signification? *Anthropologie et Sociétés* 16:59–72.

Scott, James C.

1985 *Weapons of the Weak*. New Haven, Conn.: Yale University Press.

1998 *Seeing Like a State: How Certain Schemes to Improve the Human Condition Have Failed*. New Haven, Conn.: Yale University Press.

Sebeok, Thomas A.

1979 *The Sign and Its Masters*. Austin: University of Texas Press.

Shalinsky, Audrey C.

1980 Group Prestige in Northern Afghanistan: The Case of an Interethnic Wedding. *Ethnic Groups* 2:269–82.

Shapiro, Michael

1980 Toward a Global Theory of Style (A Peircian Exposé). *Ars semeiotica* 3:241–47.

Shapiro, Michael, and Marianne Shapiro

1976 *Hierarchy and the Structure of Tropes*. Bloomington: Indiana University, Research Center for Language and Semiotic Studies.

Shore, Cris

2000 *Building Europe: The Cultural Politics of European Integration*. London: Routledge.

Shore, Cris, and Stephen Nugent, eds.

2002 *Elite Cultures: Anthropological Perspectives*. London: Routledge.

Shore, Cris, and Susan Wright

2000 Coercive Accountability: The Rise of Audit Culture in Higher Education. In *Audit Cultures: Anthropological Studies in Accountability, Ethics and the Academy*. Ed. Marilyn Strathern, 57–89. London: Routledge.

Showalter, Elaine

1986 Piecing and Writing. In *The Poetics of Gender*. Ed. Nancy K. Miller, 222–47. New York: Columbia University Press.

Shryock, Andrew, ed.

2004 *Off Stage/On Display: Intimacy and Ethnography in the Age of Public Culture*. Stanford, Calif.: Stanford University Press.

Simeone, William E.

1978 Fascists and Folklorists in Italy. *Journal of American Folklore* 91:543–57.

Simmel, Georg

[1908] 1971. The Stranger. In *On Individuality and Social Forms*. Ed. Donald N. Levine, 145–49. Chicago: University of Chicago Press.

Smith, Gavin

1999 *Confronting the Present: Towards a Politically Engaged Anthropology*. Oxford: Berg.

Slavenkoff, Pencho

1904 The Folk-Song of the Bulgars. In *The Shade of the Balkans*. Ed. Pencho Slavenkoff, Henry Bernard, and E. J. Dillon, 23–87. London: Nutt.

Sobo, Elisa Janine

1993 *One Blood: The Jamaican Body*. Albany: State University of New York Press.

Sontag, Susan
1970 The Anthropologist as Hero. In *The Anthropologist as Hero*. Ed. E. Nelson Hayes and Tanya Hayes, 184–86. Cambridge, Mass.: MIT Press.

Sotiropoulos, Dimitri
1977 Diglossia and the National Language Question in Modern Greece. *Linguistics* 197:5–31.

Soysal, Yasemin Nuhoğlu
1994 *Limits of Citizenship: Migrants and Postnational Membership in Europe*. Chicago: University of Chicago Press.

Spicer, Edward H.
1992 The Nations of a State. In *Boundary* 2 19(2):26–48.

Spivak, Gayatri
1989 In a Word. Interview with Ellen Rooney. *Differences* 1(2):124–56.

Spourdalakis, Michalis
1988 *The Rise of the Greek Socialist Party*. London: Routledge.

Stacy, R. H.
1977 *Defamiliarization in Language and Literature*. Syracuse, N.Y.: Syracuse University Press.

Stavros, Stephanos
1995 The Legal Status of Minorities in Greece Today: The Adequacy of Their Protection in Light of Current Human Rights Perceptions. *Journal of Modern Greek Studies* 13:1–32.

Stephen, Lynn
1995 Women's Rights Are Human Rights: The Merging of Feminine and Feminist Interests Among El Salvador's Mothers of the Disappeared. *American Ethnologist* 22:807–27.

Stewart, Charles
1985a Exotika: Greek Values and Their Supernatural Antitheses. *Scandinavian Yearbook of Folklore* 41:37–64.
1985b Nymphomania: Sexuality, Insanity and Problems in Folklore Analysis. In *The Text and Its Margins: Post-Structuralist Approaches to Twentieth-Century Greek Literature*. Ed. M. Alexiou and V. Lambropoulos, 219–52. New York: Pella.
1989 Hegemony or Rationality? The Position of the Supernatural in Modern Greece. *Journal of Modern Greek Studies* 7:77–104.
1991 *Demons and the Devil: Aspects of the Moral Imagination of Modern Greek Culture*. Princeton, N.J.: Princeton University Press.
1994 Honour and Sanctity: Two Levels of Ideology on a Greek Island. *Social Anthropology* 2:205–8.

Stewart, Susan
1984 *On Longing: Narratives of the Miniature, the Gigantic, the Souvenir, the Collection*. Baltimore: Johns Hopkins University Press.

Strathern, Andrew
1996 Review of Carrier 1995a. *American Ethnologist*, 23:136–37.

Strathern, Marilyn, ed.
2000 *Audit Cultures: Anthropological Studies in Accountability, Ethics and the Academy*. London: Routledge.

Sutton, David E.
1997 Local Names, Foreign Claims: Family Inheritance and National Heritage on a Greek Island. *American Ethnologist* 24:415–37.

Symonds, Richard

1986 *Oxford and Empire: The Last Lost Cause?* New York: St. Martin's Press.

Talbott, Strobe

1992 America Abroad: Greece's Defense Seems Just Silly. *Time* (12 October):64.

Tambiah, Stanley J.

1969 Animals Are Good to Think and Good to Prohibit. *Ethnology* 8: 423–59.

1989 Ethnic Conflict in the World Today. *American Ethnologist* 16: 335–49.

1990 *Magic, Science, Religion, and the Scope of Rationality*. Cambridge: Cambridge University Press.

Thongchai Winichakul

2000 The Quest for *'Siwilai'*: A Geographical Discourse of Civilizational Thinking in the Late Nineteenth and Early Twentieth-Century Siam. *Journal of Asian Studies* 59: 528–49.

Thirasant Mann

2003 Bangkok Deals With the Homeless. *Bangkok Post*, Opinion and Analysis, 20 September.

Traweek, Sharon

1988 *Dreamtimes and Lifetimes: The World of High Energy Physicists.* Cambridge, Mass.: Harvard University Press.

Tsitsipis, Lukas D.

1983 Narrative Performance in a Dying Language: Evidence from Albanian in Greece. *Word* 34:25–36.

Tsoucalas, Constantine

1991 "Enlightened" Concepts in the "Dark": Power and Freedom, Politics and Society. *Journal of Modern Greek Studies* 9:1–22.

Turino, Thomas

1993 *Moving Away From Silence: Music of the Peruvian Altiplano and the Experience of Urban Migration*. Chicago: University of Chicago Press.

Turner, Victor

1974 *Dramas, Fields, and Metaphors: Symbolic Action in Human Society.* Ithaca, N.Y.: Cornell University Press.

Tziovas, Dimitris

1986 *The Nationism of the Demoticists and Its Impact on Their Literary Theory (1881–1930)*. Amsterdam: Hakkert.

Urla, Jacqueline

1993 Cultural Politics in an Age of Statistics: Numbers, Nations, and the Making of Basque Identity. *American Ethnologist* 20:818–43.

1995 Outlaw Language: Creating Alternative Public Spheres in Basque Free Radio. *Pragmatics* 5:245–61.

Van Dyck, Karen

1997 *Kassandra and the Censors: Greek Poetry Since 1967*. Ithaca, N.Y.: Cornell University Press.

van Meijl, Toon
2000 The Politics of Ethnography in New Zealand. In *Ethnographic Artifacts: Challenges to a Reflexive Anthropology*, 86–103. Honolulu: University of Hawai'i Press.

Verdery, Katherine
1991 *National Ideology Under Socialism: Identity and Cultural Politics in Ceauşescu's Romania*. Berkeley: University of California Press.
1996 *What Was Socialism, and What Comes Next?* Princeton, N.J.: Princeton University Press.

Vernier, Bernard
1991 *La genèse sociale des sentiments: aînés et cadets dans l'île grecque de Karpathos*. Paris: Editions de l'Ecole des Hautes Etudes en Sciences Sociales.

Vico, Giambattista
[1728] 1977. *Autobiografia*. NUE, n.s., 37. Torino: Einaudi.
1744 *Principij di Scienza Nuova*. 3rd ed. Naples: Stamperia Muziana.

Vidal, Denis
1988 A Propos des bergers crétois. *Etudes rurales* 97–98:242–48.

Wace, A. J. B., and Maurice Thompson
1913 *Nomads of the Balkans*. London: Methuen.

Wade, Peter
1995 The Cultural Politics of Blackness in Colombia. *American Ethnologist* 22:341–57.

Wallis, Mieczyslaw
1975 *Arts and Signs*. Bloomington: Indiana University, Research Center for Language and Semiotic Studies.

Wallman, Sandra
1978 The Boundaries of "Race": Processes of Ethnicity in England. *Man*, n.s., 13:200–17.

Watson, Rubie S., ed.
1994 *Memory, History, and Opposition Under State Socialism*. Santa Fe: School of American Research Press.

Waugh, Linda
1980 The Pacific Function in Jakobson's Theory. *Poetics Today* 2:57–82.

Werbner, Pnina
2002 *Imagined Diasporas Among Manchester Muslims: The Public Performance of Pakistani Transnational Identity Politics*. Oxford: James Currey.

Wilhelm, Kathy
1996 Vietnam's Internet Interruption. *Boston Globe*, 5 January, 2.

Wilkinson, Henry Robert
1951 *Maps and Politics: A Review of the Ethnographic Cartography of Macedonia*. Liverpool: Liverpool University Press.

Willis, Roy
1980 The Literalist Fallacy and the Problem of Oral Tradition. *Social Analysis* 4:28–37.

Wilson, William A.
1976 *Folklore and Nationalism in Modern Finland*. Bloomington: Indiana University Press.

Woranuch Charungrattanapong
2002 Paen mae bot pœa kaan anurak le pattana Krung Rattanakosin. *Phuu ying kap khwaam ruu*. Bangkok: Thammasat University Women's Studies and Adolescence Project.

Zabusky, Stacia E.
1995 *Launching Europe: An Ethnography of European Cooperation in Space Science*. Princeton, N.J.: Princeton University Press.

Zahariadis, Nikolaos
1994 Reply to Karakasidou. *Journal of Modern Greek Studies* 12:167–68.

Zambelios, Spyridon
1852 *Asmata dhimotika tis Elladhos, ekdhothendos meta meletis istorikis peri Meseonikou Ellinismou*, Kerkira: Ermis.

图书在版编目(CIP)数据

文化亲昵/(美)迈克尔·赫兹菲尔德著;纳日碧力戈
等译. —上海:上海译文出版社,2018.12
(复旦—哈佛当代人类学丛书)
书名原文:CULTURAL INTIMACY
ISBN 978-7-5327-7856-0

Ⅰ.①文… Ⅱ.①迈…②纳… Ⅲ.①社会人类学—研究 Ⅳ.①C912.4

中国版本图书馆CIP数据核字(2018)第086376号

Michael Herzfeld
CULTURAL INTIMACY: Social Politics in the Nation State

图字:09-2006-464号

文化亲昵
[美]迈克尔·赫兹菲尔德　著　纳日碧力戈　等译
责任编辑/张吉人　装帧设计/张志全工作室

上海译文出版社有限公司出版、发行
网址:www.yiwen.com.cn
200001 上海福建中路193号　www.ewen.co
上海市崇明县裕安印刷厂印刷

开本 890×1240　1/32　印张 8.75　插页 2　字数 188,000
2018年12月第1版　2018年12月第1次印刷
印数:0,001—3,000册

ISBN 978-7-5327-7856-0/C·086
定价:68.00元